工业和信息化蓝皮书
BLUE BOOK OF INDUSTRY AND INFORMATIZATION

—— 2019—2020 ——

工业信息安全发展报告

ANNUAL REPORT ON THE DEVELOPMENT OF INDUSTRIAL INFORMATION SECURITY

尹丽波 主编

国家工业信息安全发展研究中心

电子工业出版社
Publishing House of Electronics Industry
北京·BEIJING

图书在版编目（CIP）数据

工业信息安全发展报告. 2019—2020 / 尹丽波主编. —北京：电子工业出版社，2020.7
（工业和信息化蓝皮书）

ISBN 978-7-121-39191-0

Ⅰ. ①工… Ⅱ. ①尹… Ⅲ. ①工业管理—信息安全—研究报告—中国—2019-2020
Ⅳ. ①F423.2

中国版本图书馆 CIP 数据核字（2020）第 114545 号

责任编辑：刘小琳   特约编辑：韩国兴
印　　刷：北京盛通印刷股份有限公司
装　　订：北京盛通印刷股份有限公司
出版发行：电子工业出版社
　　　　　北京市海淀区万寿路 173 信箱　邮编：100036
开　　本：720×1 000　1/16　印张：17.75　字数：272 千字
版　　次：2020 年 7 月第 1 版
印　　次：2020 年 7 月第 1 次印刷
定　　价：128.00 元

凡所购买电子工业出版社图书有缺损问题，请向购买书店调换。若书店售缺，请与本
社发行部联系，联系及邮购电话：（010）88254888，88258888。

质量投诉请发邮件至 zlts@phei.com.cn，盗版侵权举报请发邮件至 dbqq@phei.com.cn。

本书咨询联系方式：liuxl@phei.com.cn，（010）88254538。

《工业信息安全发展报告（2019—2020）》
课题组

课题编写 国家工业信息安全发展研究中心

组　　长 尹丽波

副 组 长 黄　鹏　　高晓雨

成　　员 黄　鹏　　孙倩文　　李　端　　闫　寒　　刘芷君

　　　　　徐　杰　　李晓婷　　叶晓亮　　柳彩云　　杨帅锋

　　　　　陈雪鸿　　卢春景　　刘　冬　　赵彤彤　　王诗蕊

　　　　　孙　军　　刚占慧　　鞠　远　　赵　慧　　杨立宝

　　　　　陈柯宇　　张慧敏　　程　宇　　张　莹　　贾若伦

　　　　　吴月梅　　胡心盈　　周　昊　　王冲华　　余　果

　　　　　樊佩茹　　杨　安　　高羽茜　　张　洪　　陈羽凡

主编简介

尹丽波 国家工业信息安全发展研究中心主任，党委副书记，正高级工程师，国家信息化和工业化融合管理技术标准委员会副主任委员，享受国务院特殊津贴；长期跟踪研究工业信息化和工业信息安全技术和产业发展情况，在工业互联网、信息化和工业化融合，以及网络安全等方面发表多篇文章，主持编著多部相关书籍；主持的研究成果曾获部级一、二、三等奖。

国家工业信息安全发展研究中心

  国家工业信息安全发展研究中心，前身为工业和信息化部电子科学技术情报研究所，成立于 1959 年。经过 60 多年的发展与积淀，国家工业信息安全发展研究中心在工业信息安全、信息化和工业化深度融合、工业互联网、软件、大数据、人工智能、军工电子和工业经济等诸多领域具有较强的优势积累和持续能力，逐渐形成软硬协同的业务体系。多年来，国家工业信息安全发展研究中心积极参与国家重大战略、规划、政策编制，为行业主管部门、科研机构、高等院校和行业企业提供专业咨询和技术服务。国家工业信息安全发展研究中心还是信息化和工业化融合服务联盟、工业信息安全产业发展联盟等的发起单位和依托单位。

  国家工业信息安全发展研究中心将深入贯彻习近平新时代中国特色社会主义思想，以服务于新时代制造强国和网络强国建设为使命，以保障工业领域信息安全、推进信息化和工业化深度融合为主攻方向，致力于成为支撑国家战略决策的高端智库和服务产业创新发展的权威机构。

序　言

全球新一轮科技革命和产业变革加速推进，在构建新动能、培育新经济、打造新模式、孕育新生态等方面发挥了重要作用。习近平总书记指出，促进数字经济和实体经济融合发展，加快新旧发展动能接续转换，打造新产业新业态，是各国面临的共同任务。各国将新一代信息技术视为推动经济持续增长的重要驱动力，着力推动技术创新、融合应用和产业发展。我国积极推进产业数字化、数字产业化发展，取得明显成效。站在我国发展新的历史方位，要全面贯彻新发展理念，以信息化培育新动能，用新动能推动新发展，以新发展创造新辉煌。

数字产业化构筑发展新动能，信息技术迭代升级和融合应用协同发展

"数据+算法+算力"成为信息技术迭代升级的关键驱动，5G、大数据、云计算、人工智能等基础技术研发和应用落地齐头并进。我国着力推动信息技术自主创新，兼顾前瞻技术研发布局和基础技术行业应用。在政策引导、投资催化和行业应用等多重助力下，我国在 5G、人工智能等领域已经形成局部技术优势和产业积累。在新冠肺炎疫情防控期间，5G+8K 超清视频直播和云课堂、云视频迅速普及，培育了大众的使用习惯。人工智能在安防、金融、客服、零售、医疗、教育等领域落地应用加速，语音识别、人脸设备、生物特征等应用领域技术研发取得重要突破。围绕量子计算的基础研究和技术探索热度不减，区块链技术在金融、支付、溯源和监管等领域应用率先突破。

产业数字化走向实践深耕，制造业数字化转型进入加速变革阶段

国际上，工业大国围绕制造业数字化转型出台新一轮工业战略规划，聚焦人工智能技术应用、智能制造、数字化技术研发、数据资源管理应用等领域，抢占数字经济和智能制造新高地。我国工业互联网发展进入实践深耕，在加速工业技术改革创新、推动产业数字化转型、释放经济发展新动能等方面的基础性作用开始显现。"5G+工业互联网"开启工业互联网融合创新，推动工业互联网从单点和局部应用走向生产要素全面互联。我国高度重视工业互联网创新能力的持续提升，面向制造业数字化、网络化、智能化发展需求，着力布局发展工业互联网覆盖数据全生命周期的管理和服务能力，实现数据驱动的实时分析、智能优化和科学决策，发挥工业数据要素的核心作用。

工业信息安全保障工作系统推进，网络安全成为信息化发展的重要组成

制造业数字化转型深入推进，使得工业体系走向开放互联，IT/OT进一步融合，伴生的网络安全风险挑战日益严峻，制造业和能源行业处于十大最易受网络攻击的行业之列。当前，我国正处于由工业经济向数字经济加速转型的战略机遇期，制造业正由数字化阶段迈向网络化阶段，工业实体趋向泛在互联，工业互联网安全逐渐成为现阶段工业信息安全的重点和核心，工业信息安全从面向企业端的工业控制系统安全逐步延伸至工业互联网安全、工业数据安全等领域。安全是发展的前提，发展是安全的保障，在当前新型基础设施蓄势待发的背景下，必须同步布局网络安全保障，坚持网络安全教育、技术、产业融合发展，形成人才培养、技术创新、产业发展的良性生态。

我们要以习近平新时代中国特色社会主义思想为指导，深入推进新基建建设和数字经济战略实施，充分发挥数字要素的重要作用，加快数字产业化和产业数字化，培育壮大新动能，形成新动能主导经济创新发展的新格局。

一是明确 5G、数据中心、工业互联网等新基建建设思路和路径。优化和细化新型基础设施发展的顶层设计和长远规划，明确新基建投资建设的主导技术架构、主流技术路线和商业投资模式，推进传统物理基础设施体系的结构与重组和传统信息基础设施的升级与转型，鼓励发展基于数字新基建的创新应用，整合科技、人力、市场等多方优势资源，形成政府、企业、社会等多主体协同参与的多元化、市场化建设模式，形成科技创新、市场培育和基础设施建设一体化协同推进的良好局面。

二是充分发挥数据要素的价值和作用。围绕数据的获取、传输、管理、处理、分析和应用等环节，加快推进满足数据应用需求的网络基础设施构建。系统布局技术、产品、企业、行业与产业发展，以数据引领物资流、人才流、技术流、信息流、资金流，加快打造产业链上下游和跨行业融合，打造协同推进的数据产业链，建立数字化生态体系。发展和培育数据要素市场，探索建立有利于数据资源要素自由流通的市场分配机制，完善数字化生产关系，促进多源数据流通共享和数据创新应用，助力企业发展和经济增长。

三是大力推动区块链等核心技术自主创新和融合发展。加快基础技术理论研究，密切跟踪发展动态，积极探索发展规律。重视关键标准研究和制定，服务技术落地和产业化发展。加快区块链、量子计算、人工智能、大数据、物联网等前沿信息技术的深度融合，推动集成创新和行业应用。

四是深入推进制造业数字化转型加速变革。加快 5G、人工智能、区块链等新一代信息技术集成应用和创新，强化共性平台开发、共性解决方案研发和开源社区发展，着力突破基础软硬件、工业软件等短板，实现智能化生产、服务化延伸、网络化制造、个性化生产，加速企业数字化转型并促进产业链上下游协同发展。

五是加快夯实网络安全基础能力。把网络安全作为数字经济发展和新型基础设施建设的重要组成部分，与信息化建设同步规划、建设和实施，面向各行业领域复杂应用场景，促进相关安全架构、技术、产品、服务和产业的差异化和多样化发展，推动行业产品创新迭代。加强对 5G、工业互联网、大数据中心、人工智能等新型基础设施重要领域安全基础技术的研究，体系化布局监测响应、态势感知、追踪溯源、应急处置等安全能力，加速建立适应大连接、全感知网络生态的安全防护机制和体系。

2020 年是"十三五"的收官之年、"十四五"的启动时刻，也是全面建成小康社会的决胜之年。工业和信息化领域是数字中国建设的核心和重点，更是全球产业竞争的战略高地。值此之际，国家工业信息安全发展研究中心推出 2019—2020 年度"工业和信息化蓝皮书"，深入分析研判了数字经济、工业信息安全、人工智能、新兴产业、消费品工业等重点领域的最新态势和发展趋势。相信读者能从新颖的观点分析、翔实的数据案例、丰富的案例实践中有所收获，深刻理解和把握产业数字化、数字产业化赋予的机遇，共同为我国工业和信息化建设持续贡献力量。

是为序。

中国工程院院士

摘　要

2019 年，全球网络安全形势更加严峻复杂，各国在网络空间的博弈持续升级，而工业领域的信息安全保障正走向深入务实。面临持续增多的工业控制系统安全漏洞，不断变化的勒索病毒、APT 等网络安全威胁，发达国家和地区针对工业互联网、工业控制系统的安全保障举措越发具体务实。我国也高度重视、不断推进工业信息安全保障工作，在政策制定、机制建设、技术研发、产业发展等方面取得了实质成效，为保障制造强国和网络强国建设发挥了重要作用。

放眼未来，随着制造业数字化转型向更广范围、更深层次发展，工业领域的信息安全保障需求将持续释放，对科学管理机制、有效技术手段、安全保障体系的要求将进一步提高。我国工业互联网的不断推进、5G 的推广及行业应用，以及网络安全产业的持续向好，将共同推动工业信息安全保障工作再上新台阶。

国家工业信息安全发展研究中心（原工业和信息化部电子科学技术情报研究所）自 2009 年以来每年编写《世界网络安全发展年度报告》，并于 2014 年起以蓝皮书的形式公开出版，获得了业界的广泛好评。2017 年以来，中心立足国家级工业信息安全智库全新定位和应对工业信息安全重大风险的迫切需要，开始推出《工业信息安全发展报告》。《工业信息安全发展报告（2019—2020）》聚焦安全态势、政策、标准、技术、产业等重点领域，系统地研究领域新形势和新进展，挖掘新问题，研判新趋势，为政府部门和军方、行业、有关企事业单位及相关科研机构提供参考。

关键词：工业信息安全；工业互联网安全

Abstract

In 2019, the global network security situation became severe and complex, cyberspace game between nations continued to upgrade, and information security in the industrial field became in-depth and pragmatic. Faced with the increasing security vulnerabilities of industrial control systems, the evolving security threats including extortion virus, APTs and others, the security measures for industrial Internet and industrial control system of developed countries have become more and more concrete and pragmatic. China has attached great importance of constantly promote industrial information security, and has made substantial achievements in policy formulation, mechanism construction, technology research and development, and industrial development, in order to effectively support the construction of manufacturing power and network power.

In the future, with the digital transformation of manufacturing industry being in wider and deeper development, the demand for information security in the industrial field will continue to release, and the requirements for scientific management mechanism, effective technical means and security protection system will be further improved. China's continuous promotion of the industrial Internet, the application of 5G, and the improvement of the cyber security industry will jointly promote the industrial information security to a new level.

The China Industrial Control Systems Cyber Emergency Response Team (formerly the Electronic Technology Information Research Institute. MIIT) has compiled the annual *World Cyber Security Development Annual Report* since

2009, and the reports have been published in the form of blue books since 2014. The industry response is good. Since 2017, based on the new position as national industrial information security think tank and the urgent need to deal with major risks in industrial information security, the Center has begun to launch the series of *Industrial Information Security Development Report*. Based on the in-depth analysis of industrial information security's connotation and extension, *Industrial Information Security Development Report* (*2019-2020*) focuses on security situation, policy, standard, technology, industry and other key aspects. It also analyzes and assesses the new problems and trends. The report provides a reference for government departments and the military, industry, enterprises and related research institution.

Keywords: Industrial Information Security; Industrial Internet Security

目 录

Ⅰ 总报告

Ⅱ 政策法规篇

Ⅲ 保障工作篇

Ⅳ 技术产业篇

Ⅴ 专题篇

Ⅵ 附录

Ⅰ 总 报 告

General Report

B.1

工业信息安全态势和趋势

黄鹏 孙倩文 李端 闫寒 刘芷君 徐杰 李晓婷 叶晓亮[1]

摘 要： 2019 年，全球网络空间安全博弈更加激烈，国家间网络空间对抗从幕后走向台前，网络攻击对工业领域的影响进一步加剧，全球工业信息安全发展环境日益严峻。针对工业领域的网络攻击呈现高发态势，以能源为代表的多个领域成为重要攻击目标，勒索

---

[1] 黄鹏，国家工业信息安全发展研究中心信息政策所所长，硕士，主要研究方向为新一代信息技术变革性影响、供应链安全、数据安全等；孙倩文，国家工业信息安全发展研究中心工程师，硕士，主要研究方向为网络安全、工业信息安全战略、网络安全产业等；李端，国家工业信息安全发展研究中心工程师，硕士，主要研究方向为工业信息安全、工业互联网安全、数据安全等；闫寒，国家工业信息安全发展研究中心工程师，硕士，主要研究方向为网络安全、工业互联网安全、网络空间安全等；刘芷君，国家工业信息安全发展研究中心助理工程师，硕士，主要研究方向为数据安全、供应链安全等；徐杰，国家工业信息安全发展研究中心工程师，硕士，主要研究方向为工业互联网安全，供应链安全等；李晓婷，国家工业信息安全发展研究中心助理工程师，硕士，主要研究方向为网络安全；叶晓亮，国家工业信息安全发展研究中心助理工程师，硕士，主要研究方向为工业信息安全。

病毒、高级持续性威胁（APT）攻击等网络安全威胁严重地影响了工业企业的正常生产运营。网络强国建设聚焦工业控制（简称"工控"）安全、工业互联网安全，出台务实举措，加强机构建设、战略规划和安全管理。我国工业信息安全政策体系和安全保障机制进一步完善，政府和社会协同推动工业信息安全技术创新和产业发展的局面初步形成，工业信息安全产业整体规模保持高速增长，发展动力强劲。但仍需认识到，伴随工业互联网走向实践深耕，新兴技术在工业领域融合应用带来的伴生效应将进一步显现，工业行业的高度复杂性增大了安全防护难度，我国工业信息安全防护仍缺乏可落地的指导，网络安全产业对工业领域的支撑力度还有待提高。从发展趋势来看，工业信息安全也将更多地关注供应链安全问题，工业企业应对网络攻击或将成为常态，5G应用有望进一步释放工业互联网安全需求，体系化安全管理机制建设有望提速，网络安全产品和服务也将更加贴近工业需求，组织管理在安全防护体系中的重要性有望提升。

关键词： 工业信息安全；网络攻击；工业信息安全产业

Abstract： In 2019, the global cyberspace security game became more and more intense, and the rivalry between nations has moved from behind to the front. The impact of cyber attacks on industry has intensified, and the global environment for the development of industrial information security became increasingly serious. Cyber attacks aiming at industry remain frequent incidents, and the energy fields became the important targets. Security threats such as extortion virus, Advanced Persistent Threat (APT) attacks affected the production and operating systems. China introduced practical measures to strengthen institutional building, strategic planning and security management, focusing on industrial control system and industrial internet security. Those led to the industrial information security policy system and security mechanism further improved. The government and the society are working together to promote the innovation of industrial information security technology and the development of the industry. But we need to recognize that accompany the development of internet industry, the application of emerging technology also brings new security problems. The high complexity of the industrial industry increases the difficulty of security protection. China's industrial information security protection is still lack of guidance, and the network security industry needs to be improved. In the future, the development of industrial information security should pay more attention on the security problem of supply chain . It will be norm for industrial enterprises to respond to cyber attacks. The application of 5G will release industrial Internet security requirements. Systematic security management mechanism construction is expected to speed up. Network security products and services are expected to meet the industrial demand. The importance of organizational management in security protection system is expected to raise.

Keywords: Industrial Information Security; Cyber Attack; Industrial Information Security Industry

一、工业信息安全 2019 年发展态势

从全球来看,全球工业信息安全事件保持高发,定向攻击、勒索病毒、APT 等威胁加剧,且以能源领域为重要目标;工控系统(ICS)安全漏洞

数量持续增多，涉及国内外多个品牌的多种工控安全产品。从国内来看，我国工业信息安全顶层设计、工作机制、技术手段、行业平台、产业支撑等方面取得了较大进展，防护工作已进入实质化推进阶段。

（一）勒索病毒、APT 等网络安全威胁对工业的影响加剧

1. 针对工业领域的网络攻击保持高发态势

从区域来看，据卡巴斯基 ICS-CERT 监测数据显示，全球范围内每月约有 20%的工业计算机遭到网络攻击（见图 1-1）。其中，非洲、亚洲等欠发达地区的工控系统遭受攻击的比例远高于欧洲、北美和澳大利亚等相对发达的地区。我国连续多个月位列全球工控系统遭受攻击比例最高国家和地区的前 10 名，工业信息安全风险依旧严峻（见表 1-1）。从行业来看，制造业和能源行业处于十大最易受网络攻击的行业之列，2018 年制造业领域发生网络安全事件数量排名第 5，占事件总量的 10%，同时在有可能

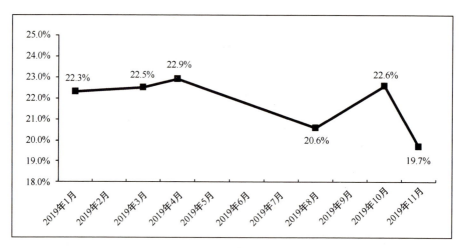

图 1-1　2019 年全球受攻击的工业主机比例

资料来源：卡巴斯基 ICS-CERT，国家工业信息安全发展研究中心整理。

遭遇数据泄露的行业中排名第 3[2]。据国家工业信息安全发展研究中心对公开报道的工业信息安全事件的不完全统计，2019 年发生的工业信息安全事件数量超过 2018 年总量的 1.5 倍（见表 1-2）。

表 1-1 2019 年全球工控系统遭受攻击比例较高的国家或地区

排名	2019 年上半年（6 个月累计）		2019 年 8 月		2019 年 10 月		2019 年 11 月	
	国家或地区	比例	国家或地区	比例	国家或地区	比例	国家或地区	比例
1	阿尔及利亚	69.4%	阿尔及利亚	43.5%	阿尔及利亚	48.1%	阿尔及利亚	40.2%
2	玻利维亚	68.5%	越南	43.3%	越南	46.0%	越南	39.1%
3	越南	68.4%	**中国大陆**	**36.7%**	摩洛哥	38.4%	埃及	35.9%
4	突尼斯	65.6%	埃及	34.4%	埃及	38.1%	**中国大陆**	**34.2%**
5	摩洛哥	62.2%	印度尼西亚	34.0%	印度尼西亚	37.8%	摩洛哥	33.5%
6	埃及	61.3%	摩洛哥	33.8%	**中国大陆**	**35.9%**	印度尼西亚	33.5%
7	厄瓜多尔	60.7%	印度	31.3%	白俄罗斯	35.7%	白俄罗斯	33.1%
8	印度尼西亚	56.6%	厄瓜多尔	31.2%	厄瓜多尔	33.6%	哈萨克斯坦	30.8%
9	**中国大陆**	**55.0%**	沙特阿拉伯	31.1%	阿联酋	32.3%	乌克兰	27.6%
10	墨西哥	54.5%	中国台湾	29.0%	哈萨克斯坦	32.0%	沙特阿拉伯	27.5%
11	秘鲁	53.3%	墨西哥	28.6%	南非	31.2%	秘鲁	26.8%
12	沙特阿拉伯	51.6%	秘鲁	27.6%	秘鲁	30.6%	俄罗斯	26.2%
13	印度	50.7%	马来西亚	26.9%	泰国	30.5%	中国台湾	26.0%
14	伊朗	50.4%	哈萨克斯坦	26.1%	墨西哥	29.9%	阿联酋	25.7%
15	中国台湾	49.6%	伊朗	25.9%	伊朗	29.7%	伊朗	24.2%

资料来源：卡巴斯基 ICS-CERT。

表 1-2 2019 年发生的重大工业信息安全事件

时　间	事　件	后　果
2019-1-3	爱尔兰都柏林电车系统安全漏洞遭黑客入侵	黑客控制了爱尔兰都柏林电车系统的网站 Lucas，要求其在 5 天内支付赎金，声称若不支付一枚比特币，将在网上公布所窃取的数据

---

2 IBM，《IBM X-Force 2019 年威胁情报指数》。

时　间	事　件	后　果
2019-2-20	印度国有天然气公司 Indane 数据库泄露	Indane 拥有 9800 万客户群，9100 个分销商。谷歌搜索引擎已将部分泄露内容纳入索引，任何人都可在未登录的情况下直接访问经销商数据库
2019 年 2 月底	日本光学产品制造商 Hoya 遭受网络攻击	公司用户的 ID 和密码被窃取，导致其位于泰国的工厂暂时关闭
2019-3-5	美国电网遭受 DDoS 攻击	美国西部电力协调委员会（WECC）监管范围内电力设施的电气系统运营中断，影响到加利福尼亚州（克恩郡和洛杉矶郡）、犹他州（盐湖城）和怀俄明州（康弗斯郡）的电力供应
2019-3-7	委内瑞拉古里水电站疑遭网络攻击与破坏	导致委内瑞拉的 21 个州大停电，并引发全国大停水，影响近 3000 万名民众。人们的日常生活受到严重影响，公共秩序遭到破坏，甚至出现抢劫、暴力事件等犯罪活动，全面激化了当地人民对国家领导人的不满。经处置部分供电恢复后又遭到两次攻击，致使变电站爆炸起火，断电范围扩大至全国 96% 的地区
2019-3-12	美国两家化工企业 Hexion 和 Momentive 遭到勒索软件 LockerGoga 的攻击	公司的 Windows 计算机出现了蓝屏错误并且文件被加密，系统中的关键数据大量丢失，Momentive 公司被迫紧急更换数百台计算机
2019-3-19	挪威铝业巨头海德鲁在美国和欧洲的业务遭到勒索软件 LockerGoga 的攻击	重要生产系统遭到封锁、业务瘫痪，位于欧洲和美国的多家工厂关闭，公司损失逾 4000 万美元，而数周之后其 IT 系统才全面恢复
2019-4-1	丰田汽车 IT 系统疑遭"海莲花"组织的黑客入侵	多家子公司约 310 万条客户个人信息及车辆信息泄露
2019-4-5	德国化工和制药巨头拜耳证实公司网络系统遭黑客入侵	黑客以企业内网与互联网的接点及授权系统作为入侵点，植入一种名为 Winnti 的窃密病毒
2019-4-25	欧洲重型汽车制造企业 Aebi Sschmidt 称遭遇勒索软件攻击	公司全球 IT 系统出现故障
2019-6-7	飞机零部件供应商 ASCO 遭遇勒索病毒	IT 系统瘫痪，位于德国、加拿大和美国的工厂关闭
2019-6-15	美国被披露长期监控俄罗斯电力控制系统	美国《纽约时报》披露，美国政府长期监控俄罗斯电力控制系统，曾入侵俄罗斯电力基础设施并植入恶意软件。俄罗斯安全部门证实已发现并阻止了美国对俄罗斯基础设施的网络攻击

续表

时　间	事　件	后　果
2019-6-16	阿根廷或因网络攻击发生大规模停电	阿根廷大规模停电波及乌拉圭、智利、巴西和巴拉圭等国，至少 4800 万名居民受到影响，阿根廷政府称不排除是网络攻击
2019-6-23	美国对伊朗导弹发射控制网络发起网络攻击	美国发动了摧毁伊朗用来控制火箭和导弹发射的计算机网络的网络攻击，该行动酝酿已久，最终成功导致伊朗火箭和导弹发射控制系统瘫痪
2019-7-10	乌克兰某核电站发现数字货币采矿设备	此次事件被列为国家机密泄露事故
2019-7-22	委内瑞拉古里水电站遭到电磁攻击	委内瑞拉首都加拉加斯及十几个州发生大范围停电，极大地影响了地区供水和通信网络
2019-7-25	南非电力公司 City Power 受到新勒索软件攻击	部分用户无法通过预付费电力自动售货系统购买电力，并且影响了该公司记录呼叫的响应时间
2019-9	印度核电公司 NPCIL 遭受朝鲜黑客攻击	恶意软件 Dtrack 的变体感染了核电站的管理网络，可能包括设备键盘记录窃取、浏览记录检索及运行中进程披露等；但并不确定是否影响到用于控制核反应堆的关键内网
2019-9-24 起	德国汽车零部件制造商 Rheinmetall Automotive 的境外工厂遭到恶意软件攻击	位于巴西、墨西哥和美国的工厂遭到恶意软件攻击，导致生产严重中断；这将对每周经营成果造成 300 万～400 万欧元的不利影响
2019-10-30	印度库丹库拉姆核电站反应堆一台连接互联网的计算机遭恶意软件攻击	控制反应堆的内部关键网络因网络隔离未被感染
2019-11-10	墨西哥国家石油公司 PEMEX 遭遇勒索软件攻击	Doppel Paymer 勒索软件感染并破坏了墨西哥国家石油公司 PEMEX 的系统。根据公司后来发布的声明，PEMEX 称公司系统运转正常，并且对其燃料生产、供应和库存没有任何影响
2019-12-20	本田汽车的 Elasticsearch 数据库配置错误，上万名车主信息曝光	由于 Elasticsearch 云计算服务器的配置错误，本田汽车的北美业务泄露了大约 26000 条用户记录，主要是本田车主及其车辆的信息，包括姓名、联系方式和车辆信息

资料来源：国家工业信息安全发展研究中心整理。

2. 能源领域是攻击首选目标

截至 2019 年 12 月，2019 年有公开报道的针对能源领域进行的攻击和破坏事件已超过 10 起，涉及电力、天然气、石油等领域。其中，较为严重的是委内瑞拉古里水电站 3 月初被破坏后导致委内瑞拉境内 21 个州大规模停电，影响近 3000 万人；7 月末委内瑞拉古里水电站再次遭受电磁攻击，导致委内瑞拉首都及 10 余个州发生大规模停电，供水和通信网络也因此受到极大影响。美国电网 3 月遭受分布式拒绝服务（DDoS）攻击，造成电力设施的电气系统运营中断，影响到加利福尼亚州（克恩郡和洛杉矶郡）、犹他州（盐湖城）和怀俄明州（康弗斯郡）的电力供应，且 8 月又发现美国国家电网基础设施中正在传播 Adwind 恶意软件的网络钓鱼活动。英国核电公司 3 月发布内部通告称核发电厂的某项重要业务受到网络攻击，并向英国国家网络安全中心（NCSC）申请援助，以彻底消除外部安全威胁。印度核电公司 10 月末证实了公司下属的库丹库拉姆核电站遭 Dtrack 恶意软件攻击，设备的键盘记录、运行进程的列表等被窃取。

3. 勒索软件对工业企业的影响加剧

2019 年，NotPetya、Ryuk、LockerGoga、SamSam 等勒索软件及变种病毒直接针对能源、电力、制造业等工业领域，影响范围不仅限于与计算机信息系统相似度较高的工业企业管理网络及信息系统，而是更深入地影响了工业企业的生产控制系统。2019 年 3 月，美国化工企业 Hexion 和 Momentive、挪威铝业巨头海德鲁遭到勒索软件 LockerGoga 的攻击，造成大量生产系统关键数据损失，甚至部分工厂被迫关闭；4 月，欧洲重型汽车制造企业 Aebi Sschmidt 称遭遇勒索软件攻击，造成其全球信息管理网络故障；6 月，飞机零部件供应商 ASCO 遭到勒索病毒攻击，其位于德国、加拿大和美国的工厂关闭；11 月，墨西哥国家石油公司 PEMEX 因感染勒索病毒造成系统瘫痪、工厂关闭和经济损失。

4. 对汽车厂商的 APT 攻击集中出现

2019 年，汽车工业成为国家级 APT 组织的重点攻击目标，宝马、丰田、现代等汽车公司在 2019 年都惨遭毒手。据报道，APT 组织"海莲花"（OceanLotus，APT32）针对宝马公司的攻击从 2019 年春开始发生，其攻击行为渗透进入宝马公司的网络系统，还试图用假冒网站进行遮掩。宝马公司安全团队于 6 月末关闭了受感染的计算机，阻止攻击者访问其网络。"海莲花"还在 2 月攻击了包括东京丰田汽车公司、丰田东京销售控股有限公司、丰田东京卡罗拉等多家在东京的丰田公司，导致约 310 万条客户个人信息及车辆信息泄露。此外，"海莲花"还对韩国现代汽车的网络进行了攻击，但现代公司并未发表官方声明承认受到攻击。10 月，Crowdstrike 发布报告指出，"水牛"威胁组织与针对汽车公司的攻击也有很大关联。

5. 国家间网络战浮出水面

2019 年，网络空间风险和博弈越发复杂多变，部分国家采取了极端举措以防范安全风险。俄罗斯总统 5 月签署《俄罗斯独立主权互联网法案》，计划建设独立的国家域名解析（DNS）系统和 Runet 独立互联网，旨在 2020 年控制全国 90% 以上的网络流量。11 月，该法案正式实施，并于 12 月顺利开展首次国家级断网演习。这一看似极端的断网防御举措，实际上是源于对美国在网络空间绝对控制权的持续担忧，基于保障本国网络空间安全的长期战略考虑。从实际情况来看，国家间网络对抗也已真实发生。6 月，《纽约时报》披露美国正加大对俄罗斯电力控制系统的渗透，向俄罗斯电力控制系统植入病毒，且称早在 2012 年美国就在俄罗斯电力控制系统中植入侦查探测器。美国在 6 月还停止了对伊朗的传统军事打击行动，转而对伊朗部分目标发动网络攻击，据称使伊朗火箭和导弹发射控制系统瘫痪。两起网络攻击事件均以重要工业系统和产品设备为目标，这标志着网络空间博弈进入了更加激烈的新阶段。

（二）工控系统安全漏洞持续增多并呈现多样化特征

1. 工控系统安全漏洞数量持续增长

根据国家信息安全漏洞共享平台（CNVD）的统计数据显示，截至 2019 年 12 月，2019 年新增工控系统安全漏洞数已达到 567 个（见图 1-2），超过 2018 年全年的工控系统漏洞发现数量，同比增长 12.8%。在 2019 年新增的工控系统安全漏洞中，有高危漏洞 257 个、中危漏洞 290 个，中高危漏洞占比高达 96.5%；有厂商修复补丁的漏洞数量为 333 个，占比为 58.7%。

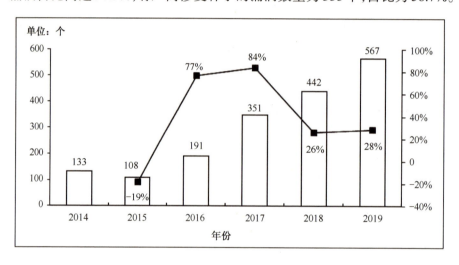

图 1-2　2014—2019 年新增工控系统漏洞数量及其年增长率

资料来源：国家信息安全漏洞共享平台（CNVD）。

2. 多种类型的工控安全漏洞被挖掘

2019 年，已公开详细信息的 338 个新增工控系统漏洞的成因多样化特征明显，技术类型多达 94 种，主要漏洞类型及数量如图 1-3 所示。其中，拒绝服务漏洞数量最多，占比 15.1%。数量排名前 6 的漏洞类型还有缓冲区溢出漏洞、信息泄露漏洞、内存破坏漏洞、DLL 劫持漏洞、不当身份验证漏洞。这 6 类漏洞共 160 个，占比超过 50%。从厂商的角度来看，在新增的工控系统漏洞中，涉及西门子、施耐德电气、研华科技相关产品的漏洞数目较多（见图1-4）；从产品类型来看，PLC、SCADA软件、组态软件等产品的漏洞数量较多（见图1-5）。这些系统及设备广泛应用于制造、

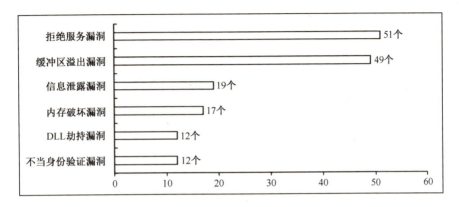

图1-3　2019年新增工控系统安全漏洞的主要类型及数量

资料来源：国家信息安全漏洞共享平台（CNVD）。

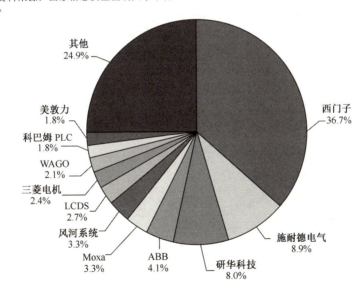

图1-4　2019年已公开工控系统漏洞涉及的厂商

资料来源：国家信息安全漏洞共享平台（CNVD）。

能源、市政等重要领域，一旦被攻击入侵，将可能造成生产停滞、断水断电、重大经济损失等后果，影响工业生产和人民生活，威胁国家安全。

3. 人员的操作失误越发成为引发安全事件的"最大漏洞"

工控系统、工业互联网平台等安全漏洞带来的风险日趋增大，但除了设备系统平台内存在的安全漏洞外，操作人员的失误成了日趋严重的风险，防火墙错误配置、数据库错误配置等时常成为数据泄露、设备被攻击的直接原因。全球网络和端点安全厂商 Sophos Labs 在《2020 年网络威胁报告》中指出，云端系统越加复杂又越具灵活性，再加上一般系统欠缺可视度，从而使云端运算环境成为黑客的重点目标。美国工业互联网安全公司 Cyber X 发布的《2020 年全球物联网/工控系统风险报告》指出，与 2018 年相比，被远程访问或暴露于公共网络的站点设备比例明显降低，但运行过期操作系统（约占 62%）、未启用安全软件自动更新（约占 66%）的比例有所提高。

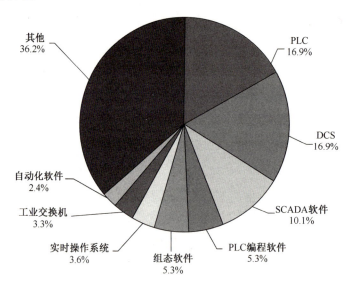

图 1-5　2019 年已公开工控系统漏洞涉及的产品种类

资料来源：国家信息安全漏洞共享平台（CNVD）。

（三）我国工业信息安全技术创新和产业发展动力强劲

1. 工业互联网创新发展工程支持范围不断扩展

两年来，工业和信息化部、财政部持续组织实施工业互联网创新发展工程，共支持实施了超过 100 个安全项目，加快促进工业互联网等关键领域核心安全技术突破，撬动社会资金投入超百亿元。2019 年 5 月，工业和信息化部启动了 2019 年工业互联网创新发展工程，其中涵盖了工业互联网网络、标识、平台、安全等方面的项目，并组织开展了项目招标工作（见表 1-3）。工业互联网创新发展工程的深入实施持续带动工业互联网融合应用，培育工业互联网安全技术研发和产业发展，为推动制造业高质量发展奠定了基础。

表 1-3　2019 年工业互联网创新发展工程安全项目及中标单位[3]

序　号	项目名称		中标候选人单位（牵头单位）
1	工业互联网安全开发测试基础共性服务平台项目		国家工业信息安全发展研究中心
			中国电子技术标准化研究院
			中国信息通信研究院
2	工业互联网网络信任支撑平台项目		中国汽车技术研究中心有限公司
3	工业互联网网络安全公共服务平台项目		上海工业控制安全创新科技有限公司
			工业和信息化部网络安全产业发展中心（工业和信息化部信息中心）
4	省级工业互联网安全态势感知平台项目	第 1 包（华东、西北、华中地区）	中国移动通信集团湖北有限公司
			新疆维吾尔自治区重要信息系统灾难备份中心
			恒安嘉新（北京）科技股份公司
		第 2 包（华东、华南、西北地区）	中国电信股份有限公司陕西分公司
			江西省工业和信息化委员会信息中心
			山东省通信网络保障中心
		第 3 包（华东、华南、东北地区）	浙江省电子信息产品检验所
			中电福富信息科技有限公司
			北京亚鸿世纪科技发展有限公司

[3] http://www.aii-alliance.org/index.php?m=content&c=index&a=show&catid=18&id=750。

续表

序 号	项目名称		中标候选人单位（牵头单位）
4	省级工业互联网安全态势感知平台项目	第4包（华东、西南、华北地区）	重庆信息通信研究院
			工业和信息化部北京互联网交换中心
			贵州省网络信息安全技术维护管理中心
		第5包（东北、西南、华北地区）	辽宁省互联网技术支撑中心
			恒安嘉新（北京）科技股份公司
			山西云时代技术有限公司
5	工业企业网络安全综合防护平台项目	第1包	北京京航计算通讯研究所
			特变电工股份有限公司
			三一集团有限公司
		第2包	新疆石油管理局有限公司
			国网福建省电力有限公司
			中芯国际集成电路制造（上海）有限公司
		第3包	珠海市鸿瑞信息技术股份有限公司
			河北旭阳焦化有限公司
			金川集团股份有限公司
		第4包	中国交通建设股份有限公司
			北京全路通信信号研究设计院集团有限公司
			武昌船舶重工集团有限公司
6	工业互联网平台企业安全综合防护系统项目	第1包	石化盈科信息技术有限责任公司
			北京东方国信科技股份有限公司
			中国科学院沈阳自动化研究所
		第2包	阿里云计算有限公司
			青岛海尔工业智能研究院有限公司
			紫光云引擎科技（苏州）有限公司
		第3包	树根互联技术有限公司
			富士康工业互联网股份有限公司
7	面向工业互联网平台的数据安全监测与服务系统项目		中国工业互联网研究院
8	新能源充电运营企业安全管理系统项目		普天新能源有限责任公司
			青岛特锐德电气股份有限公司
9	电力行业工业互联网安全态势感知平台项目		南瑞集团有限公司
			国网思极网安科技（北京）有限公司

续表

序　号	项目名称		中标候选人单位（牵头单位）
10	车联网安全综合服务平台项目		中国汽车工程研究院股份有限公司
			工业和信息化部计算机与微电子发展研究中心（中国软件评测中心）
11	基于北斗时空基准服务的工业互联网安全保障平台项目		航天恒星科技有限公司
12	基于蜂窝移动网的工业互联网安全综合保障平台项目		中国信息通信研究院
13	工业互联网重要资源测绘与安全分析平台项目		中国工业互联网研究院
			国家工业信息安全发展研究中心
			中国信息通信研究院
14	面向工业企业、工业互联网平台企业等的网络安全解决方案供应商项目	第1包	北京启明星辰信息安全技术有限公司
			奇安信科技集团股份有限公司
			北京天融信网络安全技术有限公司
		第2包	亚信科技（成都）有限公司
			恒安嘉新（北京）科技股份公司
			杭州安恒信息技术股份有限公司
		第3包	北京知道创宇信息技术股份有限公司
			北京圣博润高新技术股份有限公司
			蓝盾信息安全技术有限公司
		第4包	无
		第5包	北京北信源软件股份有限公司
			上海观安信息技术股份有限公司
			北京威努特技术有限公司
		第6包	北京梆梆安全科技有限公司
			烽台科技（北京）有限公司
			珠海市鸿瑞信息技术股份有限公司
		第7包	北京安天网络安全技术有限公司
			哈尔滨工业大学软件工程股份有限公司
		第8包	无
		第9包	无
		第10包	无

资料来源：国家工业信息安全发展研究中心整理。

2. 网络安全试点示范项目关注工控安全和工业互联网安全

2019 年 4 月，工业和信息化部网络安全管理局公示了 101 个网络安全技术应用试点示范项目，其中包括工业互联网安全监测与态势感知平台、工业互联网综合安全评测平台、工控系统信息安全标准符合性测评技术应用试点示范、工控系统网络安全防护项目、智能网联车路协同通信安全研究应用平台等多个工业互联网安全相关项目，引导工业互联网安全相关技术研发，鼓励试点示范项目优秀经验的应用推广。11 月，工业和信息化部办公厅印发《关于开展 2019 年工业互联网试点示范项目推荐工作的通知》，在安全集成创新应用方向中，将围绕网络安全集成创新应用、设备和控制安全集成创新应用、平台安全集成创新应用、态势感知集成创新应用、数据安全集成创新应用、新技术融合集成创新应用、安全检测评估集成创新应用等方面，遴选一批试点示范项目，推动工业互联网安全防护能力的提升。

3. 产业合作平台作用初步显现

工业信息安全产业发展联盟发布《中国工业信息安全产业发展白皮书（2018—2019）》，梳理了产业规模结构、技术发展、行业应用等基本情况，剖析了现阶段产业发展面临的挑战，预测展望了产业发展趋势。此外，工业信息安全产业发展联盟还组织征集遴选面向石油化工、风电、钢铁等行业的工业信息安全应用优秀案例，促进优秀经验分享，汇聚行业发展合力。工业互联网产业联盟组织开展对工业互联网安全技术的研究，推动联盟对安全标准的编写和安全框架的设计，为工业互联网安全产业发展提供支撑。

（四）我国工业信息安全产业整体规模保持高速增长

1. 政策红利与安全态势共同作用，推动产业市场整体规模稳步提升

国家工业信息安全发展研究中心调研显示，2019 年我国工业信息安全

产业规模为 99.74 亿元，市场增长率达 41.84%。部分安全厂商在工业企业相关业务的销售收入较 2018 年翻番，工业信息安全产业规模迅速扩容。近几年发布的《工业控制系统信息安全行动计划》《加强工业互联网安全工作的指导意见》等政策文件明确提出要提升企业安全防护的能力，要求工业企业对其信息系统、生产控制系统等采取必要的安全防护措施，《网络安全法》《网络安全等级保护条例（征求意见稿）》将企业的安全责任上升到法律层面，使工业企业网络安全意识明显提升，对安全设备系统、专业服务等的需求猛增。企业的安全建设方案经过筹资、论证、招标等过程后，集中在 2019 年左右开始实施和细化落实，推动工业控制系统安全、工业互联网安全等相关安全产品和服务的销售，项目数量大幅增加，为工业信息安全产业规模增长贡献了大部分力量。

2. 工业信息安全市场投融资活跃，集团型公司对工控安全领域战略投资增加

在核心关键技术、产品和服务能力等方面具有优势的工业信息安全骨干企业，以及集成能力较强的系统集成商、平台服务商等大型信息技术服务企业，利用自身的优势加强合作。中国电子在 2019 年 5 月以 37.31 亿元持有奇安信 22.59%的股份，双方以中国电子在本质安全上的优势和奇安信在过程安全上的技术优势通过深度融合进行互补，从信息化的底层硬件、操作系统层面出发，提出保证全链条的安全解决方案。烽台科技在获得贵阳创投的千万级天使轮融资后不久，宣布引入启明星辰的战略投资，双方将进行产品和服务的有机结合，利用优势互补切实探究工业企业用户的真实需求，解决用户痛点，加速形成工控系统安全保障建设体系，完善工控系统安全新型产业链。中国电科分别在 2019 年 2 月和 12 月对绿盟科技和天融信进行战略投资，获得绿盟科技 13.89%的股份及天融信 5.01%的股份。在中国网安、卫士通等龙头安全企业的基础上，中国电科继续对网络安全行业优质企业进行投资和并购，丰富安全领域的战略布局，打造具备综合能力的网络安全国家队。同时，从事工业信息安全相关业务的初创

企业越发受资本青睐，六方云、长扬科技、珞安科技、齐安科技等安全企业积极与资本方面对接，获得了大量投资（见表1-4）。

表1-4 2019年国内工业信息安全厂商融资情况

时　　间	公　司	金　　额
2019-1-7	奇安信（360企业安全）	B轮融资9亿元
2019-2-10	绿盟科技	中国电科旗下的中电基金和网安基金以10.08亿元收购绿盟科技13.89%的股份
2019-2-19	烽台科技	首轮天使融资，金额未公开
2019-3-11	长扬科技	数千万元A+轮融资
2019-3-18	上海观安	B+轮融资1亿多元
2019-4-12	奇安信	获得获战略投资37.31亿元
2019-4-12	迪普科技	完成IPO上市融资4.49亿元
2019-4-19	绿盟科技	获得启迪科服战略投资
2019-5-16	烽台科技	获得Pre-A轮融资，金额未公开
2019-6-21	融安网络	A轮融资数千万元
2019-8-17	安博通	科创板IPO上市融资2.98亿元
2019-9-30	山石网科	科创板IPO上市融资近9亿元
2019-10-15	长扬科技	Pre-B轮融资数千万元
2019-10-25	天地和兴	C轮融资近2亿元
2019-11-5	安恒信息	科创板IPO融资近10亿元
2019-11-12	珞安科技	A轮融资数千万元
2019-12-9	齐安科技	千万元级天使轮融资

资料来源：国家工业信息安全发展研究中心整理。

3. 安全厂商与自动化厂商深度合作，增加工业信息安全产业的"工业基因"

2019年，我国网络安全厂商与工业技术相关企业开始携手加强工业信息安全解决方案研发等业务的合作。5月，奇安信与沈阳工业大学搭建合作平台，合力打造网络安全应用人才培养基地、高端制造网络安全研发及应用平台等。6月，北京威努特技术有限公司与摩莎科技有限公司（Moxa）达成合作，分别以自身工控安全业务和工业技术产品经验为基础，为用户提供一站式解决方案。另外，天融信与中控科技等多家重量级工控安全公司签署战略合作协议，完善工控安全创新链和产业链，持续完善工控安全、工业互联网安全的战略布局。

二、工业信息安全发展面临的问题和挑战

2019 年，我国工业信息安全发展仍面临一些问题和挑战，工业互联网进入实践深耕，对安全防护提出了更高需求，工业行业的高度复杂性增大了安全防护难度，工业企业实施安全防护还需要具体实操型指导，网络安全产业对工业领域支撑能力仍有待进一步提高。

（一）新兴技术融合应用伴生诸多新型安全问题

工业互联网发展进入实践深耕，工业以太网、工业无线网等网络化改造加快，云计算、大数据等技术在工业领域的应用持续深入，工业设备联网数量增长迅速，加剧了网络安全威胁隐患在工业领域的广泛流动和渗透，联网设备、平台和数据的安全风险日益严峻。此外，5G、边缘计算、人工智能等新兴技术在工业领域的应用也将伴生新的安全风险。5G 技术或造成毫秒级破坏，海量连接特性在拓展连接对象的范围和深度的同时，也将导致网络攻击入口和攻击对象增多，容易成为攻击跳板，毫秒级传输速率对工业企业的应急响应能力提出了更大的考验；边缘计算加持下的物联网安全风险增加：边缘计算通过过滤和压缩数据，节省了核心网资源。但边缘计算分布广、数据量大、系统复杂，在计算机存储上资源受限，传统网络安全不能完全适应边缘计算的防护需求；人工智能导致攻击效率呈指数级增长：黑客运用 AI 技术可能更容易发现目标系统中的漏洞，并可以通过被感染设备的自主学习机制发动攻击，受感染设备也会相互通信并参与攻击，从而导致更大的威胁。

（二）工业行业的高度复杂性增大了安全防护的难度

工业信息安全的特点之一是多学科交叉融合，不仅涉及能源、交通、医疗、机械、电子等多个重点行业，还需融合工艺、检测、装备、控制、通信、信息、管理、安全、经济等多类技术专业，涵盖较多的个性化融合的应用场景。通常工控网络安全考虑欠佳，缺乏足够的安全认证机制、访问控制手段等安全防护能力。工业企业行业众多、数量庞大，不同行业的数字化涉及的终端种类多、业务链条长、应用环境复杂，安全防护存在差异，这也在客观上增加了网络安全防护的难度。根据国家统计局2019年11月20日发布的全国经济普查报告，截至2018年年底，全国共有工业企业345.1万家。根据国民经济行业分类，我国工业行业共有31个大类、176个中类、607个小类。此外，异构化的工业数据对安全防护要求较高，存在多样化的工业行业数据种类和保护需求，以及复杂的数据流动路径，设计、生产、操控等各类数据在云平台、用户端、生产端等的多种设施上分布，单点、离散的数据保护措施对工业互联网中流动的工业数据安全保护程度有限[4]。

（三）工业企业实施安全防护尚缺乏可落地的具体指导

在传统产业数字化转型持续深化的背景下，工业领域的网络安全防护需求逐步释放。在安全事件和合规标准的双重驱动下，工业企业网络安全意识明显增强，网络安全建设投入力度有了较大幅度的提升。但是，当前工业企业在实施网络安全防护操作方面缺乏具体的、规范化的指导。在产品和服务选择方面，相关市场准入机制有待完善，相关行业标准有待出台，有针对性的检测认证标准规范和技术手段仍然缺乏，企业对工业信息安全产品和服务质量的判断能力有待提升。在实施安全防护举措方面，工业信息安全防护标准现实适用性有待提升，安全防护标准性文

---

4 叶菁. 工业互联网成黑客攻击新目标　保障体系亟待加强. 通信信息报，2018-10。

件对工业领域的针对性不强。在标准具体内容方面存在交叉、互相覆盖的问题，对安全管理方面少有涉及。现有标准与工业企业所处的信息化发展阶段和安全需求情况结合程度不高，对行业差异大、发展情况复杂的工业企业现实适用性不强。

（四）网络安全产业对工业领域的针对性支撑能力不足

近年来，我国网络安全产业总体规模保持较快增长，企业规模、资本流动、研发投入等均呈现更高水平的发展。但是，相比于领先国家的网络安全产业，我国的网络安全企业数量虽多但规模较小，缺乏龙头企业引领产业发展，研发攻关力量相对分散、安全产品与技术服务能力不强等现象普遍存在。根据美国投资咨询机构 Cybersecurity Ventures 发布的"2019年全球网络安全厂商150强榜单"，我国的网络安全企业无一家入围。同时，我国安全厂商目前大多是以网络安全业务为主，在工业信息安全、工业互联网安全等领域的产品积累和服务经验不足，专注于工业互联网安全的厂商还以初创企业居多，仍处于技术研发、实力爬坡期，较难提供完善的工业信息安全解决方案。另外，工业领域使用的设备和系统通常自成封闭体系，各厂商自有专用通信协议、接口标准等，并且工业门类较多，各行业间的特点和差异明显，安全厂商对工业领域制造技术、工艺流程等工业知识缺乏系统的掌握。因而在安全产品和解决方案设计方面大多还是基于计算机网络安全的、部署在控制系统外部网络节点上的边界防护、身份认证等产品，缺乏能够部署在控制系统内部的安全产品和解决方案。相关工控系统安全产品与业务应用的融合程度不足，在深度检测与业务相关度较高的攻击行为发生时往往乏力，缺乏创新性的安全检测思路和有效的防护方法；在新技术、新趋势安全问题的技术研究和产品布局方面的能力有待提升；在行业经验和工业技术积累方面面临巨大考验。

三、2020 年工业信息安全发展趋势

展望未来，受到新技术应用推广和供应链安全等多因素的影响，工业信息安全也将更多地关注供应链安全问题，5G 的应用将进一步释放工业企业网络安全防护的需求。随着体系化安全防护建设的不断推进，组织管理在防护体系中的作用更加凸显。

（一）工业信息安全更关注供应链安全问题

工业信息安全防护目标是工业生产所需的通信网络和互联网服务不中断，工业生产设备、控制系统、信息系统可靠正常运行，贯穿其中的数据不因偶然的或者恶意的原因遭受破坏、更改和泄露[5]。近期，各国将来自国外的具有风险的技术或产品视为重要的网络安全威胁来源，更关注供应链安全问题可能带来的工业信息安全隐患。发达国家纷纷出台供应链安全相关举措，以控制网络安全及工业信息安全风险。例如，美国众议院在 2019 年 6 月批准了《物联网安全改进法案》，规定政府采购部门仅可购买允许更新安全补丁的设备，且用户需要有权更改默认密码，设备供应商有责任在发现漏洞时向使用该设备的政府部门报告并及时修补漏洞。日本网络安全战略总部在 2019 年 5 月发布《网络安全研究与技术开发推进方针》，将"建立技术验证体制应对供应链风险"作为 5 项推进方针之一。意大利部长理事会在 2019 年 7 月批准了《国家网络安全边界法案》，要求建立安全采购机制以确保相关网络、系统和服务所使用的 ICT 产品和服务的安全性。这些举措和做法是国家供应链安全问题在工业领域的具体体现。从我国的实际情况来看，工业软硬件产品对外依赖情况严重这一事实被越来越多地关注和讨论，工业领域"本质安全"问题已被业界提出。尤其是在工业互联网蓬勃发展和全球网络安全态势复杂多变的背景下，工业设备和系统的供应链安全问题就如同"定时炸弹"，可能直接引发工业信

---

[5] 尹丽波. 深刻把握新时期工业信息安全的内涵、特点和重点. 中国信息安全，2019-6。

息安全事件。工业领域软硬件的供应链安全问题是当前和未来一个阶段实施工业信息安全防护必须考虑和推动解决的重要问题。

（二）工业企业应对网络攻击将成为常态

近年来，伊朗震网事件、台积电 WannaCry 病毒、委内瑞拉古里水电站事件等一系列重大安全事件表明，工业领域已成为网络安全防护的新战场，针对工业设备和系统的网络战已不再是"神话"。无论是黑客组织等对工业领域的"定向攻击"，还是病毒、恶意程序等对工业领域的"误伤"，都给工业企业的生产设备系统、生产控制网络、企业经营系统、供应链网络及工业企业内、企业间流转的各类数据带来众多潜在的安全隐患。据波耐蒙研究所报告显示，90%的关键基础设施供应商表示过去几年遭受过网络攻击。在当前这种企业外部网络安全事件频发、企业内部安全隐患暴露的形势下，工业企业已无法只关注自身生产经营和生产安全而忽视网络信息安全，应对黑客攻击、勒索软件、数据泄露等各种类型的网络攻击将成为每个工业企业生存和发展必将面临、必须考虑的事情。并且，随着工业4.0、工业互联网等的开展，工业企业数字化、云端化的进程加快，企业信息化程度的不断提高，工业领域重要系统和关键数据与外部接触的机会也不断增多，工业企业面临的网络安全风险只会越来越大，应对网络安全风险的能力也将成为企业生存和发展的重要指标。

（三）5G 将进一步释放工业互联网的安全需求

2019 年我国正式步入 5G 商用时代，2020 年将大规模投入建设独立组网的 5G 网络，工业互联网等垂直行业的 5G 重要应用场景网络建设也将加快。随着《"5G+工业互联网"512 工程推进方案》的发布实施，5G+工业互联网发展目标进一步明确，到 2022 年，我国将突破一批面向工业互联网特定需求的 5G 关键技术，打造一批"5G+工业互联网"内网建设改造标杆、样板工程，形成至少 20 大典型工业应用场景[6]。5G 在工业领域推广应用时，工业信息安全的需求也将进一步释放。一是需要解决好 5G 开放场景与工业内网相对封闭特性之间的安全防护要求差异；二是面临广泛深度互联可能带来的多元化风险来源，加快补齐工业互联网标识解析安全、数据安全等工业互联网本身的安全防护短板；三是聚焦工业互联安全防护主体，在进行"5G+工业互联网"内网规划建设的同时明确对企业网络安全防护提出要求，并同步实施建设。随着 5G 的应用，工业互联网安全工作将成为下一阶段工业信息安全的重要任务。

（四）体系化安全管理机制建设有望提速

随着工业信息安全领域的政策标准体系逐步完善，在管理机制方面，《关于促进网络安全产业发展的指导意见》《工业互联网企业网络安全分类分级指南》等重点政策规范有望出台，体系化的安全防护管理机制将逐步建立健全。在技术支撑手段方面，国家工业互联网安全态势感知与风险预警平台建设提速，这将有助于利用行业监管数据资源优势，依托国家、省、企业三级架构，使更多地区实现与国家级平台的对接联动，形成工业互联网安全风险实时监测、动态感知、快速预警"全国一盘棋"的监测保障体系[7]。在保障能力建设方面，行业专业机构将持续建设在线监测、仿真测试、应急演练、攻防对抗、安全加固等，持续打造工业互联网安全监测、应急响应与信息共享等平台。在产业支撑方面，工业信息安全领域产品和服务的市场在持续发展和扩大，工业信息安全市场规模稳中有升，针对工业应用场景的个性化、专业化网络安全服务供给能力有望提速。

---

[6] 工业和信息化部."5G+工业互联网" 512 工程推进方案. http://www.cac.gov.cn/2019-11/24/c_1576133540276534.htm。

[7] 邓聪.工业互联网发展进入快车道.人民邮电，2019-12。

（五）安全产品和服务将更加贴近工业需求

随着工业信息安全领域政策的不断完善，尤其是工业互联网领域的安全管理机制和产业促进政策落地实施，我国工业互联网安全相关产业的市场潜力将进一步得到释放，将有更多企业进入工业信息安全领域，工业信息安全产品和相关服务的数量和质量也会有更大提升。2019年12月1日，网络安全等级保护制度2.0（简称"等保2.0"）标准的正式实施，意味着2020年是网络安全行业需求从IT走向OT（操作技术）的重要一年，工业设备和系统安全防护的政策合规将成为工业信息安全需求增长的重要动力。一方面，传统网络安全领域的龙头企业凭借自身在计算机网络安全领域的深厚积累，深耕工业领域信息安全的防护特点，不断设计能够适合工业现场、控制系统等使用的安全产品和解决方案，为工业企业构筑外置安全防护盾。例如，奇安信、绿盟科技、天融信等网络安全企业积极研制工业领域的安全产品，形成工业主机防护、数据监测平台等适合工业场景应用的成熟解决方案。另一方面，工业互联网企业、工业软硬件供应商等为工业企业提供服务的企业，依托自身对工业企业的服务经验，面向工业领域的安全需求，通过改进生产设备系统、服务平台等的内置防护机制，提升产品性能和服务质量，增强工业领域使用设备和系统的内生安全性。例如，树根互联投资成立安加互联深耕工业互联网安全领域的发展，航天云网基于自身发展需要建立工业互联网安全态势感知系统等，这都表明工业互联网平台企业已经开始开发安全产品和服务。另外，工业企业作为网络安全威胁的直接作用主体，不仅会采购外部安全防护产品和解决方案，还将优化企业自身的安全管理机制、防护手段等，全面加强安全防护水平。

（六）组织管理在防护体系的重要性有望增强

物理安全、网络安全及防止人为信息安全漏洞和隐患是保证信息安全的3个重要方面。梳理近年来的网络安全事件可以发现，相比外部攻击，内部威胁更加防不胜防。IT管理软件公司SolarWinds在2019年7月发布的调查报告显示，有 6 成的网络安全事件由内部人为因素造成，其余 4 成则由外来威胁导致。内部威胁可能由别有用心的内部人员主动而为，也可能因为安全意识、安全投入或安全防护措施不完善而被动造成。在工业领域，由于生产网络相对封闭的特性，渗透进来的攻击者在效率方面远远不及技术素养较低或别有用心的内部人员。使用方式不当、配置错误等行为直接打开了工业封闭生产环境与外部网络的数据交换渠道，使生产设备、控制系统、信息系统等内部漏洞能够被外界肆无忌惮地利用。例如，震网病毒（Stuxnet）在网络受限的环境中，主要传播途径并非互联网，而是首先感染外部主机，然后感染任何接入的 U 盘以在内部主机之间传播，即通过局域网传播。例如，台积电事件中 WannaCry 变种病毒攻击成功的原因是人为失误，即在新竹科学园的新设备安装过程中没有更新补丁，也没有关闭 445 端口，导致新机器携带的病毒在联网后快速传播，最终导致所有生产线都受到影响。2019 年 9 月，印度核电公司管理网络被 Dtrack 后门木马变体感染，尽管管理网络与控制核反应堆的关键内网存在物理隔离，相关人员也表示并未将核电站内网连接至外部网络，但难以排除违规行为导致内网被植入恶意软件的可能性。从安全防护角度来说，减少人为失误是当下减少网络安全事件最有效和最直接的方式。在未来一段时间内，企业急需建立的应该是有实操能力，能快速、有效地更新安全补丁、弥补漏洞的安全团队，在组织管理层面应加强对网络安全管理和专业技能的培训，在消减工控系统安全漏洞的同时，更需要减少和避免设备系统的错误操作，堵住人员操作失误这一"最大漏洞"。

四、工业信息安全发展的建议

着眼于应对工业信息安全领域面临的突出风险，应进一步加强政、产、学、研、用的各方合力，健全安全风险评估管理机制，加快建设国家、省、企业三级协同的安全监测体系，针对不同企业实施差别化管理和防护，建立综合性、协同性工业信息安全防护体系，提升我国工业领域的网络安全保障能力。

（一）健全安全风险评估管理机制

工业信息安全发展需要建立完善的工业企业网络安全风险评估机制，制定风险等级评定原则和标准，指导企业建立健全重点设备装置和系统平台联网前后的风险评估制度，组织工业企业定期开展网络安全自评估。根据工业企业所在行业、规模等基本情况，工控系统的功能、组成结构和构成组件，工业互联网应用情况和数据综合利用程度等因素，以及网络安全防护举措现状等，综合评估工业企业安全风险等级。识别工业企业网络安全风险点、风险事件、可能造成的后果，指导企业结合实际情况匹配适合的保护措施，对可能造成重大影响的风险和事件信息进行及时处置，从根源上把控风险。持续开展工业领域网络安全摸底排查工作，对重点企业、重要信息系统的安全运行状况进行抽查和技术检测，提出有针对性的抵御威胁的防护对策和整改措施。

（二）完善面向企业的防护标准体系

在工业企业网络安全风险评估的基础上，制定工业信息安全管理和技术防护标准体系，对风险程度不同的企业分别提出相应的防护要求，对企业进行差异化管理和防护，推进企业落实主体责任。以试点的形式推动工业企业贯标、达标，推动发展激励机制与安全防护工作的有机结合，营造企业主动进行安全防护的良好氛围。指导企业在国家的政策法规和标准指引下，加强工业信息安全防护实战演练，建立符合自身业务和管理特点的工业信息安全防护体系。企业应在日常业务活动和管理过程中融入工业信息安全防护技术和管理手段，提升满足自身安全需求的综合安全防护能力。

（三）建立工业软硬件安全检测手段

推动建立工控产品服务、工业软硬件全产业链安全认证标准体系，明确产业链上下游各相关主体的安全责任，加强设计、研发、生产、应用、服务等全产业链各环节的安全认证，推动企业加大应用安全性较高的工业软硬件产品和服务。推动建立工业软硬件产品和服务的准入制度，要求企业提供的产品和服务满足安全认证标准，切实保障全产业链的安全。指导第三方专业机构建设工业信息安全能力评测评估服务，构建针对工控系统及设备、工业互联网平台、工业 App 等的安全评估认证体系，依托第三方机构开展安全审查、风险评估和监测认证，提升全产业链的安全水平。

（四）构建各方协同的安全防御体系

以"国家主导、多方参与、企业主体"为核心，加快建设国家、省、企业三级协同的安全监测体系。推动政府部门、网络安全企业、基础运营商等重要主体数据协同，打通工业企业、网络安全厂商和专业科研机构链条，建立健全上下联动沟通、检查合作、安全漏洞检测通报、数据检测共享、网络安全员联络等工作机制，面向工业企业提供网络安全风险、漏洞、信息的通报和共享服务。推动落实企业主体责任，按照有关规章制度，设置专门的网络安全机构和安全管理负责人，组织制定和实施网络安全防护和培训计划，加强网络安全考核，确保安全投入。推动企业建立安全风险和事件上报制度，完善应急预案并定期开展应急演练，提升工业企业的安全风险识别、处置和应急能力，构建纵深防御、内建安全、安全管理、应急管理为一体的综合整体防御体系。

（五）加强政、产、学、研、用的优势资源整合

我们应推动设立工业信息安全专项资金、风险补偿基金等，支持工业信息安全产业集聚发展；发挥产业联盟作用，整合行业资源，加强工业信息安全领域联合攻关、协同创新及服务模式创新，做大做强工业信息安全产业；积极搭建产业互动平台，举办博览会、论坛、赛事等活动，提升技术研究、应用推广和产业化发展等方面的资源整合能力，推动政企双向沟通、行业跨界融合和国际交流合作，加快培育工业信息安全良好生态；推

动建立企业、高校联合培养人才机制，在人才培养方面加强相关配套政策支持；在工业信息安全领域依托国家级工业信息安全技术机构打造高端智库，开展对国际战略政策、产业发展的动态跟踪，加强研判分析，为行业主管部门提供决策支撑。

Ⅱ 政策法规篇

Policy and Regulation Articles

B.2

2019年我国工业信息安全法规政策进展研究

闫寒[1]

摘　要： 2019年，我国工业信息安全政策法规体系建设提速，工业互联网安全防护、网络安全产业发展等基础性、关键性政策加快出台，水利、电力等领域网络安全政策制定实施，为加强工业信息安全防护提供了有力的体制机制保障。关键领域标准研制和应用推广加快推进，工业信息安全领域标准体系基本形成。重大工程项目支持力度持续加大，促进检测评估、产业合作、人才培养等多层级、多维度的支撑体系逐步完善。

关键词： 工业信息安全；工业互联网安全；政策法规

Abstract： The year 2019 has witnessed an acceleration of the construction of China industrial information security policies and regulations

---

[1] 闫寒，国家工业信息安全发展研究中心工程师，硕士，主要研究方向为网络安全、工业互联网安全、网络空间安全等。

system. Fundamental key policies such as industrial Internet security protection, information security industry development and information protection for the fields of water resources and electricity have been developed and implemented, providing a powerful tool for strengthening industrial information security protection institutional mechanism. The development and application of standards in key areas have been accelerated, leading to the formulation of an initial standard system. Support for major projects continued to increase, and multi-dimensional support systems of inspection and evaluation, industrial cooperation, and talent training were gradually improved.

Keywords： Industrial Information Security; Industrial Internet Security; Policies and Regulations

2019 年，为有效应对国家网络安全防护所面临的新形势、新挑战，我国网络安全政策法规体系建设明显提速。10 月 26 日，第十三届全国人大常委会第十四次会议正式通过了《密码法》，这有利于规范密码应用和管理，保障网络与信息安全，提升密码管理的科学化、规范化、法治化水平。《关键信息基础设施安全保护条例》已被列入国务院 2019 立法计划，将强化电信、能源、金融、交通、铁路、航空、关键制造等领域的重要网络、重要信息系统等网络的安全防护。《网络安全审查办法（征求意见稿）》《云计算服务安全评估办法》《数据安全管理办法（征求意见稿）》等规章相继出台。

在工业信息安全领域，我国集中制定出台了一系列政策文件，工业信息安全政策法规体系日益完善，关键领域标准研制和应用加快推进，安全保障体制机制不断健全，逐步形成覆盖态势感知、检测评估等多维度、多层级的工业信息安全保障支撑体系。

一、工业信息安全基础性、关键性政策加快出台

工业互联网安全顶层设计进一步完善。2019 年 7 月，工业和信息化部、应急管理部、国务院国有资产监督管理委员会、国家能源局等十部门联合印发《加强工业互联网安全工作的指导意见》，提出了 2020 年年底、2025 年两个阶段的发展目标，明确了全面提升工业互联网安全防护能力的重点任务，厘清了工业互联网安全职责，明确了当前和今后一段时期内工业互联网安全工作的总体目标、原则及路径，为构建多部门协同、体系化推进的工作体系，正确认识、有序开展工业互联网安全工作提出了借鉴参考和方向指引。

二、工业信息安全领域标准体系基本形成

2019 年，工业互联网标准体系建设迈出坚实步伐。1 月，工业和信息化部、国家标准化管理委员会组织制定了《工业互联网综合标准化体系建设指南》。其中，安全标准体系被进一步明确，包括设备安全、控制系统安全、网络安全、数据安全、平台安全、应用程序安全、安全管理等标准，从防护对象、防护措施及防护管理 3 个维度，针对不同的防护对象部署相应的安全防护措施，根据实时监测结果发现网络中存在的或即将发生的安全问题并及时作出响应，通过加强防护管理，明确基于安全目标的可持续改进的管理方针，加强保障工业互联网安全[2]。

2019 年工业信息安全领域的一系列重点急需标准加快制定、陆续出台。

在国家标准方面，12 月，被喻为"等保 2.0"的《信息安全技术 网络安全等级保护基本要求》《信息安全技术 网络安全等级保护测评要求》《信息安全技术 网络安全等级保护安全设计技术要求》等国家标准正式实施，将工控系统安全纳入新型应用安全扩展要求，并调整成为工控系统安

---

[2] 工业和信息化部，国家标准化管理委员会. 关于印发《工业互联网综合标准化体系建设指南》的通知. http://www.gov.cn/xinwen/2019-03/08/content_5371933.htm, 2019。

全扩展要求。《信息安全技术　工业控制系统漏洞检测产品技术要求及测试评价方法》等 7 项标准发布，《信息安全技术　工业控制系统安全管理基本要求》等标准正式实施。

在行业标准方面，《基于 LTE 的车联网通信安全技术要求》等行业标准发布，《网络安全专用产品通用安全技术要求》《工业互联网平台安全防护检测要求》《工业互联网平台安全风险评估规范》《工业互联网　安全服务机构能力认定准则》等重点急需标准的制定加快推进。

在团体和联盟标准层面，《工业控制系统信息安全防护建设实施规范》等团体标准加快研制；工业信息安全产业发展联盟发布《工业信息安全标准化白皮书（2019 版）》，梳理了工业信息安全相关概念和内涵，界定了相关概念之间的关系，总结了当前国内外工业信息安全标准化工作现状、存在的问题和未来发展趋势，提出了工业信息安全标准体系框架。工业互联网产业联盟发布《工业互联网体系架构（版本 2.0）》，《工业互联网标识解析　标识数据安全和隐私要求》《工业互联网标识解析　标识解析安全认证协议和技术要求》等多项标准编制工作正式启动（见表 2-1）。

表 2-1　工业信息安全相关标准工作进展

标准名称		标准号/计划号	状态
1.控制系统安全			
1.1	工业控制网络安全风险评估规范	GB/T 26333—2010	已发布
1.2	工业控制系统信息安全	GB/T 30976.1~30976.2	已发布
1.3	工业自动化产品安全要求	GB 30439	已发布
1.4	过程工业领域安全仪表系统的功能安全	GB/T 21109.1~21109.3	已发布
1.5	工业通信网络　网络和系统安全建立工业自动化和控制系统安全程序	GB/T 33007—2016	已发布
1.6	工业自动化和控制系统网络安全集散控制系统（DCS）第 1 部分：防护要求	GB/T 33009.1—2016	已发布
1.7	工业自动化和控制系统网络安全集散控制系统（DCS）第 2 部分：管理要求	GB/T 33009.2—2016	已发布
1.8	工业自动化和控制系统网络安全集散控制系统（DCS）第 3 部分：评估指南	GB/T 33009.3—2016	已发布
1.9	工业自动化和控制系统网络安全集散控制系统（DCS）第 4 部分：风险与脆弱性检测要求	GB/T 33009.4—2016	已发布

续表

	标准名称	标准号/计划号	状态
1.10	工业自动化和控制系统网络安全可编程序控制器（PLC）第 1 部分：系统要求	GB/T 33008.1—2016	已发布
1.11	控制与通信网络 CIP Safety 规范	GB/Z 34066—2017	已发布
1.12	控制与通信网络 Safety-over-EtherCAT 规范	20141330-T-604	制定中
1.13	信息安全技术数控网络安全技术要求	20170567-T-469	制定中
1.14	信息安全技术信息系统等级保护安全设计技术要求第 5 部分：工业控制系统	20171111-T-469	制定中
1.15	工业控制系统产品信息安全　第 2 部分：安全功能要求	20171279-T-469	制定中
1.16	工业控制系统产品信息安全　第 3 部分：安全保障要求	20171280-T-469	制定中
1.17	工业控制系统信息安全检查指南	20173870-T-469	制定中
1.18	信息安全技术　工业控制网络监测安全技术要求及测试评价方法	GB/T 37953—2019	已发布
1.19	信息安全技术　工业控制系统安全控制应用指南	GB/T 32919—2016	已发布
1.20	工业控制系统信息安全　第 2 部分：验收规范	GB/T 30976.2—2014	已发布
1.21	信息安全技术工业控制系统信息安全分级规范	GB/T 36324—2018	已发布
1.22	信息安全技术　工业控制网络安全隔离与信息交换系统安全技术要求	GB/T 37934—2019	已发布
1.23	工业控制系统产品信息安全评估准则　第 1 部分：简介和一般模型	20160785-T-469	制定中
1.24	工业控制系统产品信息安全评估准则　第 2 部分：安全功能要求	20171279-T-469	制定中
1.25	工业控制系统产品信息安全评估准则　第 3 部分：安全保障要求	20171280-T-469	制定中
1.26	信息安全技术　工业控制系统安全检查指南	GB/T 37980—2019	已发布
1.27	信息安全技术　工业控制系统信息安全防护能力评价方法	20173583-T-469	制定中
1.28	信息安全技术　数控网络安全技术要求	20170567-T-469	制定中
1.29	工业互联网　数控加工制造系统信息安全风险评估要求	2019-0028T-YD	制定中
2.网络安全			
2.1	工业互联网　网络安全总体要求	2017-0960T-YD	制定中
2.2	工业互联网　安全接入技术要求	2018-0179T-YD	制定中
2.3	信息安全技术　网络安全等级保护基本要求（含工业控制系统）	20141151-T-469	制定中

	标准名称	标准号/计划号	状态
2.4	信息安全技术　网络安全等级保护安全设计技术要求（含工业控制系统）	20160652-T-469	制定中
2.5	信息安全技术　网络安全等级保护测评要求（含工业控制系统）	20141150-T-469	制定中
2.6	工业通信网络　网络和系统安全术语、概念和模型	20170373-T-604	制定中
2.7	工业通信网络　网络和系统安全工业自动化和控制系统信息安全技术	20170374-T-604	制定中
3.数据安全			
	工业互联网　数据安全保护要求	2018-1369T-YD	制定中
4.平台安全			
	云制造服务平台安全防护要求	20173696-T-604	制定中
	信息安全技术　工业互联网平台安全要求及评估规范		制定中
	工业互联网平台　安全防护检测要求	2019-0023T-YD	制定中
	工业互联网平台　安全风险评估规范	2019-0024T-YD	制定中
	工业互联网平台　安全防护要求	2018-1396T-YD	制定中
5.应用程序安全			
	工业 App 安全防护要求	2019-0682T-YD	制定中
	工业 App 安全防护监测要求	2019-0683T-YD	制定中
6.安全管理			
6.1	工业互联网　企业侧安全监测与协同管理系统技术要求	2019-0684T-YD	制定中
6.2	工业互联网　企业侧安全监测与系统管理系统接口规范	2019-0685T-YD	制定中
6.3	信息安全技术　轻量级鉴别与访问控制机制		制定中
6.4	信息安全技术　基于生物特征识别的移动智能终端身份鉴别技术框架		制定中
6.5	信息安全技术　信息系统安全等级保护基本要求		制定中
6.6	信息安全技术　信息系统安全等级保护测评要求		制定中
6.7	工业互联网　安全服务机构能力认定准则	2019-0025T-YD	制定中
6.8	工业互联网　安全监测与管理系统通用要求	2019-0027T-YD	制定中
6.9	工业互联网　安全态势感知系统技术要求	2019-0026T-YD	制定中
6.10	信息安全技术　工业控制系统安全控制应用指南	GB/T 32919—2016	已发布
6.11	信息安全技术　工业控制系统安全管理基本要求	GB/T 36323—2018	已发布
6.12	信息安全技术　工业控制系统信息安全分级规范	GB/T 36324—2018	已发布

	标准名称	标准号/计划号	状态
6.13	信息安全技术　工业控制系统风险评估实施指南	GB/T 36466—2018	已发布
6.14	信息安全技术　工业控制系统现场测控设备通用安全功能要求	GB/T 36470—2018	已发布
6.15	信息安全技术　工业控制系统漏洞检测产品技术要求及测试评价方法	20160782-T-46	制定中
6.16	信息安全技术　工业控制网络安全隔离与信息交换系统安全技术要求	20160780-T-469	制定中
6.17	信息安全技术　工业控制系统安全防护技术要求和测试评价方法	20171744-T-469	制定中
6.18	信息安全技术　工业控制系统信息安全防护能力评价方法	20173583-T-469	制定中
6.19	信息安全技术　工业控制系统产品信息安全通用评估准则	GB/T 37962—2019	已发布
6.20	工业控制系统信息安全　第1部分：评估规范	GB/T 30976.1—2014	已发布
6.21	工业互联网　安全能力成熟度评估规范	2018-1395T-YD	制定中
6.22	信息安全技术　工业控制系统现场测控设备通用安全功能要求	20171740-T-469	制定中
6.23	信息安全技术　工业控制系统网络审计产品安全技术要求	GB/T 37941—2019	已发布
6.24	信息安全技术　工业控制系统专用防火墙技术要求	GB/T 37933—2019	已发布

资料来源：工业和信息化部、国家标准化管理委员会，国家工业信息安全发展研究中心整理。

三、工业信息安全保障机制日益完善

1. 常态化安全评估机制逐步建立

为应对工业互联网安全、车联网安全、工控安全等重点领域的风险，检查检测评估工作持续开展，逐步建立起"以查促建、以查促改、以查促防"的常态化工作机制。2019年10月，工业和信息化部组织开展车联网（智能网联汽车）检测评估，对我国车联网网络安全现状进行全面摸底，评估了当前车联网安全面临的突出风险。河北、河南、陕西等地部署开展工控系统信息安全检查评估，通过组织专业技术队伍抽查、组织交流培训会等方式，评估本地区工控系统信息安全情况，并分析了存在的隐患和问题，对发现的安全风险进行整改。

2. 安全技术支撑体系建设提速

覆盖国家、地方、企业三级的工业互联网安全技术防控体系加快建立。在国家层面，依托工业互联网创新发展工程，国家级工业互联网安全监测与态势感知平台基本建成，通过系统联动、数据共享和业务协同，建设形成了覆盖全国的综合性工业互联网安全监测能力；在省级层面，工业和信息化部发布《省级工业互联网安全监测与态势感知平台建设指南》，山东、吉林、湖北、江苏、浙江、重庆、湖南、广东等地的省级平台已经实现与国家级平台对接联动，逐步为各地区工业互联网安全监测和态势感知提供全方位、集中化、高效率的支撑服务。此外，河南、贵州、陕西等地加快了建立省级工业互联网安全态势平台的步伐；在企业层面，360、奇安信、恒安嘉新等依托自己的技术基础和实际需求，探索建立了企业级工业互联网安全感知平台，为有关行业工业互联网安全防护提供技术支撑。在工控安全方面，国家工业信息安全发展研究中心牵头建设了工业互联网安全综合态势感知平台、工控系统在线安全监测平台等，实现了对超过130种工业通信协议和超过500种工业软硬件设备的识别，在钢铁、智能制造、电力等6个行业的200家工业企业部署了企业侧态势感知节点。

3. 特色化人才培养机制亮点纷呈

工业信息安全领域赛事、活动日益丰富，在2019年12月举办的首届中国工业互联网大赛上，天河链控—天河工业互联网安全云平台、基于测量机器人的工程安全风险智能管控平台、泛在电力物联网智能安全卫士等工业互联网安全解决方案脱颖而出，促进了优秀工业互联网安全相关行业解决方案的应用推广。此外，2019年工业信息安全技能大赛、"护网杯"

2019 年网络安全防护赛暨第二届工业互联网安全大赛、"天府杯"2019国际网络安全大赛、电信和互联网行业网络安全技能竞赛等多种赛事，聚焦安全技术前沿领域，全面推动工业信息安全领域最佳实践应用，选拔了一批面向实战的工业信息安全队伍和选手，助力培养了更多更具网络安全核心技术的复合型专业人才。教育部公布企业支持的产学合作协同育人项目（2019 年第一批），神州绿盟、安恒信息、奇虎测腾等企业支持的数十个网络安全相关项目入选，将为各高校的网络安全课程开发、师资培训、就业实习等提供支撑，有力地促进了产、学、研联动（见表 2-2）。

表 2-2　2019 年工业信息安全领域相关的重要活动

时　　间	名　　称
2 月	2019 工业互联网峰会
4 月	西湖论剑·网络安全大会
5 月	2019 年中国国际大数据产业博览会"数据安全"高端对话
5 月	2019 工业安全大会
5 月	C3 安全峰会·2019
5 月	网络安全等级保护制度 2.0 国家标准宣贯会
6 月	中国工业信息安全大会
6 月	第三届"强网杯"全国网络安全挑战赛
8 月	2019 年北京网络安全大会
8 月	ISC 互联网安全大会
8 月	2019 年中国国际智能产业博览会第二届工业互联网高峰论坛
9 月	2019 年工业信息安全技能大赛
9 月	2019 年网络安全宣传周关键信息设施网络安全保护高峰论坛
10 月	"护网杯"2019 年网络安全防护赛暨第二届工业互联网安全大赛
10 月	2019 年工业互联网全球峰会
10 月	世界互联网大会网络安全专题展
11 月	2019 年湖南（长沙）网络安全·智能制造大会
12 月	2019 首届中国工业互联网大赛
12 月	中国网络安全产业高峰论坛

资料来源：国家工业信息安全发展研究中心整理。

四、重点行业领域网络安全政策标准陆续出台

2019 年 7 月 1 日，全国电力监管标准化技术委员会（SAC/TC296）归口的《电力信息系统安全等级保护实施指南》（GB/T 37138—2018）国家标准正式实施。该标准明确了电力信息系统（Electric Power Information System）、管理信息系统（Management Information System）、电力监控系统（Electric Power Supervision and Control System）、生产控制大区（Production Control Zone）、管理信息大区（Management Information Zone）等术语概念，确定了结构优先原则、联合防护原则、立体防御原则等电力监控系统等级保护实施的基本原则。此外，还规定了定级与备案、测评与评估、安全整改、退运等电力监控系统等级保护实施的基本活动。

2019 年 8 月，为贯彻落实习近平总书记关于网络强国的重要思想，依据《网络安全法》，水利部网信办制定印发《水利网络安全管理办法（试行）》（简称《办法》）。《办法》突出问题导向，对于水利部攻防演练发现的 41.5% 属于信息化项目规划建设阶段没有同步落实网络安全等级保护要求留下的问题，以及 58.5% 属于运行阶段管理不到位造成的问题，明确了具有针对性、有效性的解决措施。《办法》指出，水利网络安全应遵循"积极利用、科学发展、依法管理、确保安全"的方针，建立及时发现漏洞、及时有效处置漏洞和严格责任追究 3 套机制，确保水利信息化规划建设同步落实网络安全等级保护制度，明确运行阶段的网络安全责任[3]。

3　水利部. 水利网络安全管理办法（试行）. http://www.gov.cn/xinwen/2019-08/17/content_5421864.htm, 2019。

2019 年国外工业信息安全法规政策进展研究

刘芷君[1]

摘　要： 2019 年，国外工业信息安全法规政策密集出台。欧盟、加拿大、新加坡等多个国家或地区对工控系统安全和工业互联网安全的关注度明显提升；美国、意大利等发达国家相关政策法规对关键信息基础设施保护的指引更为具体务实；欧盟、美国等国家或地区出台 5G 网络安全政策，预防 5G 应用可能伴生的网络安全隐患。

关键词： 工控系统安全；工业互联网安全；关键信息基础设施保护；5G 网络安全

Abstract： In 2019, foreign policies and regulations related to industrial information security were massively promulgated. Many countries or regions such as the European Union, Canada, and Singapore have noticeably increased their attention to industrial control system security and industrial Internet security. Relevant policies and regulations related to the security of critical information infrastructure in developed countries such as the United States and Italy have been more specific and pragmatic. The European Union, the United States, and other countries or regions have issued 5G

---

[1] 刘芷君，国家工业信息安全发展研究中心信息政策所助理工程师，硕士，主要研究方向为数据安全、供应链安全等。

network security policies to prevent potential network security risks that associated with the application of 5G.

Keywords: Industrial Control System Security; Industrial Internet Security; Critical Information Infrastructure Protection; 5G Network Security

2019 年，发达国家或地区网络安全相关政策不断更新完善，与 2018 年的综合性网络安全战略相比，2019 年出台的网络安全政策法规文件内容对工控安全、工业互联网安全关注度明显提升，对关键信息基础设施的保护政策更加务实，机构建设、漏洞管理、标准制定、机制完善等内容不断强化。对内重点提升安全保障能力，加强对网络攻击和网络威胁的应对；对外加强 ICT 领域供应链安全管控，超前出台举措布局 5G 相关软硬件设备管控等，消除网络安全隐患（见表 3-1）。

表 3-1 2019 年主要国家或地区发布的工业信息安全重要法规政策

国家或地区	时 间	名 称	关注重点	主要内容
美国	2019-4	《国家关键功能清单》	关键信息基础设施安全	美国国土安全部网络安全与基础设施安全局公布的国家关键功能清单列出了遭受攻击和破坏可能会对国家安全、经济和公共卫生造成"破坏性影响"的 55 个关键基础设施领域，共分为供给、配运、管理和连接四大类。其中，连接领域主要针对电信和互联网服务，包括核心网络运行，光缆接入网络服务，基于互联网的内容、信息和通信服务，互联网路由、访问和连接服务，定位、导航和定式服务，广播接入网络服务，卫星接入网络服务，无线接入网络服务，有线接入网络服务 9 项关键功能
	2019-6	《网络安全事件报告和响应计划指令》	电力网络安全	北美电力可靠性公司提出、美国联邦能源管理委员会通过的该项指令，明确了北美大型电力公司对网络安全事件的报告义务，在规划、测试实施、总结更新、事件通报等方面提出了具体要求

续表

国家或地区	时 间	名 称	关注重点	主要内容
美国	2019-8	《网络安全与基础设施安全局战略意图》	5G安全、工控系统安全	该文件由美国国土安全部发布，文件提出应对中国技术产品供应链和5G通信网络威胁，加强与选举相关网络系统的安全防护，保护缺乏防御能力目标的安全，维护联邦机构网络安全和维护工控系统安全5项优先事项
	2019-11	《关键基础设施安全与弹性指南》	关键基础设施网络安全保护	该文件由美国国务院和国土安全部网络与基础设施安全局联合发布，文件明确运输、供水、能源和通信是当前最重要的基础设施领域，指出关键基础设施面临的网络安全威胁呈上升趋势，并在责任划分、安全防护、防范网络攻击风险等方面提出具体要求
	2019-12	《2020财年国防授权法案》	电力网络安全、国防工业网络安全	该法案由特朗普签署，纳入了保护国家电网免受网络攻击的《保障能源基础设施法案》，通过在国家实验室建立一个为期两年的试点项目，帮助识别和消除电网中的网络安全漏洞。此外，还要求国防部制定一个保障美国国防工业网络安全的国防部综合项目清单；评估国防部保障国防工业基础网络安全的项目资源和利用情况；审查国防工业基础基于网络安全等级保护要求的风险评估情况；评估威胁信息共享水平等事项
欧盟	2019-3	《关于与中国在欧盟技术不断提升有关的安全威胁及欧盟采取降低这些威胁的可行行动决议》	5G安全	欧盟议会通过的该项决议高度关注中国信息技术及相关立法为欧盟带来的安全风险和中国公司开发的5G设备安全风险，呼吁欧盟采取措施应对安全风险，包括敦促欧盟委员会制定战略以减少欧盟在网络安全领域对外国技术的依赖；要求欧盟委员会与成员国落实《网络与信息安全指令》（NIS指令）规定的风险报告机制；敦促欧盟委员会对扩大NIS指令适用范围的必要性进行评估；建议欧盟委员会授权欧盟网络和信息安全局优先考虑制定5G设备认证计划，以确保欧盟5G的推出符合最高安全标准且能抵御可能危及欧盟电信网络和服务安全性的后门及漏洞等

续表

国家或地区	时　间	名　　称	关注重点	主要内容
欧盟	2019-3	《5G 网络安全建议书》	5G 安全	欧盟委员会发布的该建议书强调 5G 将构成未来欧洲社会和经济的支柱，将连接能源、运输、银行、健康等关键部门及携带敏感信息的工控系统和安全系统，建议欧盟国家采取统一方法以确保欧盟境内 5G 网络的安全性，并阐述了成员国层面、欧盟层面确保 5G 网络安全的具体操作方式和程序
	2019-5	《工业 4.0 网络安全挑战和建议》	工业互联网安全	欧盟网络与信息安全局发布的该文件提出了目前工业物联网安全面临的 7 项主要挑战，并向工业 4.0 安全专家（IT/OT 安全）、工业 4.0 运营者（解决方案供应商和工业企业）、监管机构、标准化社区、学术界和研发机构等利益相关方提供可实施的安全措施，以加强欧盟工业 4.0 网络安全，促进更安全、更稳妥的方式实现更广泛创新，为工业 4.0 的发展奠定安全基础
	2019-11	《5G 网络威胁图景》	5G 安全	欧盟网络安全局发布的《5G 网络威胁图景》全面梳理 5G 重要资产与面临的威胁，建议欧盟和成员国向相关方共享现有 5G 相关信息，推动建立沟通机制，及时更新网络威胁及风险评估情况，建议 5G 市场相关方积极参与欧盟 5G 事务讨论、知识收集，建议 5G 安全领域国家主管机构做好 5G 现有信息与相关活动宣传，提供专业知识和人才
	2019-11	《关于 5G 对欧洲经济重要性以及减轻与 5G 相关安全风险必要性结论》	5G 安全	欧盟理事会发布的该文件指出在 5G 基础设施和终端设备设计中注重安全和隐私，将网络安全保护覆盖整个生命周期、供应链和所有相关设备，有效应对和减轻部署 5G 网络和服务给执法带来的潜在挑战，制定针对相关制造商、运营商和服务提供商的通用安全标准和措施

国家或地区	时 间	名 称	关注重点	主要内容
加拿大	2019-8	《国家网络安全行动计划（2019—2024）》	工控系统安全	提出打造安全、有弹性的加拿大信息系统，营造创新和适应性的网络生态系统与增强有效领导、治理和协作建设三大目标。打造安全、有弹性的加拿大信息系统这一目标要求公共安全和应急准备部门向行业利益相关者提供影响工控系统安全的最新威胁和态势信息，并加强技术培训以增强工控系统弹性。此外，该计划还要求成立工控系统咨询委员会
意大利	2019-9	《2019第105号法令》	关键信息系统网络安全保护	该法令要求电信运营商通报经营者使用关键信息系统的目录，遵守关键信息系统安全标准的具体要求，按照程序将影响关键信息系统的网络安全事件通报意大利计算机安全事件应急小组，不遵守有关要求或不与政府部门充分合作的机构或个人将面临25万～180万欧元的行政罚款与1～5年监禁
新加坡	2019-10	《操作技术（OT）网络安全总体规划》	工控系统安全	新加坡网络安全局公布的该项规划的目标是帮助提升运营OT系统的组织的安全性和弹性。该总体规划重点聚焦于OT系统中的工控系统，主要针对关键信息基础设施运营者。该总体规划也适用于依赖OT系统的其他类型的企业，如制药公司、石油和天然气公司及半导体制造商

资料来源：国家工业信息安全发展研究中心整理。

一、各国家或地区政策关注工控系统安全和工业互联网安全

2019年，欧盟、加拿大、新加坡等多个国家和地区的网络安全政策关注工控系统安全和工业互联网安全，重视工业领域网络安全挑战和相关风险，并提出相应的网络安全保障措施。

（一）欧盟梳理安全措施加强工业4.0安全保障

5月20日，欧盟网络与信息安全局（ENISA）发布《工业4.0——网络安全挑战和建议》报告，提出目前工业物联网安全面临的7项主要挑战，并向工业4.0安全专家（IT/OT安全）、工业4.0运营者（解决方案供应商和工业企业）、监管机构、标准化社区、学术界和研发机构等利益相关方提供可实施的安全措施，以加强欧盟工业4.0网络安全，促进更安全、更稳妥的方式实现更广泛创新，为工业4.0的发展奠定安全基础（见表3-2）。

表3-2 欧盟工业物联网七大挑战和原因措施

挑　　战	原　　因	措　　施
缺乏IT/OT安全专业知识和意识	工业4.0在传统OT环境中引入了新的技术和流程，各主体的管理层和操作者都需要重新建立他们的技能谱系和协作机制	（1）鼓励IT和OT专家进行跨职能安全知识交流 （2）对过渡到工业4.0的行业开展安全教育和培训 （3）建立针对工业4.0安全的定制化重点培训课程 （4）建立人员能力素质要求指标，明确必需的具体技能和意识 （5）引入项目，培养下一代IT和OT安全专家
工业企业不愿为安全提供资金	网络安全对增加收入或优化成本的影响尚不明晰，因此工业4.0运营者往往没有适当的治理结构来确保新技术的安全实施和现有技术的安全维护	（1）建立工业4.0企业高层管理行政架构 （2）启动中小企业和其他机构融资计划 （3）重视对创新和研发活动的激励 （4）为工业4.0网络安全提供一个同质化和稳定的法律环境 （5）加强工业4.0安全认证计划 （6）建立利益相关方的对话平台和协同机制，促进以工业4.0网络安全为重点的公私伙伴关系（PPPs）
工业4.0产品安全确责困难	鉴于工业4.0生态系统和供应链固有的复杂性，在产品生命周期中有大量利益方参与	（1）在欧洲和国家立法和判例法的范围内处理责任问题 （2）明确供应链利益相关者之间的责任 （3）企业有责任评估自身在转移剩余风险和减少安全事件影响的网络安全政策能力 （4）提高终端用户和消费者对其责任权利的认识 （5）立法明确规定工业4.0运营者的法律责任

续表

挑　　战	原　　因	措　　施
工业 4.0 安全技术标准碎片化	工业 4.0 的安全解决方案和政策倡议在地域、行业、技术层级上都存在很大差异	（1）开展针对工业 4.0 安全的全领域标准化活动 （2）对现行工业 4.0 安全标准进行分析和评估，明确现行标准与工业 4.0 安全的要求之间的差距 （3）推动工业 4.0 各利益相关方的对话，在相关技术标准的制定上达成共识 （4）开发和维护标准化活动之间的映射方案
供应链风险管理复杂化	工业 4.0 安全问题可能出现在供应链开发、设计、生产、交换、管理和信息交互等各层级，级联效应使得检测问题来源极具挑战	（1）定期进行供应链管理风险评估 （2）评估并定期审查供应商之间的信任程度 （3）采购符合安全标准及认证计划的供应产品 （4）重视信任模型和安全体系的应用 （5）遵循工业 4.0 产品和服务安全软件的开发生命周期，确保数字供应链的安全
工业 4.0 设备、平台和框架的安全互操作性	传统 OT 封闭环境下遗留系统与工业 4.0 的对接，不同的底层沟通协议和遍布全球的制造商生产设备直接的互联	（1）建立工业 4.0 安全互操作性的基线，鼓励使用互操作性框架，促进通用安全语言和工业 4.0 组件协议的使用 （2）确定供应链上合作伙伴和公司之间的特定安全级别，以涵盖所有 3 个网络安全方面，即人员、流程和技术 （3）促进开放和可访问的互操作性实验室和安全测试平台
阻碍工业 4.0 和智能制造安全的技术约束	在现有复杂和多样的工业设备和系统下进行普遍互联的技术能力还远远不足；同时，工业 4.0 系统专用的网络安全工具通常太少或太贵	（1）为工业 4.0 定义安全评估架构 （2）明确所有工业 4.0 组件、设备、服务、协议、通信和流程应用中的安全设计原则、隐私设计原则和默认隐私原则 （3）定期评估已实施的网络安全解决方案的成熟度，同时监测网络空间正在发生、出现的威胁情况 （4）监控遗留系统和基础设施的网络安全状况 （5）对工业 4.0 组件和服务在整个生命周期内的持续更新和升级 （6）跟踪工业 4.0 网络安全标准和网络安全最佳实践的发展

资料来源：ENISA《工业 4.0——网络安全挑战和建议》，国家工业信息安全发展研究中心整理。

（二）加拿大发布行动计划加强工控系统弹性

2019年8月，加拿大发布《国家网络安全行动计划（2019—2024）》，为加拿大于2018年6月发布的新版国家网络安全战略的实施提供了行动蓝图。该行动计划提出了打造安全有弹性的信息系统，构建具备创新性和适应性的网络生态系统，实现有效领导、治理和协作3项目标。为实现打造安全有弹性的信息系统这一目标，要求公共安全和应急准备部提供全面的风险管理方法，帮助关键基础设施所有者和运营者更好地保护其信息系统。公共安全和应急准备部将采取具体措施实现这一目标：一是使用技术网络评估工具进行网络安全评估，帮助各机构识别和填补网络漏洞；二是向行业利益相关者提供影响工控系统安全的最新威胁和态势信息，通过召开安全研讨会等技术培训降低网络风险，增强工控系统弹性；三是为关键基础设施提供网络安全演练，评估并提升个人和组织应对和恢复网络攻击的能力。为加强工控系统安全保障，该行动计划还规划成立工控系统咨询委员会并开发工控系统安全培训和意识宣贯方案。

（三）新加坡重点关注工控系统网络安全

2019年10月，新加坡网络安全局发布《操作技术（OT）网络安全总体规划》，旨在提升OT系统运营者的安全性和弹性。该规划重点聚焦于工控系统，指出人员、流程和技术是工控系统安全保护的三大挑战并提出相应的改进措施。在人员方面，强调人员是组织的关键资源，OT工程师和IT工程师由于工作目标的优先级不同存在一定程度的脱节，OT系统工程师必须保持与IT工程师的有效对接与合作，制定一系列的网络安全控制措施共同应对网络威胁。在流程方面，强调必须通过政策、标准、指导方针和细化程序的形式明确OT安全管理流程，指出可以通过强化网络安全管理、加强政策和程序引导实现工控系统最大限度的安全。在技术方面，指出过时的OT系统通常缺乏基本的网络安全控制手段，而快速构建新的OT系统的需求日益增长可能导致网络安全设计被忽视。随着更多的系统和设备相连接，在增加网络攻击风险的同时也创造了在 OT 领域探索网络安全解决方案创新的动力。该规划强调网络安全措施要跟上技术进步速度，采取"深入防御"的方法，实施多种技术或逻辑控制、物理控制等控制措施，采取行政手段保护 OT 系统安全，在设计防御机制的同时应注意区分 IT 和 OT 之间的固有区别。

二、发达国家对关键信息基础设施的保护政策更加务实

2019 年，发达国家出台的关键信息基础设施保护相关政策更为具体务实，明确了关键信息基础设施范围和相关机构的职责划分，能源领域网络安全防护成为部分国家关注的重点。

（一）美国发布指南为关键基础设施网络安全保护提供具体指引

2019 年 11 月，美国国务院和国土安全部网络与基础设施安全局联合发布《关键基础设施安全与弹性指南》，明确运输、供水、能源和通信是当前最重要的基础设施领域，指出关键基础设施面临的网络安全威胁呈上升趋势。该指南指出，在责任划分方面，政府和行业联合会在日常安全防护中发挥核心作用，设施所有者和运营者承担危机应对主要责任；在安全防护方面，美国政府已建立由政府部门和私营企业组成的官方合作框架，私营企业依托信息共享与分析中心实现信息共享；在防范网络攻击风险方面，建议依托信息共享与分析中心形成应对攻击的最佳方案，还建议开展针对性网络安全培训，制定完善风险管理框架。

（二）北美地区尤为关注能源领域网络安全防护

2019 年，美国、加拿大等北美地区国家对能源领域网络安全防护高度重视，尤其在电力网络安全方面的举措更显具体、务实。2019 年 5 月，美国国家标准与技术研究院（NIST）发布《工业物联网安全：基于场景的

能源部门网络安全》草案，提出监测、防范工控恶意软件感染，确保用于监控分布式能源的数据完整性和真实性，保护分布式能源管理系统免受网络威胁，监测分布式能源管理系统行为和性能的异常等安全要求。2019年 12 月，《2020 财年国防授权法案》被美国总统特朗普签署成为法律。该法案纳入了保护国家电网免受网络攻击的《保障能源基础设施法案》，通过在国家实验室建立一个为期两年的试点项目，帮助识别和消除电网中的网络安全漏洞，由能源部、国土安全部、北美电力可靠性公司、核管理委员会、国家情报总监办公室等部门组成联合工作组对试点项目进行评估。2019 年 3 月，受美国联邦能源管理委员会和加拿大政府机构监督的北美电力可靠性公司提出新的网络安全标准《网络安全事件报告和响应计划指令》（CIP-008-6），美国联邦能源管理委员会于 6 月通过该标准。该标准明确了北美大型电力公司对网络安全事件的报告义务，在网络安全事件响应计划的制定、测试实施、总结更新、事件通报等方面提出了具体要求，细化了电力行业网络安全防护要求。

（三）意大利颁布法令明确电信运营商关键信息系统网络安全通报义务

2019 年 9 月，意大利发布《2019 第 105 号法令》，要求电信运营商通报经营者使用关键信息系统的目录，遵守关键信息系统安全标准的具体要求，按照程序将影响关键信息系统的网络安全事件通报给意大利计算机安全事件应急小组，不遵守有关要求或不与政府部门充分合作的机构或个人将面临 25 万～180 万欧元的行政罚款与 1～5 年的监禁。

三、多个国家或地区出台举措预防 5G 应用可能伴生的网络安全隐患

工业领域是 5G 应用的重要场景之一，5G 应用可能伴生的网络安全隐患受到广泛关注。2019 年，多个国家或地区出台了 5G 网络安全政策，部

分国家积极寻求国际合作，共谋 5G 网络安全。

（一）欧盟发布建议书指导成员国 5G 网络安全保障

2019 年 3 月，欧盟委员会发布《5G 网络安全建议书》，强调 5G 将构成未来欧洲社会和经济的支柱，将连接能源、交通、银行、健康等关键部门及携带敏感信息的工控系统和安全系统，建议欧盟国家采取统一方法以确保欧盟境内 5G 网络的安全性，并阐述了成员国层面、欧盟层面确保5G 网络安全的具体操作方式和程序。在成员国层面，该建议书要求各成员国于 2019 年 6 月 30 日前对 5G 网络基础进行风险评估，在国家级风险审查和评估的基础上更新适用于 5G 网络安全要求的风险管理方法，增加通信网络服务商的网络安全保障义务及采取其他旨在减轻潜在网络安全风险的预防措施。此外，由两个或两个以上成员国进行联合安全审查，将审查结果通报欧盟计算机安全事件应急小组，以及依据欧盟议会和理事会指令（EU）2016/1148 成立的合作小组。在欧盟层面，该建议书要求欧盟在成员国的风险评估基础上制定通用的风险管理措施，有效应对成员国和欧盟发现的网络安全风险，确保欧盟层面的 5G 网络安全性。欧盟有关机构加强了与各成员国的信息交换，欧盟网络与信息安全局[2]负责完成特定的 5G 网络威胁情况映射。成员国应在欧盟委员会和欧盟网络与信息安全局的支持下，共同应对 5G 网络安全风险。建议书提出欧盟应在各成员国5G 网络安全最佳实践的基础上建立一个通用有效的"工具箱"，该工具箱包括影响 5G 网络安全的风险清单[3]和一套有效的风险应对措施[4]。欧盟5G 网络相关的网络安全认证计划出台后，成员国需通过国家技术法规对

[2] 根据欧盟于 2019 年 6 月生效的《网络安全法案》，欧盟网络与信息安全局现已更名为欧盟网络安全局。

[3] 可能的风险包括供应链风险、软件漏洞风险、访问控制风险、法律政策风险、来自第三国的风险等。

[4] 可能的应对措施包括软硬件或服务的第三方认证、正式的软硬件测试或一致性检查、访问控制流程、风险产品、服务或供应商的识别等。

计划涵盖的通信技术产品、服务或系统进行强制性认证。2020 年 1 月 29 日，欧盟"5G 网络安全工具箱"正式出台，要求欧盟成员国对 5G 供应商风险情况进行评估，欧盟委员会呼吁成员国在 2020 年 4 月 30 日前采取措施落实文件内容，并将起草报告汇总各成员国的落实情况。

（二）多国签署"布拉格提案"，从 4 个方面提出 5G 网络安全保护建议

2019 年 5 月，美国、德国、日本、澳大利亚等 32 个国家及欧盟、北约和全球移动网络组织的代表齐聚捷克首都布拉格，召开布拉格 5G 安全大会。与会各国代表共同签署了"布拉格提案"，强调 5G 网络安全的重要性，提出 5G 网络的架构和功能必须以适当的安全水平为基础。同时，该提案着重强调供应链安全的重要性，指出日益全球化的 ICT 供应链的跨境复杂性会带来安全风险，提出应将供应链风险视为风险评估的一部分，并应设法防止威胁设备安全的渗透行为及恶意代码和功能的使用。为保证 5G 网络的安全，"布拉格提案"从政策，技术，经济及安全、隐私和弹性 4 个方面对 5G 安全进行了阐述。在政策方面，应促进明确的、全球化的网络安全指引以保障网络安全产品和服务的安全性，提高利益相关者的网络安全防御能力，同时应关注第三国政府的治理模式，考虑其可能对供应商造成的影响和风险，考虑该国是否是关于网络安全、打击网络犯罪或数据保护的多边性、国际性或双边协议的缔约国。在技术方面，利益相关方应在产品发布前和系统运行期间定期进行漏洞评估和风险消除，充分考虑法律环境、供应商生态系统等网络安全相关因素，同时认识到除了利用技术漏洞外，内部攻击等人为因素也是恶意网络活动的重要来源。此外，利益相关者还应考虑 5G 网络伴生的技术变革。在经济方面，通信设备市场和供应链的多样性和活力对于安全和经济发展至关重要，雄厚的研发资金有利于全球经济和技术进步，有利于丰富技术解决方案，对通信网络的安全具有积极的影响。国家对 5G 通信网络和服务供应商的赞助和扶持应遵循公开的市场竞争原则，尊重公平原则。透明的所有权结构、合作伙伴

关系和公司治理体系是通信网络和网络服务供应商应具备的重要条件。在安全、隐私和弹性方面，提出所有利益相关方应共同促进国家关键基础设施网络、系统和连接设备的安全性和弹性。供应商和网络技术的安全和风险评估应充分考虑法治、安全环境和供应商合规行为并遵从安全标准和行业最佳实践，同时风险管理框架应遵循数据保护原则，以保护用户的隐私。

从效力上来看，"布拉格提案"属于非约束性政策建议，不具有强制约束力，但是作为 5G 国际官方会议上多国代表共同签署的提案，其国际影响力不容小觑，该提案很可能成为各国政府制定 5G 相关政策的指导性文件。会后，美国白宫第一时间发表新闻发言人声明，称美国支持关于 5G 安全的"布拉格提案"作为各国在设计、建设和管理其 5G 基础设施时考虑的一系列建议，并计划将该提案作为美国行动指南，以确保各国共同的繁荣与安全。

（三）美国和波兰签署联合声明拟对 5G 供应商进行严格审查评估

2019 年 9 月，美国副总统在访问波兰期间与波兰总统达成旨在收紧 5G 安全审查的 5G 安全联合声明。该声明表达了对"布拉格提案"的认同和支持，提出对 5G 组件和软件供应商实施认真、全面的审查评估对网络安全保护至关重要，必须确保可信和可靠的供应商参与 5G 网络建设，以保护其不受未经授权的访问及干涉。联合声明提出，对 5G 供应商的审查评估包含 3 个方面：一是审查供应商是否在未经独立司法审查的情况下受外国政府控制；二是审查供应商是否具有透明的所有权结构；三是评估供应商经营道德情况，审查其是否存在违反企业道德的行为记录。

参考资料

1. 何可. 欧盟公布 5G 网络安全法律建议. 中国质量报，2019-4。

2. National Defense Authorization Act for Fiscal Year 2020. The Senate and House, 2019-12。

3. Commission Recommendation（EU）2019/534 Cybersecurity of 5G networks. The European Commission, 2019-03。

4. Industry 4.0 Cybersecurity: Challenges & Recommendations. ENISA, 2019-05。

Ⅲ 保障工作篇

Guarantee Mechanism Articles

B.4

工业信息安全标准现状及体系建设研究

柳彩云　杨帅锋　陈雪鸿[1]

摘　要：随着信息化和工业化深度融合，工业信息安全相关概念逐渐涌现，包括工业控制系统、工业互联网、工业云等，概念之间交叉重叠，导致企业在实际建设应用中存在"摸不清，理不透"的问题。此外，当前工业信息安全标准化工作已经逐步开展，但是由概念交叉等引发的标准缺失、滞后、体系化不足等问题依然存在。为解决以上问题，进一步贯彻落实《网络安全法》《加强工业互联网安全工作的指导意见》等法规政策的要求，本文研究界定了工业信息安全相关概念之间的关系，全面分析了当前工业信息安全标准化工作中存在的问题，并梳理总结了国内外工业信息安全相关

[1] 柳彩云，国家工业信息安全发展研究中心助理工程师，硕士，研究方向为工业信息安全、网络安全标准、战略、规划；杨帅锋，国家工业信息安全发展研究中心工程师，硕士，研究方向为工业信息安全、数据安全、网络安全战略规划；陈雪鸿，国家工业信息安全发展研究中心高级工程师，硕士，研究方向为工业信息安全、密码学。

的标准情况。在此基础上，提出了工业信息安全标准体系框架。

关键词：工业信息安全；标准化；体系化

Abstract： With the deep integration of information technology and industrialization, the concepts of industrial information security gradually emerge, including industrial control system, industrial Internet, industrial cloud, etc. These concepts are overlapped, leading to the problem of "unclearness and incomprehension" in the actual construction and application for enterprises. In addition, the standardization of industrial information security has been gradually carried out, but problems of lack of standards, lagging behind and lack of systematization caused by concept crossing still exist. In order to solve the problems above and further implement the requirements of laws and policies such as The Sybers Security Law of the People's Republic of China and The Guidance on Strengthening Industrial Internet Security, this article clearly defines the relationship among the relevant concepts in industrial information security for the first time, comprehensively analyzes the existing problems in the current standardization of industrial information security, and summarizes the situation of relevant standards of industrial information security at home and abroad . On this basis, the framework of industrial information security standard system has been proposed.

Keywords： Industrial Information Security; Standardization; Systematization

一、工业信息安全标准相关概念

工业信息安全是工业领域信息安全的总称，涉及工业领域各环节，包括工业控制系统安全、工业数据安全、工业云安全等内容。从保障对象来看，工业信息安全涉及工业控制系统安全、工业互联网平台安全、工业物联网安全、工业数据安全、工业云安全等，相关概念的定义如表 4-1 所示。

表 4-1　工业信息安全相关概念定义

名　词	定　义
工业信息安全	工业信息安全指对工业领域信息的可用性、完整性、保密性等的保持[2]，涉及工业领域生产和运营各环节的安全，包括工业控制系统信息安全、工业数据安全、工业云安全等
工业互联网	工业互联网是满足工业智能化发展需求，在工业（公共）领域中由人、设备和系统、数据等相互连接的网络，是具有低时延、高可靠、广覆盖特点的新型网络基础设施
工业控制系统	工业控制系统是一个通用术语，它包括多种工业生产中使用的控制系统，包括监控和数据采集系统（SCADA）、分布式控制系统（DCS）和其他较小的控制系统，如可编程逻辑控制器（PLC），现已广泛应用于工业部门和关键基础设施中[3]
工业互联网平台	工业互联网平台是边缘数据采集系统、云计算基础设施及其上的开发、应用、服务等软件的集合，是面向工业数字化、网络化、智能化需求，构建基于海量数据采集、汇聚、分析的服务体系，是支撑制造资源泛在连接、弹性供给、高效配置的载体[4]
工业物联网	工业物联网是物联网在工业领域中各类应用的总成，是实现广义工业领域范围的智慧应用及信息共享的基础平台[5]

---

[2] GB/T 25069—2010 信息安全技术　术语。

[3] GB/T 30976.1—2014 工业控制系统信息安全　第 1 部分：评估规范。

[4] 信息安全技术　工业互联网平台安全要求及评估规范（征求意见稿）。

[5] GB/T 33899—2017　工业物联网仪表互操作协议。

名　词	定　义
工业数据	工业数据是指在工业领域中，围绕典型智能制造模式，从客户需求到销售、订单、计划、研发、设计、工艺、制造、采购、供应、库存、发货和交付、售后服务、运维、报废或回收再制造等整个产品全生命周期各环节所产生的各类数据及相关技术和应用的总称[6]
工业云	工业云是一种面向工业的通过网络将弹性的、可共享的资源和业务能力，以按需自助服务方式供应和管理的模式[7]

资料来源：国家工业信息安全发展研究中心整理。

　　从概念定义来看，工业互联网安全属于工业信息安全的子集。工业互联网的两大属性是"工业"和"互联"，而在实际工业生产经营过程中，无论是离散工业还是流程工业，均存在未连入工业互联网的工业系统和设备，其信息安全属于工业信息安全范畴，但尚不属于工业互联网安全。工业互联网覆盖工业云、工业数据、工业控制系统、工业物联网及其他新兴的工业互联网形态。其中，工业云是工业互联网平台及工业物联网的基础技术，而工业互联网平台是传统工业云平台的迭代升级。工业互联网平台除工业云外，还包括边缘层、工业应用及平台上的工业数据，并且与工业物联网有交叉关系。此外，工业控制系统的硬件构件与工业物联网之间也存在交叉关系。各相关对象之间的安全关系如图 4-1 所示。图 4-1 主要对相关概念范围和边界进行区分，对各概念的交叉和包含关系进行直观展示，而非严格集合图。

　　与传统计算机网络安全相比，工业信息安全在保障目标对象、安全需求等方面具有其特殊性。传统的网络安全保障体系已难以做到全面有效地防护，亟须建立针对性强、特色鲜明的工业信息安全保障体系。从标准层面来看，工业信息安全标准体系也与网络安全标注体系有所区别，涉及以上所讨论的工业信息安全相关概念。

---

[6] 大数据系列报告之一：工业大数据白皮书。

[7] GB/T 37700—2019 信息技术　工业云　参考模型。

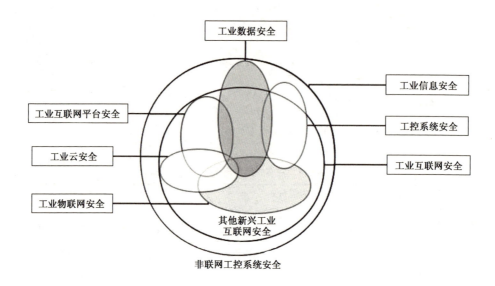

图 4-1　工业信息安全概念关系图

资料来源：国家工业信息安全发展研究中心整理。

二、工业信息安全标准建设现状和发展趋势

（一）工业信息安全标准化发展现状和趋势

1. 国外工业信息安全标准发展现状

（1）国际工业信息安全标准多为电力领域工控安全标准。工控安全国际标准主要集中在电力系统信息安全领域，国际电工委员会（IEC）、电气和电子工程师协会（IEEE）和国际自动化协会（International Society of Automation，ISA）等都致力于工控安全的国际标准建设[8]。IEC 在 2016—2019 年间发布的电力系统信息安全相关标准有 10 个，它在 2018 年 11 月发布的《电力系统管理及信息交换　数据和通信安全　第 4 部分：MMS 及其衍生物概要》（IEC 62351-4），为基于制造消息规范的应用程序握

---

[8] 刘金芳. 欧美工控信息安全标准建设现状及启示. 网络空间安全, 2018, v.9, 96（02）: 42-47.

手期间的身份验证明确了传输层和应用层的安全要求。除此之外，IEC 还研制了《工业过程测量、控制和自动化　网络与系统信息安全》（IEC 62443）系列标准，并于 2018 年 1 月发布 IEC 62443-4-1，2019 年 2 月发布 IEC 62443-4-2 部分，该系列标准从信息安全的通用方面、针对用户的信息安全程序、针对系统集成商保护系统所需的信息安全技术要求、针对制造商提供的单个部件的信息安全技术要求 4 个方面，提出了工控安全要求。IEEE 于 2013 年更新发布了《变电站 IED 网络安全功能标准》（IEEE 1686—2013），该标准解决了 IED 访问、操作、配置、固件修订和数据检索方面的安全问题，且研究制定了新版本的《变电站串行链路网络安全的机密协议试行标准》（IEEE P1711），为变电站串行链路定义了一种安全的通信加密协议，保护了异步串行通信的完整性和保密性（可选）。

（2）美国体系化开展工业信息安全标准化工作。美国主要依托 NIST、美国国土安全部（DHS）等机构开展工业信息安全标准建设，在工业信息安全标准方面不断加强投入。在工控安全方面，发布了一系列工控安全指南和规范性文件，包括《工业控制系统信息安全指南》（NIST SP 800-82）、《系统保护轮廓——工业控制系统》（NIST IR 7176）、《中等健壮环境下的 SCADA 系统现场设备保护概况》等。在电力、石油、天然气、核电等领域，美国也发布了一系列典型行业的工控安全标准，如《管道 SCADA 安全》（API1164）、《智能电网安全指南》（NIST IR 7628）等。此外，2007 年美国 ISA 成立了安全复合型研究院（ISCI），专门从事安全标准的符合性认证工作，目前 ISCI 已经推出嵌入式设备安全保证（EDSA）认证、系统安全保证认证（SSA）和安全开发生命周期保证认证（SDLA）。在物联网安全方面，美国政府多措并举加强物联网安全。2015 年，美国联邦贸易委员会发布《物联网产品安全高级指南》，投入 1.6 亿美元推动"智慧城市"计划[9]，将物联网应用试验平台建设作为首要任务。2016 年 2 月，成立物联网标准组织 Open Connectivity Foundation（OFC），致力于

---

9 高亚光. 以标准制定为抓手　扎实推进物联网产业发展. 中国信息安全, 2016（10）: 48-50。

物联网产业标准制定。2016 年 5 月，NIST 发布《网络物理系统框架》。2016 年 9 月，美国白宫再次追加 8000 万美元预算，集中于城市服务等领域的物联网技术应用[10]。2016 年 11 月 15 日，美国国土安全部（DHS）发布《确保物联网安全的战略原则（1.0 版）》，面向物联网相关方提出一组网络安全实践准则建议。具体到工业物联网安全方面，美国成立工业互联网联盟（IIC），负责对工业物联网安全进行研究，并已发布了一系列成果。如 2016 年 9 月，IIC 发布《工业物联网安全框架》（IISF），提出了工业互联网信息安全、功能安全、可靠性、弹性和隐私安全五大关键特性，拟通过该框架的发布为工业互联网安全研究与实施部署提供指导。在工业数据和工业云安全方面，NIST 于 2012 年 6 月启动了对大数据相关基本概念、技术和标准需求的研究工作；2013 年 5 月成立 NIST 大数据公开工作组（NBG-PWG）；2015 年 9 月发布《NIST 大数据互操作框架（第一版）》（NIST SP 1500）系列标准[11]；2013 年 7 月，发布《NIST 云计算标准路线图（第二版）（SP500-291）》。

（3）欧盟各国工业信息安全标准以基础设施为重心。近年来，欧盟发布了"欧洲关键基础设施保护项目"（EPCIP）；成立了工控安全应急响应组（ICS-CSIRT），负责对各类工控安全事件进行响应分析、共享信息，协调各成员国实施关键基础设施保护计划。此外，欧盟国家根据各自国情各自关注特定领域的工控安全标准建设。例如，2006 年荷兰国际仪器用户协会（WIB）发布《过程控制域（PCD）——供应商安全需求》；2009 年挪威石油工业协会（OLF）发布《工程、采购及试用阶段中过程控制、安全和支撑 ICT 系统信息安全的实施》（OLF Guideline No.110）、《过程控制、安全和支撑 ICT 系统信息安全基线要求》（OLF Guideline No.104）等；瑞典民防应急局（MSB）于 2010 年发布《工业控制系统安全加强指

---

[10] 韩晓露. 美国新一代信息技术安全标准研究发展状况及对我国的启示. 信息安全与通信保密，2017（9）。

[11] 陈兴蜀，杨露，罗永刚. 大数据安全保护技术. 工程科学与技术，2017，49（005）：1-12。

南》[12]；德国致力于自动驾驶等汽车产业发展，2017年颁布了《道路交通法第八修正案》与《自动驾驶道德准则》，成为自动驾驶立法先驱。此外，作为工业4.0的先行者，德国还发布了《工业4.0安全指南》，对工业4.0背景下的风险分析、网络划分、用户账户、安全协议等进行了约定，旨在确保工业4.0中设施设备、系统运行等方面的安全。

2. 国外工业信息安全标准发展趋势

随着新工业革命时代的到来，美国、欧盟等发达国家和组织将加快工业互联网平台安全、网络安全、数据安全及关键信息基础设施安全等方面的标准研究和制定，不断完善工业信息安全标准路线图。

一是继续完善各领域标准工作计划。2019年5月，美国能源部发布《能源行业网络安全多年计划》，该计划为能源部网络安全、能源安全和应急响应办公室（CESER）勾画了一个"综合战略"，确定了美国能源部未来5年力图实现的目标和计划。将来，发达国家将继续进行统筹规划，在工业信息安全各领域勾画标准蓝图，指导标准的研究制定。

二是加快研制重点行业领域的标准。在统筹规划的基础上，发达国家将进行分类施策，主抓重点行业领域及易受威胁领域的工业信息安全标准，如电力领域。加快指导制定相关行业领域标准，"分行业、分重点"实现标准先行。

三是加快研究关键信息基础设施安全标准。美国、欧盟一直以来都将关键信息基础设施保护作为重点，随着关键信息基础设施安全形势日趋严峻，"网络战"成为各国关注的焦点，发达国家将继续加强关键信息基础设施的安全保护，推进相关标准的研制。

四是瞄准新技术、新应用的安全需求，开展标准的研制工作。随着工业互联网、人工智能等技术的快速发展，美国、欧盟等发达国家将针对相关技术、应用及时研制标准，规范新技术、新应用的发展，同时确保其在新技术、新应用国际标准研制中的领先地位。

---

12 刘金芳. 欧美工控信息安全标准建设现状及启示. 网络空间安全, 2018, v.9, 96（02）: 42-47。

3. 国内工业信息安全标准发展现状

当前，我国工业信息安全标准加快推进，主要呈现以下 3 个特点：

一是工业控制系统安全标准制定推进成效显著。我国已发布和实施了一批工业控制系统基础类安全标准。例如，2011 年发布了《工业控制网络安全风险评估规范》（GB/T 26333—2010），2014 年发布了《工业控制系统信息安全 第 1 部分：评估规范》（GB/T 30976.1—2014）、《工控系统信息安全 第 2 部分：验收规范》（GB/T 30976.2—2014）等，填补了我国工业控制系统安全标准的空白，使工业控制系统安全工作有了标准可依。此外，我国通过在信息系统安全等级保护中增加工控安全等保扩展要求、建立新标准体系等多种方式，进一步加紧更新、细化完善工控安全标准，并研究制定了《信息安全技术　工业控制系统安全控制应用指南》（GB/T 32919—2016）、《信息安全技术　工业控制系统安全管理基本要求》（GB/T 36323—2018）、《信息安全技术　工业控制系统信息安全分级规范》（GB/T 36324—2018）等标准 30 余项。

二是工业互联网网络、数据、平台安全标准正在加紧研制，但目前还难以满足工业互联网发展的安全需求。随着《关于深化"互联网+先进制造业"发展工业互联网的指导意见》《加强工业互联网安全工作的指导意见》等政策文件的发布实施，工业互联网安全体系架构得到进一步明确，但工业互联网安全标准化工作还在起步阶段。从《工业互联网综合标准化体系建设指南》的内容来看，《工业通信网络　网络和系统安全　术语、概述和模型》（20170373-T-604）、《工业互联网网络安全总体要求》（2017-0960T-YD）、《工业互联网安全接入技术要求》（2018-0179T-YD）等网络安全标准，《工业互联网数据安全保护要求》（20181369T-YD）等数据安全标准，《工业互联网平台　安全防护要求》（2018-1396T-YD）、《工业互联网　安全体系框架》（GSJCPZT 0247—2019）、《工业互联网平台　质量管理要求》（GSJCPZT 0246—2019）等平台安全标准都在加紧制定中。2020 年，全国信息安全标准化技术委员会发布《关于 2020 年网络安全国家标准项目立项建议征求意见的通知》，将《工业互联网数据安全防护指南》作为研究项目推进该方向的国家标准研制。

三是工业信息安全体系框架类标准亟待填补。目前，尚无正式发布的工业信息安全体系框架类标准。随着工业互联网的快速发展，工业信息安全概念的范围逐渐扩展，各类工业信息安全标准正在逐步推进。同时，工业领域新技术、新应用标准也在加紧研制中，但相关标准间缺乏严格的逻辑关联，亟须开展工业信息安全体系框架类标准的制定，为工业信息安全标准的研制提供思路和方向。

4. 国内工业信息安全标准的发展趋势

未来，我国工业信息安全标准主要呈现 3 个方面的趋势。

一是标准的研制体系化。下一步，国内工业信息安全领域标准将逐步制定和完善，工作管理和技术支撑体系将更加健全，以"安全促发展，发展保安全"的产业生态体系将逐步形成。相关行业企业、科研院所将通过深入分析新背景下工业领域面临的信息安全问题和标准化需求，借鉴其他国外信息安全标准体系的先进经验，建立网络安全、平台安全、数据安全、设备安全、应用安全等相关标准，以及面向安全服务、行业需求等的系列标准。此外，各行业将积极向电力行业看齐，制定符合本行业特征的工业信息安全标准规范，以指导和规范本行业的工业信息安全工作。

二是标准合作国际化。我国工业信息安全标准化工作起步较晚，大多数工业信息安全国际标准都是在欧美发达国家标准的基础上制定产生的，借鉴国外的成熟先进经验对我国的工业信息安全标准化建设十分必要。未来，我国工业信息安全标准化工作者将积极参与国际标准化活动，密切关注国际工业信息安全标准的发展动态，加强技术与标准的交流和沟通，有计划、有重点地参与和主动承担国际标准的起草工作，包括标准试验验证和讨论等，逐步使我国的工业信息安全标准化工作与国际标准化工作的计划、进度及试验验证等接轨。

三是标准影响扩大化。未来，标准的研制将对产、学、研、用均有更大的推动作用。

"产"：标准的制定、发布将大力促进产业的发展，推动产业向更安全、更可靠、更成熟的方向前行。

"学"：标准的广泛制定和应用需求将吸引更多工业信息安全人才投身标准建设中，为标准工作添砖加瓦。

"研"：工业信息安全标准的技术要求、管理要求等将为学术研究提供参考，推动工业信息安全技术的深挖，引导未来新技术、新应用的发展，促进学术研究和标准研究相互借鉴和融合。

"用"：标准在引导未来新技术、新应用发展的基础上，更加注重实用性和可操作性。标准的宣贯培训和试点示范将会增多，对行业企业的指导作用将逐步加强，在行业企业中的应用将更为广泛。

（二）我国工业信息安全标准化工作存在的问题

当前，我国工业信息安全标准化工作整体还处于起步阶段，存在以下4个方面的问题：

（1）合作交流较少。当前，我国有多个标准化技术委员会致力于工业信息安全标准的研制，有助于工业信息安全标准的全面快速发展。但是各标准化技术委员会、标准工作组之间的合作交流较少，在一定程度上存在标准交叉、重复的现象。

（2）概念统一性差。当前，我国工业信息安全相关标准中的概念统一化不足，基本概念和术语界定存在不一致的情况。此外，在部分引入的国外标准中，其术语定义更多是根据字面意思直接翻译的，与我国相关概念的实际内涵有偏差，导致实际应用困难。

（3）体系化建设不足。当前，我国工业信息安全标准建设不完善，在一定程度上存在新旧标准关系不清、衔接性差、关联性不强的问题，通用标准和具备工业特色的标准还未有效衔接互补。

（4）落地应用困难。一是行业标准缺乏，不同行业的工业信息安全需求差异大，通用性国家标准很难满足行业的需求，导致在实际应用中标准落地的指导性意义不强；二是标准的宣贯不足，企业在标准应用中存在理解偏差等问题，导致标准应用不合规。

三、工业信息安全标准体系研究

（一）工业信息安全标准体系的设计思路

2019 年以来，我国工业信息安全标准体系的建设取得了积极进展。3 月，工业和信息化部和国家标准化管理委员会联合发布《工业互联网综合标准化体系建设指南》[13]，其中第三章明确提出了工业互联网标准体系框架。该体系框架从设备安全、控制系统安全、网络安全、数据安全、平台安全、应用程序安全、安全管理 7 个方面对工业互联网安全标准进行了规划。8 月，工业和信息化部、教育部等十部门联合印发《加强工业互联网安全工作的指导意见》[14]，指出要建立工业互联网安全标准体系，推动工业互联网设备、控制、网络（含标识解析系统）、平台、数据等重点领域安全标准的研究制定，建设安全技术与标准试验验证环境，加快标准落地实施。

根据《加强工业互联网安全工作的指导意见》等文件精神，以及《工业互联网综合标准化体系建设指南》和等保 2.0 安全框架的具体要求，按照多维考虑、纵向分层、横向分类的总体思想，构建工业信息安全标准体系框架。其中，纵向分层指按照工业企业、边缘接入、工业云平台、工业应用等自下而上的层次，纵向覆盖工业领域的相关安全标准；横向分类是指从多个维度分类提出工业信息安全标准，包括但不限于以下 4 个维度。

（1）基础共性类：制定框架类、术语类标准规范。

（2）安全防护类：制定设备和控制安全、平台安全、数据安全、标识

13　工业互联网综合标准化体系建设指南. http://www.gov.cn/xinwen/2019-03/08/content_5371933.htm, 2020-03-18。

14　加强工业互联网安全工作的指导意见. http://www.gov.cn/xinwen/2019-08/28/content_5425389.htm, 2020-03-18。

解析安全、网络和通信安全、应用安全、安全管理等相关安全标准。

（3）安全服务类：制定检查评估、检测认证、应急响应、监测预警、运维服务等安全服务类标准。

（4）垂直行业类：制定汽车等典型行业的应用标准。

（二）工业信息安全标准的体系框架

工业信息安全标准体系主要由基础共性类标准、安全防护类标准、安全服务类标准、垂直行业类标准组成，其框架如图 4-2 所示。

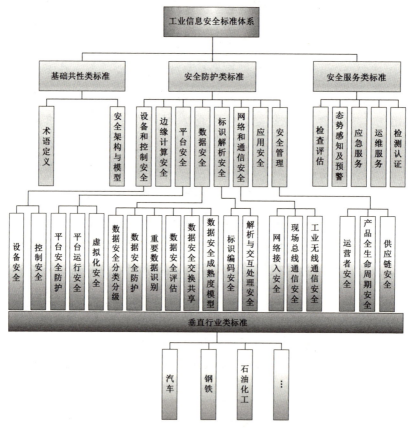

图 4-2 工业信息安全标准体系框架

资料来源：国家工业信息安全发展研究中心整理。

1. 基础共性类标准

基础共性类标准包括术语定义、安全架构与模型等标准，主要目的是规范工业信息安全的相关概念、体系架构，明确界定工业信息安全的对象、边界、各部分的层级关系和内在联系，为其他相关标准的制定提供参考。

1）术语和定义

术语和定义主要规范工业信息安全的相关术语、概念，划分工业信息安全相关概念的定义边界，统一定义语义，方便行业企业制定其他标准。

2）安全架构与模型

安全架构与模型主要规范工业信息安全标准体系、体系架构及参考架构，明确各研究对象之间的关系。

2. 安全防护类标准

安全防护类标准包括工业信息安全涉及的设备和控制安全、边缘计算安全、平台安全、数据安全、标识解析安全、网络和通信安全、应用安全、安全管理。

1）设备和控制安全

设备和控制安全包括设备安全和控制安全两部分。设备安全主要规范工业领域中的关键设备及产品安全；控制安全主要规范工业控制系统自身的安全及控制协议的安全。在开展相关标准的研制时，可分别按照离散工业和流程工业的特点，对设备及控制系统提出相应的安全标准。

2）边缘计算安全

边缘计算安全主要规范工业领域中的边缘设备安全、边缘智能安全等，包括边缘云安全、边缘网关安全、边缘设备接口安全等相关标准。

3）平台安全

平台安全主要提出工业互联网平台安全防护、平台运营安全、虚拟化安全等相关标准。

4）数据安全

数据安全主要提出工业领域数据安全分类分级、数据安全防护、重要数据识别、数据安全评估、数据安全交换共享、数据安全成熟度模型等相关标准。

5）标识解析安全

标识解析安全主要规范标识解析及解析中的数据交互安全要求，包括编码与存储、标识数据采集、标识解析、异构标识互操作等过程中的安全标准。

6）网络和通信安全

网络和通信安全主要包括工业内外网接入安全、现场总线通信安全、工业无线通信安全等相关标准。

7）应用安全

应用安全主要包括工业 App 等应用的开发安全、测试安全、运行安全等。

8）安全管理

安全管理主要包括工业运营者安全、产品全生命周期安全及供应链安全等标准。其中，工业运营者安全包括工业信息安全各相关主体的安全管理要求，如工控厂商、集成商、设计院等相关方的安全管理要求；产品全生命周期安全包括产品建设、运行、维护等全生命周期的安全管理要求；供应链安全主要规范工业生产经营过程中的供应链安全管理。

3. 安全服务类标准

安全服务类标准主要规范工业领域安全服务的方法、流程等要求，包括检查评估、态势感知及预警、应急服务、运维服务、检测认证等。

1）检查评估

检查评估主要规范工业领域系统、设备、产品等的安全检查、安全评估要素、方法和流程，提出安全检查的指标、评估方法、评估模型等。

2）态势感知及预警

态势感知及预警主要规范工控系统、工业现场等的安全态势感知、监测预警服务的安全要求，包括态势感知及监测预警系统的建设规范、态势感知及监测预警的技术规范、态势感知及监测预警体系建设等标准。

3）应急服务

应急服务主要规范工控系统、工业现场、工业互联网平台、工业数据等出现安全问题时的应急服务安全要求，包括应急服务流程、应急服务规则、应急处置方式等标准。

4）运维服务

运维服务主要规范工控系统、工业现场、工业互联网平台、工业数据等的安全运行维护操作规程、操作方式等。

5）检测认证

检测认证主要为工控系统、工业互联网平台、工业数据等的安全检测认证提供参考标准。

4. 垂直行业类标准

垂直行业类标准在基础共性类标准、安全防护类标准、安全服务类标准的基础上，面向汽车、钢铁、石油化工等重点行业领域，结合行业特色和需求，研制更具针对性、对行业更有指导作用的工业信息安全国家标准。

四、对工业信息安全标准化建设的思考

结合当前工业信息安全标准化工作的现状、问题和发展趋势，下一步建议重点从以下 3 个方面加快推进工业信息安全标准化工作：

一是定期更新标准体系。根据标准化工作的进展、行业企业的建议及新技术、新应用的发展情况，及时梳理新技术、新概念、新标准，为制定工业信息安全标准提供体系化参考，提高标准体系的实效性和实用性。

二是加强标准的研制与落地。根据标准体系，积极开展急需、专用标准的研制，加强标准的宣贯培训和试点应用，切实发挥标准的指导作用，为解决行业、企业在工业信息安全管理和防护中的痛点、难点问题提供参考标准。

　　三是加强沟通交流。应充分发挥各标准化技术委员会的作用，加强各标准化技术委员会之间的沟通合作。同时，标准承研单位应在标准的研制过程中积极与相关标准化技术委员会进行沟通确认，充分考虑标准的衔接性和实用性，避免出现标准的重复、冲突等现象。

检测评估工作成效显著

卢春景　刘冬　赵彤彤　王诗蕊　孙军[1]

摘　要： 为深入贯彻落实党中央、国务院关于网络安全工作的决策部署，应对工控系统网络安全挑战，相关部门在 2019 年深入推进检测评估工作，取得了显著成效。一是持续开展工业互联网安全检测评估工作，进一步掌握我国工业互联网的安全现状，为后续构建工业互联网安全保障体系提供了依据；二是在车联网（智能网联汽车）产业迅速发展的背景下开展车联网安全调研及检测评估工作，加强对车联网产业的安全监督和指导；三是推进工控安全防护能力的评估工作，提升企业工控安全管理水平，促进工业信息安全产业的发展；四是深入工控产品安全检测工作，进一步提升工控产品的检测水平，助力企业发现产品安全问题，强化工控防护能力。

关键词： 工业互联网；车联网；工控产品；检测评估；防护能力评估

---

[1] 卢春景，国家工业信息安全发展研究中心助理工程师，硕士，研究方向为工业信息安全；
刘冬，国家工业信息安全发展研究中心工程师，硕士，研究方向为车联网、工业信息安全；
赵彤彤，国家工业信息安全发展研究中心助理工程师，硕士，研究方向为工业信息安全；
王诗蕊，国家工业信息安全发展研究中心助理工程师，硕士，研究方向为工业信息安全；
孙军，国家工业信息安全发展研究中心高级工程师，主要研究方向为工业信息安全。

Abstract: In order to thoroughly implement the decision deployment of the CPC Central Committee and the State Council on cyber security, and cope with the new challenges of industrial control system security, relevant departments have made remarkable achievements in promoting the detection and evaluation work in 2019. The first thing is continuously carrying out industrial Internet security detection and evaluation, to further grasp the current situation of China's industrial Internet security, and provide the basis for the subsequent construction of the industrial Internet security system. The second thing is carrying out the Internet of vehicles security research and detection and evaluation in the context of the rapid development of the Internet of vehicles (Intelligent Internet connected vehicles) industry, to strengthen the safety supervision and guidance on the Internet of vehicles industry. The third thing is promoting the evaluation on the protection capability of industrial control system, to improve the level of industrial control security management of enterprises, and promote the development of industrial information security industry; The fourth thing is deepening the security inspection of industrial control products, to further improve the level of industrial control product inspection, help with dectecting product's vulnerability, and strengthen industrial control protection capability.

Keywords: Industrial Internet; Internet of Vehicles; Industrial Control Products; Detection and Evaluation; Assessment of Protection Capability

一、工业互联网安全检测评估工作有效开展

我国工业互联网的发展已从概念普及阶段步入实践深耕阶段，数字化、网络化、智能化的发展趋势在促进泛在互联、融通发展的同时，网络安全威胁和隐患也不断暴露，工业互联网安全形势日益严峻。为深入贯彻落实《国务院关于深化"互联网+先进制造业"发展工业互联网的指导意见》《加强工业互联网安全工作的指导意见》等文件的要求，全面加强工业互联网的安全检测，工业和信息化部组织开展了 2019 年工业互联网安全检测评估工作。

（一）工作开展情况

为进一步了解工业互联网当前的主要安全共性问题和防护能力，切实提升企业对工业互联网安全方面的主动防护意识和水平，促进工业互联网安全生态的健康发展，工业和信息化部针对重点行业、重点领域的 15 家工业互联网相关企业，委托 6 家专业检测评估机构对工业企业、工业互联网平台及工业 App 开展了 2019 年度工业互联网安全检测评估工作，具体工作开展情况如下。

1. 工业企业和工业互联网安全检测评估

2019 年,工业和信息化部网络安全管理局组织国家工业信息安全发展研究中心牵头，总结梳理了《工业互联网安全检查评估工作指南》在 2018 年检测评估工作中存在的问题和不足，并对指南进行了修改完善。同时，面向重点行业、重点领域的工业互联网相关企业，选取通信、电器制造、供应链等行业的 15 家典型工业企业，组织国家工业信息安全发展研究中心、中国工业互联网研究院、中国信息通信研究院、国家计算机网络应急技术处理协调中心、中国软件评测中心和中国电子技术标准化研究院 6 家机构，开展工业互联网平台安全和工业企业检测评估工作。本次检测评估工作延续 2018 年工业互联网安全检测的工作模式，共涉及 14 个工业互联

网平台、9 套工控系统、44 套业务系统和 9 个工业 App 应用程序，通过综合运用人员访谈、文档查阅、现场核查和工具检测 4 种检测方法，从网络安全管理和技术防护两个方面对被评估企业进行工业互联网安全情况的全面评估，进一步掌握工业互联网安全现状，验证指南的合理性和有效性，并有助于后续工业互联网安全保障体系的构建和完善。

2. 工业 App 安全检测

在 2019 年工业互联网安全检测评估工作开展过程中，检测评估队伍从身份认证、口令安全、验证码安全、访问控制、数据安全、实现安全、稳定性、容错性、资源占用、升级 10 个方面对被评估企业涉及的 9 款工业 App 进行了安全检测，并对发现的安全问题提出了整改建议，保障工业互联网安全生态中移动安全环节的可靠性。

（二）主要安全问题

通过对检测评估结果的梳理分析，发现被查企业主要存在如下安全风险。

1. 安全应急工作缺乏重视，安全管控机制亟待完善

多数企业的网络安全事件应急预案和演练制度不健全，现有制度的针对性和即时性有待进一步完善，难以有效应对重大网络安全事件；部分企业的安全事件报告和通报机制不完备，未按照有关规定向当地业务主管部门上报，易导致对安全事件的错误评估和不当处置；部分企业在各项制度的执行落实上管控不到位，网络安全责任未落实明确，制度和落地的分离无法保障企业安全。

2. 企业应用系统技术防护薄弱，存在大量安全风险

企业应用系统安全是企业业务运转的关键要素，但当前多数企业应用系统的安全防护水平尚未满足安全需求。多数企业服务器未及时更新漏洞

补丁，存在如 MS17-010 等高危漏洞，攻击者可利用相关漏洞进行信息窃取、设备远程控制等操作；部分企业信息系统、业务平台开发不规范，存在未授权访问、明文传输等安全隐患，易造成敏感信息泄露、中间人攻击等，数据安全防护体系有待完善。

3. 网络边界防护手段不完善，区间安全防护不到位

工业互联网网络界限的模糊化导致多数企业对于边界安全的防护存在明显缺失。部分企业内网网络边界防护措施不完善，缺少防恶意代码设备、入侵防护/检测设备、安全审计设备等安全边界设备，且现有边界设备没有定期进行漏洞扫描和升级跟踪机制，攻击者易突破内网网络边界；部分企业工业互联网平台与办公网网络边界隔离不到位，区域内和区域间缺乏有效的访问控制策略，尤其是区域间的互联互通易引起区域间的病毒传播、攻击者以办公网为跳板攻击工业互联网或内网主机等情况，导致内网沦陷、工业互联网设备被恶意控制或破坏等，给企业带来不可估量的损失。

4. 网络安全培训教育不足，员工安全意识薄弱

多数企业侧重于通过购买防病毒产品、网络设备、平台安全防护等安全服务来保障业务安全，但在人员的网络安全管理教育和考核及网络安全防护技能培训等方面投入不足，员工安全意识薄弱。多数企业的办公系统、关键业务系统弱口令现象严重，存在开放无关端口和服务、个人 U 盘等移动存储介质不当插拔等情况，一旦被攻击者利用，可导致重要敏感信息泄露，甚至可能造成内网沦陷等严重后果。

5. 工业 App 使用明文传输，存在原生高危漏洞

工业 App 应用未进行加固及代码混淆，存在反编译及反调试等高危风险；部分 App 存在策略绕过、敏感信息泄露、验证绕过、拒绝服务攻击等漏洞，可导致关键数据泄露、工业设备被恶意控制等高危情况。

（三）主要成效

与 2018 年相比，2019 年工业互联网安全防护情况有所改善。从企业层面来看，安全防护制度越发健全，安全防护技术逐渐成熟；从国家层面来看，安全检测评估体系进一步完善，安全检测人才队伍不断丰富，推动企业安全防护能力建设成效显著。

1. 进一步掌握工业互联网安全防护现状

2019 年度开展的工业互联网安全检测评估工作，为进一步掌握当前工业互联网企业安全防护现状提供了可靠依据，尤其是在发现现阶段亟待解决的共性安全问题方面，主要体现在安全管理制度尚不健全、系统安全防护不到位、网络边界防护不完善、员工安全培训教育不足等方面。同时，通过现场评估过程中对工业互联网安全防护措施和对策的分享和建议，可有效地帮助和指导被评估企业完善安全管理及技术体系，逐步形成"以查促建、以查促管、以查促改、以查促防"的长效工作机制，促进企业从后端防治到前端防范的主动性转变，有助于全面提升企业的安全防护水平。

2. 多措并举提升工业互联网安全评估能力

结合 2018 年度工业互联网安全检测评估工作的经验及企业工业互联网安全防护的实际需求，本次检测评估对评估内容、研判标准进行了进一步优化改进。在评估工作中，将人工核查和自动化风险发现有机结合，从安全管理、设备安全、控制安全、网络安全、平台安全、数据安全、物理环境安全等多维度开展工业互联网安全检测评估工作，进一步提升了工业互联网安全评估的综合性和高效性，形成了全面、公正、客观的安全评估结果。

3. 加速推进工业互联网安全评估人才的培养

本次评估工作由工业领域国家级的专业检测评估机构和人员完成，在实战和经验交流中明确了工业互联网常见的安全风险点和安全评估要点，提升了人员和机构安全检测评估的实施能力，为国家级工业互联网安全评估技术支撑队伍的建设输送了一批专业技能过硬、评估经验丰富的安全评估人才，为工业互联网安全的发展提供了更可靠的支撑保障。

二、车联网安全检测评估步伐加快

为贯彻落实《网络安全法》《车联网（智能网联汽车）产业发展行动计划》的有关要求，推动建立健全车联网安全管理体系，加强对车联网产业的安全监督和指导，全面摸清车联网相关企业面临的安全问题和风险，督促企业针对性做好安全防护工作，工业和信息化部于 2019 年在全国范围内开展了车联网安全调研及检测评估工作。

（一）工作开展情况

2019 年车联网安全调研及检测评估工作从车联网安全管理、车载端安全、车联网平台安全和数据安全 4 个方面，以调研访谈、设备核查和工具检测 3 种方式开展。评估组在全国范围内选取了 22 家车联网相关企业或机构，评估内容基本覆盖了整个车联网产业链的关键环节和风险点，具体工作开展情况如下所述。

1. 调研及检测评估概况

本次车联网安全调研及检测评估工作由工业和信息化部网络安全管理局指导，依托国家工业信息安全发展研究中心、中国软件评测中心、中国汽车技术研究中心有限公司、中国信息通信研究院、中国工业互联网研究院等部属单位和第三方检测机构，组建了 5 支专业技术队伍，开展了车联网安全调研及检测评估工作。评估对象覆盖整车、车联网平台、汽车电子零部件制造、基础电信、网络安全、高精度地图提供商、车联网测试示范区等车联网全产业链相关企业或机构。评估工作共计派出评估技术人员120 余人次，累计评估 300 余人天，充分调研和评估了现阶段车联网相关企业的安全现状，明确了存在的安全风险和问题，评估了企业的安全防护水平，并提出了有效解决方案。

2. 调研及检测评估内容

本次调研评估主要包括以下几个方面：

（1）车联网安全管理调研评估，包括车联网相关网络安全机构设置、人员配备、管理制度制定、安全责任落实、应急机制建立等内容。

（2）车载部件与系统安全检测评估，包括车联网无线通信安全、车联网关键零部件安全、车联网端口安全等内容。

（3）车联网平台安全检测评估，包括平台安全、服务器安全、网络设备安全、安全设备安全、应用（含 App）安全、物理环境安全、安全建设管理、安全运维管理等内容。

（4）数据安全及个人信息保护评估，包括数据及用户个人信息类型和管理情况、数据安全、用户个人信息保护安全等内容。

（二）主要安全问题

1. 安全管理制度体系不完善

车联网相关企业基本都尚未建立完善的安全管理体系，缺乏健全可行的车联网安全管理机制。少部分企业安全管理制度较为健全，但基本沿用企业传统网络安全管理制度，缺乏针对性和有效性；大部分企业仅建立个别安全管理制度，缺乏系统性和全面性，缺乏对网络安全管理和风险的覆盖性；整体网络安全制度执行不到位，管理执行监督力度有待加强。

2. 专职机构人员不足

企业车联网安全管理机构和人员存在欠缺。部分企业信息安全协同小组等机构岗位人员职责不明确或未及时更新，未在公司层面建立统一的车联网安全管理机构，未明确主管领导；大部分企业未明确车联网安全主管部门或机构职责，缺乏专职车联网安全管理人员；绝大部分企业仅配备兼职人员参与部分车联网安全管理工作。

3. 安全测试验证和风险评估能力不足

绝大多数企业缺乏车联网软硬件和相关系统的安全测试验证能力，在关键软硬件上线、集成等阶段的安全测试尚显不足；企业仅通过第三方测试机构辅助进行部分关键零部件和云平台的安全检测，检测范围、周期和手段有待提升。企业车联网相关安全风险评估开展较少，即便开展也未覆盖全生命周期的安全风险点，且缺乏相关安全风险评估能力，很多风险评估过于依赖第三方机构。

4. 安全监测预警和应急机制欠缺

大部分车联网相关企业未建立较完善的安全监测和应急机制手段，存在安全风险不可知和安全事件不可控的隐患。绝大多数企业未建立车联网安全监测预警手段或机制，无法及时有效地发现和应对车联网安全态势和风险隐患，无法将安全风险控制在事件之前，防患于未然；绝大多数企业未建立或仅建立较为简单的信息通报机制，无法将安全风险隐患或事件等信息及时地共享和上报给主管机关单位；大多企业车联网安全应急制度和预案基本沿用企业传统信息安全应急体系，缺乏有针对性的车联网安全应急管理机制、机构、人员、物资和方案，现有应急预案缺乏定期演练和及时更新修订，存在制度和实践落实脱节的现象。

5. 云平台安全有待加强

企业车联网云平台已逐步开始建立安全防护能力，但安全防护基础和能力仍显薄弱，未明确云服务的安全责任划分，且仍存在未对上云数据进行分级分类管理、未对上云重要业务系统和应用开展上线前和上线后的定期安全测评等安全问题。虽然相关安全设备、网络设备、服务器和主机设备已具有一定的安全防护措施，但是在设备安全配置、外接设备管理、系统更新升级、主机安全查杀、账户权限和口令管理等方面仍存在短板。

6. 终端安全存在短板

企业车载端存在安全风险的情况较为普遍，仍需进一步加强安全防护。在车载无线通信方面，部分车载端 WiFi 模块存在鉴权等漏洞，GPS 识别存在被欺骗的风险；在车载关键零部件方面，部分车载端开放高危风险端口，部分软件存在密码明文存储、安全配置不合理、隐藏模式开启等问题，部分硬件开启调试接口，均具有被非法获得系统最高权限进行恶意操作的风险。

7. 车联网 App 风险隐患突出

企业车联网 App 基本已采用防逆向、防篡改等常规的安全防护措施，具备一定的安全防护水平，但大部分未限制 App Activity 等组件的导出权限，存在敏感信息泄露和越权访问等风险，除此之外，部分 App 数据传输和存储未采取加密手段，未对服务器证书、主机名、签名等进行校验，存在签名漏洞、数据泄露等风险。

8. 数据传输和存储安全有待提升

整体来看，企业在车联网相关数据的收集、存储和使用等数据全生命周期过程中已依规采取了一定的安全措施。同时，安全风险依然存在，主要集中在：数据安全管理机制尚不健全、管理制度不完善、数据安全意识仍显薄弱、安全教育培训有所欠缺；部分企业数据传输和存储缺少加密和分级分类措施，相关数据尤其是个人信息使用缺少明确的管理办法和安全防护要求；数据删除管理存在短板，执行落实不足。

（三）主要成效

本次车联网安全调研及检测评估工作基本覆盖了全国范围内有代表性的车联网产业链相关企业或机构，并逐步建立了较为完善的工作机制和丰富的评估手段，对摸底车联网安全防护现状，支撑车联网安全管理、监督和指导具有重要意义。

1. 首次全面深入摸底我国车联网安全现状

本次车联网安全调研及检测评估工作，较为全面地对各类车联网相关企业和相关设备系统进行了充分的调研评估，从管理和技术两大角度，车联网安全管理、车载端安全、车联网平台安全和数据安全4个方面摸清了车联网的安全现状，明确了现阶段存在的安全风险和隐患，梳理了后续安全防护的建设思路。

2. 支撑建立健全安全管理体系和技术手段

本次调研评估成果可以支撑主管机构出台车联网安全相关管理法规制度和车联网安全标准体系，建立或完善安全监督检查机制，加强车联网网络和数据安全的事件通报、应急处置和责任认定等安全管理工作；同时，也可以增强产业安全技术支撑能力，推动产业建设成熟的安全服务和建设模式，全面促进车联网行业网络安全防护水平的提升。

3. 打造以提升安全防护能力为目标的检测评估长效机制

通过本次调研评估，可以及时发现车联网安全风险隐患，督促企业落实主体责任，强化网络安全防护和数据安全防护，及时整改、降低风险。同时还可以推动探索形成检测评估和建设整改的长效工作机制，构建智能网联汽车、无线通信网络、车联网数据和网络的全要素安全检测评估体系，全面开展安全能力评估。

三、工控安全防护能力评估扎实推进

为推动工业信息安全产业的发展，促进工控系统产品、企业和生态的健康发展，国家工业信息安全发展研究中心依据《工业控制系统信息安全防护指南》（简称《防护指南》）和《工业控制系统信息安全防护能力评估工作管理办法》（简称《管理办法》）等政策文件积极开展2019年工控安全防护能力评估市场化服务，顺利完成2019年度评估工作，提升了工业信息安全技术支撑能力。

（一）工作开展情况

1. 持续推进典型工业企业工控安全防护能力评估

国家工业信息安全发展研究中心工控安全防护能力评估工作的市场化进程持续稳步推进。2019 年，针对石油石化、烟草、制造业等行业的 5 家典型工业企业，国家工业信息安全发展研究中心组建了由 39 人次组成的 5 支评估工作组开展现场及远程评估工作。评估工作组依据《防护指南》和《管理办法》等的相关要求顺利完成了对工业企业安全风险隐患的检测分析，提出了有针对性的防护对策和建议，并以反馈表和评估报告等书面形式对企业的评估情况进行全面总结分析，切实提升了企业的安全防护能力和安全防护意识，促进了工控安全产业的发展。

2. 持续开展《防护指南》宣贯培训工作

2019 年国家工业信息安全发展研究中心在全国范围内持续进行《防护指南》的宣贯培训，主要向工业企业及测评机构介绍当前工控安全形势和政策标准，就《防护指南》和《管理办法》相关要求与企业和测评机构开展了工控安全防护能力评估技术的交流，加强了工业企业责任主体意识和工控安全防护水平，同时提高了《防护指南》的普及度，推动了工控安全防护能力评估工作的有效开展。

（二）主要安全问题

1. 工控安全管理体系尚不完善

部分工业企业在制度制定上缺乏企业层面的对纲领性文件和落实情况的考核约束，不利于安全制度的权责明晰和执行监督。多数工业企业在供应链流程中未明确对服务提供商的安全管理，可能导致敏感数据泄露，对企业安全生产产生风险隐患。若出现工控安全问题，管理体系的不完善会造成问题溯源工作或责任归属难以评判的问题，致使企业难以有针对性地对存在的问题进行加固修复。

2. 工业主机安全风险突出

多数工业企业存在工业主机安全防护软件未有效安装、验证、更新的情况，无法及时检测、修复安全漏洞，无法有效应对处理新型病毒或木马，易被攻击者窃取设备数据，甚至获取设备控制权限。部分企业工业主机安全策略配置不完善，未实现端口和服务的最小化，日志审计未实现有效记录和留存，主机外接设备管控薄弱，易引入安全风险且难以溯源。

3. 工控网络边界安全防护不到位

部分企业存在不同业务段工控设备互联互通的现象，工控现场存在不安全无线热点，安全隔离设备和防护措施部署不到位，可能被利用进行木马病毒传播、跳板渗透等，对工控系统的正常稳定运行造成严重影响。部分企业未部署网络安全监测设备，无法及时有效地发现、报告和处理网络攻击或异常行为，存在被恶意软件大规模感染的风险。

4. 员工安全教育培训不足

多数企业忽视员工安全培训制度的建立和落实，导致员工安全意识薄弱、安全团队成员能力水平差异较大等问题。主机、系统账户弱口令现象严重，部分密码明文存储、未定期更新，这些都降低了攻击者对工业环境的入侵难度，加大了企业的安全风险。

（三）主要成效

1. 协助企业有效提升安全防护水平

通过对 2019 年度评估结果的统计分析，进一步加强了对我国工控安全防护能力现状的了解。在协助企业发现工控安全漏洞的同时，评估工作组在现场评估过程中对安全防护措施的完善给出了对策建议，既有效地增强了企业工控安全防护意识，也切实提升了企业的安全防护能力，有利于推动工控系统安全评估产业的发展壮大。

2. 推进评估方法的持续优化

评估工作的开展实现了对《防护指南》和《管理办法》等理论依据的合理性、可操作性的反复检验。评估人员通过与被评估企业人员进行安全防护经验交流和现场实际评估，明确了工控安全风险防护的要点和特点，在有效帮助企业分析安全隐患的同时，进一步从通用性、高效性、低干扰性等方面对工控安全防护评估方法进行了优化完善，为后续工控安全防护能力评估工作的持续开展提供了思路。

3. 助力工控安全人才培养

在此次工控安全防护能力评估工作的开展过程中，评估人员现场对安全问题和防护举措进行分析并提出建议，为企业打造自身安全技术队伍提供了借鉴和指导。评估技术人员在实战中基本形成了工控安全防护能力评估的国家级支撑队伍。工控安全能力评估工作的持续开展促进了企业、行业、地方、国家逐步建立不同层级的工控安全人才培养，推动构建上下联动、协调配合的技术保障体系。

四、工控产品安全检测不断深入

随着工业化和信息化融合、工业互联网发展进程不断深入，工业领域面临的信息安全形势日益紧迫，工控产品作为工业互联网领域的重要部分，对其开展安全检测工作，是提升工业互联网安全防护水平，推动工控安全产业健康发展的重要举措。

（一）工作开展情况

1. 积极参与工控产品政策标准编制

2019 年印发的《加强工业互联网安全工作的指导意见》，明确了针对设备、控制、网络、平台、数据安全等相关产品或平台建设的主要任务。全国信息安全标准化技术委员会（TC260）发布了《信息安全技术　工业控制系统产品信息安全通用评估准则》《信息安全技术　工业控制系统专用防火墙技术要求》《信息安全技术　工业控制系统网络审计产品安全技术要求》《信息安全技术　工业控制系统漏洞检测产品技术要求及测试评价方法》等一系列产品检测标准，进一步完善了工控系统产品的安全标准体系。国家工业信息安全发展研究中心发挥科研优势，牵头编制了《信息安全技术　可编程逻辑控制器（PLC）安全技术要求和测试评价方法》，积极参与公安部第三研究所牵头组织的《信息安全技术　网络入侵检测系统技术要求和测试评价方法》《信息安全技术　网络脆弱性扫描产品安全技术要求》两项国家标准的更新改版工作，助力完善国家工控产品领域的标准体系，为国家工业信息安全发展作出积极努力。

2. 稳步提升工控产品检测技术水平

国家工业信息安全发展研究中心组建的"国家工业控制系统与产品安全质量监督检验中心"（简称"国家工控安全质检中心"）作为首批入选"网络关键设备和网络安全专用产品安全认证和安全检测任务机构名录"的检测机构之一，2019 年积极开展工控产品安全检测相关工作，完成 PLC、工业防火墙、工业企业安全数据采集系统、工控系统信息安全监测平台、工业 App、安全网关等多类工控产品安全检测项目，致力于帮助企业发现产品的安全问题，提升工控防护能力。

国家工控安全质检中心不断提升检验检测技术能力，使用数据平面开发套件（Data Plane Development Kit，DPDK）技术进行最大新建连接数、最大并发数等参数的测试，完成了对中国城市轨道交通协会委托项目的测试，并首次建立了"基于城轨云安全的数据标记强访系统"安全测试测评方法，为后续轨道交通云安全测试奠定了测试技术基础。2019 年 7 月，国家工控安全质检中心检测人员发现微软 Windows 系统远程桌面服务高危风险漏洞，该漏洞编号为 CVE-2019-1326，影响 Windows 7、Windows 8.1、Windows10、Windows Server 2008 及 Windows Server 2012 的部分版本操作系统，影响严重程度被微软定为"重要"级别。此外，国家工控安全质检中心积极推进扩项能力验证和测量审核工作，使检测技术水平迈向新台阶，基本形成了工控产品检测的国家级支撑队伍。

（二）主要安全问题

1. 工控类产品

作为工控系统的重要组成部分，工控类产品的安全性会直接影响工业生产过程。目前，典型的工控类产品包括 PLC、远程终端单元（RTU）、集散控制系统（DCS）、交换机、工业协议网关等。在对送检产品的检测过程中发现，PLC 安全符合性较好，但 RTU、DCS 等现场测控设备存在以下安全问题：一是未对用户输入数据进行过滤，可导致在相关设备上远程执行任意操作系统命令；二是数据真实性验证不足，攻击者可更改网络配置参数，拦截网络流量，劫持工控系统；三是存在缓冲区溢出漏洞，可导致远程代码执行，影响设备和系统的正常运行。

2. 工业信息安全类产品

工业信息安全类产品是工控系统的重要安全防护措施，工业信息安全类产品主要包括工业防火墙、网闸、工控安全审计平台等。目前，国内的工业信息安全类产品种类比较丰富，但大多功能较为简单，偏向网络隔离、阻断防护功能。此外，国内针对工业信息安全类产品的相关测试标准缺口较大，仍需完善。

3. 工业 App

工业 App 是指基于工业互联网平台，满足工业用户特定需求的移动终端应用软件。目前我国工业 App 尚处在发展初期，存在的安全问题主要有以下几个方面：一是口令安全机制存在风险，多数工业 App 口令强度检查机制不全面，对用户口令的长度、复杂度要求较低；二是存储文件权限存在漏洞，多数产品在创建存储文件时文件权限全局可读写，导致存在敏感信息泄露的风险；三是不具备反编译机制，软件易被破解，进行恶意代码植入。

参考资料

1. 关于深化"互联网+先进制造业"发展工业互联网的指导意见. http://www.gov.cn/ zhengce/ content/ 2017-11/27/content_5242582.htm。

2. 加强工业互联网安全工作的指导意见. http://www.miit.gov.cn/n1146295/n1652858/n1652930/n3757020/c7288758/content.html。

3. 车联网（智能网联汽车）产业发展行动计划. http://www.miit.gov.cn/n1146295/n1652858/n1652930/n3757016/c6564118/content.html。

4. 工业控制系统信息安全防护指南. http://www.miit.gov.cn/n1146295/n1652858/n1652930/n3757016/c5346662/content.html。

5. 工业控制系统信息安全防护能力评估工作管理办法. http://www.miit.gov.cn/n1146295/n1652858/n1652930/n3757016/c5761045/content.html。

工业信息安全应急响应工作持续推进

刚占慧　鞠远　赵慧[1]

摘　要： 2019 年 11 月，习近平总书记在中共中央政治局第十九次集体学习时强调了应急管理工作的重要性，提出要发挥我国应急管理体系的特色和优势，为我国加强应急管理工作、加快推进应急管理体系和能力的现代化建设明确前进方向。2019 年，我国持续加强工业信息安全应急能力建设，从优化法规政策、整合各方资源、深化国际合作、开展应急实战演练、突破核心技术等方面全面推动工业信息安全应急响应工作提质增效，打造全面、深入、多元的工业互联网安全产业发展格局，防范和应对融合领域的新型安全风险，护航"网络强国"和"制造强国"战略的实施。

关键词： 工业信息安全；应急响应；国际合作；应急演练；能力建设

---

[1] 刚占慧，国家工业信息安全发展研究中心助理工程师，硕士，主要研究方向为工业信息安全、网络安全应急响应理论、技术与管理等；鞠远，国家工业信息安全发展研究中心助理工程师，学士，主要研究方向为工业信息安全应急国际合作、网络安全应急管理与技术保障等；赵慧，国家工业信息安全发展研究中心高级工程师，硕士，主要研究方向为网络安全、工业信息安全、工业互联网安全相关政策、技术等。

Abstract： On the 19th COLLECTIVE STUDY SESSION of the Politburo of the CPC Central Committee in November 2019, President Xi Jinping stressed the importance of emergency management, pointed out that China should make the best use of the emergency management system with Chinese characteristics and advantages, which determined the direction of strengthening emergency management and accelerating the advancement of emergency management systems and capabilities. Since 2019, China has continuously improved the construction of industrial information security emergency response capabilities, optimized relevant laws and policies, integrated resources from all parties, deepened international cooperation, carried out emergency exercises, and broke through core technologies to comprehensively improve the quality and efficiency of industrial information security emergency response, to build a comprehensive and in-depth diversified industrial Internet security industry development pattern, to prevent and respond new security risks in integrated field, and to escort the implementation of the "cyber power" and "manufacturing power" strategies.

Keywords： Industrial Information Security; Emergency Response; International Cooperation; Emergency Exercise; Capacity Building

一、工业信息安全应急相关法规政策持续完善

（一）国家层面政策标准密集出台

2019年，我国工业信息安全应急相关政策和标准逐步细化落地，有序

地推动工业信息安全应急管理的发展。在政策制定方面，工业互联网专项工作组办公室发布《工业互联网专项工作组 2019 年工作计划》，明确提出要建立健全工业信息安全应急管理机制。《加强工业互联网安全工作的指导意见》要求加快构建工业互联网安全保障体系，形成覆盖工业互联网全生命周期的事前预防、事中监测和事后应急能力，提出健全工业互联网应急处置管理制度和工作机制，强化地方、企业与国家平台之间的系统对接、数据共享和业务协作，打造整体应急协同能力，建立工业互联网安全基础资源库，推动研制面向典型行业的工业互联网安全应急处置工具集，加强工业互联网安全资源储备等 7 个方面 17 项重点任务，明确了工业互联网应急工作重点。12 月，工业和信息化部向社会就《工业互联网企业网络安全分类分级指南（试行）》（征求意见稿）公开征求意见，提出工业互联网企业要制定切实可行的应急预案、建立应急响应机制、定期开展应急演练等工业互联网安全应急相关工作。在标准研制方面，《信息安全技术 网络安全等级保护基本要求》《信息安全技术 网络安全等级保护测评要求》《信息安全技术 网络安全等级保护安全设计技术要求》3 项国家标准于 5 月正式发布，将工控系统纳入等保 2.0 对象，将应急处置措施纳入等级保护制度。12 月，国家标准《信息安全技术 关键信息基础设施网络安全保护基本要求》（报批稿）试点工作启动，该标准强化了对关键信息基础设施安全防护在应急处置环节的基本要求。《信息安全技术 工业控制系统安全管理要求》（GB/T 36323—2018）于 2019 年正式实施，标准对不同行业工控系统关键活动的相同特点进行汇总，从方针策略与规程、计划、培训、测试和演练等多角度对应急规划和应急事件响应提出明确要求，倡导通过流程化、自动化机制实现更彻底、更有效地启动应急预案、开展应急培训、演练应急计划、报告安全事件、更新响应方针政策等，确保事件响应计划处于受控状态，标准的制定为实现工控系统适度、有效的安全管理提供了参考。

（二）工业信息安全应急工作在地方、行业逐步细化落地

2019 年，我国多个省市、重点行业相继出台了一系列措施以推动工业信息安全应急工作落地。7 月，成都市经济和信息化局对成都市工业信息安全管理工作提出要求，表示要聚焦成都市建设"中国网络信息安全之城"的总体要求，落实工业信息安全管理责任，构建动态分级、预警通报、监督检查、应急处置和试点示范一体化的科学治理体系，完善工业领域网络信息安全风险评估和应急工作机制，制定本领域工业信息安全事件应急预案，明确应急处置工作流程和处置权限，建立工业信息安全应急支撑技术队伍和应急资源库，定期组织开展应急演练，加强与网信和公安部门的联动，形成覆盖全市、快速高效的工业信息安全应急联动网络，从根本上消除安全隐患。8 月，水利部印发《水利网络安全管理办法（试行）》提出，加强水利行业网络安全应急处置能力建设，强化利用攻防演练等客观有效的方式发现问题，健全水利行业网络安全保障体系，提升其网络安全事件应急快速响应能力。10 月，宁夏回族自治区中卫市工业和信息化局发布《中卫市工业控制系统信息安全事件应急预案（试行）》，提出做好工控安全应急相关工作，强化应急队伍的整体水平和快速反应能力，妥善处置工控安全事件，加强敏感时期的应急管理与值守。调动政府机构、安全企业等各方力量，提高应对工控安全事件的组织协调和应急处置能力，预防和减少工控安全事件造成的损失和危害，协同做好工控安全事件的预防和处置工作。

二、工业信息安全应急支撑力量持续壮大

工业信息安全应急支撑力量作为应急体系的重要组成部分，世界各国国家机构、网络服务提供商、厂商、企业等纷纷建立与工业信息安全相关的应急响应机构，以建立健全工业信息安全应急体系。例如，事件响应与安全团队论坛（FIRST）、欧盟计算机应急响应小组（CERT-EU）、中国

电信安全小组（China Net）、西门子产品计算机应急响应小组（Siemens CERT）、思科系统产品安全突发事件响应团队（Cisco Systems CSIRT）、中兴通讯产品安全事件响应团队（ZTE PSIRT）等。

为贯彻落实《工业控制系统信息安全事件应急管理工作指南》的要求，在工业和信息化部的指导下，2019 年 6 月，工业信息安全产业发展联盟（简称"联盟"）按照《工业信息安全应急服务支撑单位管理办法》的规定，组织开展了第二届工业信息安全应急服务支撑单位选拔，旨在网络安全、工业信息安全领域遴选新一批优秀的工业信息安全应急服务支撑单位，配合联盟开展监测预警、事件分析与溯源、事件处置、人员培训、应急演练、信息报送等工业信息安全应急工作，建立健全日常预防与应急处置有机结合的工作机制，提高快速反应和有效应对的能力。2019 年，联盟新选拔 41 家工业信息安全应急服务支撑单位，包括国内主流安全企业、安全设备厂商、工控等领域的优秀单位，并在 2019 年联盟年会上颁发了"工业信息安全应急服务支撑单位"牌匾。截至 2019 年年底，工业信息安全应急服务支撑单位已达 61 家（见表 6-1），覆盖北京、上海、河北、山东等 20 个省（市、区）（港澳台地区除外）。工业信息安全应急支撑力量的不断壮大，为应对工业信息安全重大突发事件奠定了坚实的基础。

表 6-1　工业信息安全应急服务支撑单位

序　号	申请单位	序　号	申请单位
1	北京丁牛科技有限公司	12	北京国舜科技股份有限公司
2	北京网藤科技有限公司	13	北京神州绿盟科技有限公司
3	浪潮软件集团有限公司	14	四川无声信息技术有限公司
4	北京威努特技术有限公司	15	四川赛闻检测股份有限公司
5	郑州赛欧思科技有限公司	16	武汉亿博斯特科技有限公司
6	黑龙江省电子技术研究所	17	国家信息技术安全研究中心
7	山东省电子信息产品检验院	18	河南信安世纪科技有限公司
8	山东新潮信息技术有限公司	19	神州云盾信息安全有限公司
9	山西因弗美讯科技有限公司	20	浙江远望信息股份有限公司
10	长扬科技（北京）有限公司	21	深圳融安网络科技有限公司
11	北京天地和兴科技有限公司	22	北京天融信网络安全技术有限公司

续表

序　号	申请单位	序　号	申请单位
23	成都安美勤信息技术股份有限公司	42	河北省电子信息产品监督检验院
24	江西省工业和信息产品监督检验院	43	陕西省网络与信息安全测评中心
25	网神信息技术（北京）股份有限公司	44	恒安嘉新（北京）科技股份公司
26	江西神舟信息安全评估中心有限公司	45	浙江省电子信息产品检验研究院
27	青岛海天炜业过程控制技术股份有限公司	46	新疆天山智汇信息科技有限公司
28	江苏省电子信息产品质量监督检验研究院	47	北京安天网络安全技术有限公司
29	深圳市网安计算机安全检测技术有限公司	48	北京网御星云信息技术有限公司
30	湖南省金盾信息安全等级保护评估中心有限公司	49	北京六方领安网络科技有限公司
		50	上海观安信息技术股份有限公司
31	郑州向心力通信技术股份有限公司	51	工业和信息化部电子第五研究所
32	杭州迪普科技股份有限公司	52	杭州木链物联网科技有限公司
33	信联科技（南京）有限公司	53	上海工业自动化仪表研究院有限公司
34	浙江中控技术股份有限公司	54	上海工业控制安全创新科技有限公司
35	烽台科技（北京）有限公司	55	中国电子科技网络信息安全有限公司
36	北京知道创宇信息技术有限公司	56	北京启明星辰信息安全技术有限公司
37	成都思维世纪科技有限责任公司	57	杭州海康威视数字技术股份有限公司
38	全球能源互联网研究院有限公司	58	湖北省电子信息产品质量监督检验院
39	江苏博智软件科技股份有限公司	59	内蒙古自治区电子信息产品质量检验院
40	武汉安域信息安全技术有限公司	60	内蒙古信元网络安全技术股份有限公司
41	杭州安恒信息技术股份有限公司	61	机械工业仪器仪表综合技术经济研究所

资料来源：国家工业信息安全发展研究中心整理。

三、工业信息安全应急国际合作不断深化

（一）举办首届工业信息安全应急国际研讨会

为搭建工业信息安全应急国际合作交流平台，有效促进开展工业信息安全威胁情报共享、应急技术培训等国际性交流合作，在工业和信息化部的大力支持下，2019 年 10 月，国家工业信息安全发展研究中心在北京成功召开主题为"探索国际合作新领域，携手工信应急共同体"的首届工业

信息安全应急国际研讨会。该研讨会旨在加强"一带一路"工业信息安全应急合作，重点针对工业信息安全应急管理、事件应急处置、应急人才培养等方面，全面开展交流探讨，分享优秀实践经验。这次研讨会的主要意义有以下两点。

（1）首次聚焦工业信息安全应急领域国际合作。此次研讨会共有包括缅甸、老挝、阿尔巴尼亚、土库曼斯坦、拉脱维亚、乌克兰、西班牙、丹麦、匈牙利、北马其顿共和国、马来西亚、斯洛伐克、希腊、俄罗斯、以色列、美国等 17 个国家和地区的嘉宾代表参与会议，参会人员包括政府官员、使馆参赞、国际应急组织负责人、网络安全企业高管、工业企业代表、高校学者等。与会嘉宾围绕加强"一带一路"相关国家和地区工业信息安全合作的议题，积极开展经验交流和实践分享，在我国工业信息安全应急领域上实现了开创性的国际合作举动，为进一步建立"一带一路"工业信息安全应急合作机制奠定了基础。

（2）为国内工业信息安全企业走向国际搭建桥梁。参加此次研讨会的安全企业数量达到 25 家，多家国内优秀企业参会并积极分享其在工业信息安全应急工作方面的最佳实践经验，受到了与会嘉宾的高度评价。会议还组织外宾调研了国内骨干信息安全企业，开展供需对接，协助外宾深入了解、调研企业的技术、产品、服务能力，现场沟通技术培训、产品输出等合作需求，推动在工业信息安全应急领域进一步开展务实合作。此外，研讨会还邀请了国内工业企业、制造企业、运营商等嘉宾代表，为政府、服务提供商和用户提供交流平台。

（二）签订工业信息安全国际合作协议

随着国家工业信息安全领域各类外交活动及会议的持续开展，也为我国科研机构、安全企业提供了国际合作交流的平台，越来越多的机构及企业开始通过与国外优秀科研机构或企业签订合作协议，共同提升工业信息安全能力。例如，首届工业信息安全应急国际研讨会在与会代表自愿、共识的基础上，发起了《工业信息安全应急国际合作倡议》，建议从以下 5 个方面共同加强工业信息安全应急国际合作：一是推动工业信息安全应急国际交流；二是促进工业信息安全应急产业合作；三是强化工业信息安全应急宣传教育；四是加强工业信息安全风险信息共享；五是探索工业信息安全应急能力共建。研讨会成果为进一步发挥民间作用，推动建立"政、产、学、研、用"相结合的工业信息安全应急国际合作格局，共同护航"一带一路"高质量安全发展起到了积极的促进作用。国家工业信息安全发展研究中心与卡巴斯基实验室签订战略合作协议，双方将进一步在工控安全联合实验室的建立、工业互联网安全、工控安全技术研究、工控安全培训、漏洞研究、威胁情报共享、安全竞赛等多个领域开展合作，并积极发挥各自优势，协力推进工业信息安全产业发展。中国网安与卡巴斯基实验室签署战略合作备忘录，双方将进一步加深在工控安全、威胁情报共享、人才培养等方面的合作，并轮值举办中俄网络空间安全"T3"国际论坛。奇安信与以色列 Cyberbit 公司达成战略合作，双方将通过整合各自的技术优势和产业资源，为国内政企客户和高等院校深度定制网络空间安全人才培养和网络攻防靶场解决方案。

四、工业信息安全应急演练工作稳步推进

（一）应急演练已成为世界各国共同关注的重点

2019 年，委内瑞拉停电、挪威铝业巨头海德鲁遭受勒索攻击、德国制药和化工巨头拜耳公司遭恶意软件入侵、印度核电站因遭具有国家背景的黑客组织破坏而停止运行等全球范围内的工控安全事件陆续发生，严重地威胁到国家安全和社会经济稳定运行。开展实战化的工业信息安全应急演练是应对当前工业互联网安全形势的需要，是提升各国工业互联网领域整体安全攻防技术水平、完善网络防御抵抗能力、维护网络空间主权的主要途径之一，是指导各地主管部门熟悉并掌握应对大规模有组织攻击，改善

工业生产过程和环境的安全防护现状，丰富安全人员实战经验，推进互联网健康有序发展的有效手段。

作为提高应急保障能力的重要抓手之一，应急演练正成为世界各国共同关注的重点。美欧、北约等发达国家和地区纷纷在交通运输、关键制造、能源、电力等工业相关领域组织开展"网络风暴""网络欧洲""锁定盾牌"等常态化的工业信息安全系列演练，以加强国家级安全演习的统筹规划，全面提高对国际应急的协调能力，提升在真实场景下，应对工控安全事件的组织协调和应急处置能力。

（二）我国积极推动开展工业信息安全应急演练

2019 年，工业和信息化部组织技术机构面向食品、钢铁、装备制造、智能制造等关系国计民生、国家安全的重点行业，在河北、长沙、江苏、宁夏等地遴选了有代表性的典型企业开展工业信息安全应急演练和专题培训，为企业做好工控系统信息安全事件应急管理相关工作，建立健全工控安全应急工作机制，预防和减少工控安全事件造成的损失和危害，保障工业生产正常运行提供指导。国家工业信息安全发展研究中心先后支撑河北省工业和信息化厅、宁夏回族自治区工业和信息化厅举办工控系统信息安全事件应急演练观摩会，模拟以某工控系统遭受挖矿木马入侵，感染挖矿蠕虫病毒，造成系统卡顿、工业生产中断、影响企业正常生产为背景开展工业信息安全应急演练。6 月，由河北省邢台市工业和信息化局主办的邢台市工控系统信息安全事件应急演练观摩会在中钢邢机公司举办。演练模拟了中钢邢机某工控系统感染挖矿蠕虫病毒，导致企业工控系统运行异常甚至死机，严重影响企业的生产的情形。9 月，由工业和信息化部网络安全管理局组织，针对三一集团有限公司内部网络与信息系统、根云平台、部分典型装备生产线进行的工业互联网安全演练在长沙成功举办。演练参考国内外各类主流攻防演练的成熟经验，覆盖工业互联网攻击方的信息收集、资产发现、渗透、获取控制权，防守方的应急处置、溯源、加强防护手段等各重要环节展开。

工业信息安全应急演练围绕从上至下的预警响应和从下至上的应急处置两大主线，从监测发现、分析研判、预案启动、恶意攻击定位、技术处置、漏洞查找修复、信息上报等环节，综合运用多媒体展示、虚实结合等技术手段，展现了各工业和信息化主管部门、企业、专家队伍和技术队伍对工控安全事件的组织指挥、协调配合、快速反应和高效处置能力。

五、国家重大活动网络安全专项保障顺利完成

2019 年是中华人民共和国成立 70 周年，也是澳门回归祖国 20 周年。同时，我国举办了全国两会、第二届"一带一路"国际合作高峰论坛、中国北京世界园艺博览会、亚洲文明对话大会、第七届世界军人运动会、第二届中国国际进口博览会等多项国家重要会议及主场外交活动。为保障 2019 年各项国家重大活动、重要会议的圆满召开，工业和信息化部高度重视、科学统筹、周密部署，成立专项保障工作小组，建立健全应急保障工作机制，制定周密的保障工作方案和应急处置预案，明确落实网络安全主体职责，全面推进各项保障工作顺利开展，并组织各地方通信管理局、基础电信企业、域名管理机构、重点互联网企业和网络安全专业机构等行业力量对重点保障对象实施 7×24 小时流量、域名解析监测，提供链路扩容、链路加固、流量清洗等网络安全保障。

在保障 2019 年全国两会顺利召开期间，北京市通信管理局加紧排查各重要系统、重要信息基础设施的安全隐患并及时清除。其间，未发生网络基础设施和重点服务大规模停机或中断事故；监测发现北京市联网工控系统数量在 195～208 个，未出现较大波动和变化；发现并处置北京市 8 个重点保障对象网站存在的 8 起安全事件，其中网页被篡改事件 2 起，网站漏洞事件 6 起，未发生重大工业信息安全事件。同时，山西省通信管理局按照全国两会网络安全保障工作要求对相关网站进行巡查巡检，监测并处置不良信息。其间，捕获移动互联网恶意程序疑似样本 8 个；发现并处

置省内用户感染已知移动互联网恶意程序 2.32 万个；捕获木马和僵尸网络疑似样本 146 个；发现并处置省内用户感染已知木马和僵尸网络 268 个。会议期间，山西省未发生重大网络安全事件。

在保障第二届"一带一路"国际合作高峰论坛顺利召开期间，工业和信息化部组织相关单位对全国联网工控系统进行 7×24 小时实时监测。其间，发现北京市联网工控系统数量在 195～211 个，未出现较大波动和变化，安全态势基本平稳；及时发现并处置北京市 8 个重要信息系统网站存在的 10 起安全漏洞事件，其中弱口令漏洞事件 4 起、WebLogic 远程命令执行漏洞事件 3 起、SQL 注入漏洞事件 2 起、样例目录 Session 操控漏洞事件 1 起，未发生重大信息安全事件。

在保障亚洲文明对话大会顺利召开期间，监测发现全国联网工控系统数量在 2507～2566 个。其中，北京市工控系统数量在 213～219 个，未出现较大波动和变化，安全态势基本平稳；发现并处置北京市 6 个重要信息系统网站存在的 8 起安全漏洞事件，未发生重大信息安全事件。

在保障中华人民共和国成立 70 周年庆祝活动（简称"国庆 70 周年活动"）顺利举行期间，工业和信息化部组织相关单位切实加强网络基础设施安全防护，全面排查整改漏洞等风险隐患。对相关重点网站进行实时监测保护，及时发现并处置网络安全突发事件。通过对北京市 5100 多万个互联网 IP 地址进行监测，共发现 170 个联网工控设备 IP 地址，累计检测发现并处置北京市 12 个重要信息系统网站存在的 10 起安全漏洞事件，其中远程代码执行漏洞事件 3 起、信息泄露漏洞事件 5 起、跨站脚本漏洞事件 2 起，未发生重大信息安全事件，整体安全状况平稳。

在保障第七届世界军人运动会（简称"军运会"）成功举办期间，工业和信息化部与湖北省相关政府部门联合构建了全方位、多角度、深层次的保障体系，全面加强网络基础设施安全防护，深度排查网络安全风险隐患，累计整改漏洞隐患 200 余个；对军运会相关重点网站开展实时监测防护，及时发现并处置 7700 余次大流量网络攻击等突发事件。赛事期间，未发生重大信息安全事件，整体网络安全态势平稳。

此外，国家工业信息安全发展研究中心作为我国工业信息安全领域的国家级科研机构，重点承担了重大活动时期的工业信息安全应急保障工作，并支撑各政府主管部门开展风险监测、信息通报、应急处置等工作，如支撑工业和信息化部网络安全管理局重点开展网络安全、重点保障网站安全，支撑工业和信息化部信息技术发展司开展工控安全保障工作，支撑北京市公安局、北京市应急处置中心开展北京市重要网站网络安全保障工作，相关工作得到了支撑单位的高度认可。同时，派驻专业技术人员支撑开展现场保障值守工作，第二届"一带一路"国际合作高峰论坛、中国北京世界园艺博览会期间赴工业和信息化部网络安全应急指挥大厅开展应急值守，国庆 70 周年活动期间赴北京市公安局网安总队开展应急值守。2019 年重点保障期间，国家工业信息安全发展研究中心累计发现并协助处置了多个重要信息系统网站存在的 30 余个网络安全风险事件，以及北京、上海、山东、山西等 9 个省市 21 个工控系统的 WebAccess 路径遍历漏洞，有效保障了国家重大活动期间的网络安全。

六、工业信息安全应急技术手段建设不断加强

2019 年 12 月 23 日召开的全国工业和信息化工作会议提出，要依托工业互联网创新发展工程，持续推进网络、平台、安全三大体系建设，着眼融合发展，拓展数字经济发展新空间。2019 年，我国持续打造工业信息安全应急工作硬实力，积极推动技术手段建设，建设国家工控系统信息安全应急资源库、工控安全应急指挥平台等，收集工控资产库、案例库、模型库、预案库等各类应急资源数据数十万条，实现对各地方、各行业企业的工控安全事件相关情况和资源的掌控。同时，打通国家与地方工业和信息化主管部门、技术支撑机构之间的应急通信机制，建立上下联动的工作方式，完成工业信息安全风险预警、应急响应、处置工作，有效地支撑了重大工控系统安全事件的信息报告和应急响应协调工作的开展。

2019 年，在工业和信息化部的指导下，在工业信息安全产业发展联盟

的框架下，国家工业信息安全发展研究中心联合国内 10 家安全企业共同发起建立我国首个国家级工业信息安全漏洞库。国家工业信息安全漏洞库主要从研究领域、漏洞收集范围和漏洞挖掘与复现难易程度等方面开展专门针对工业领域的软硬件产品涉及的安全漏洞分析和风险研究，加大对工业信息安全漏洞的风险防范。国家工业信息安全漏洞库平台已于 2019 年正式上线，已收录工业信息安全漏洞 2500 余条。

参考资料

1. 国家市场监督管理总局. 信息安全技术网络安全等级保护基本要求，2019。

2. 国家市场监督管理总局. 信息安全技术网络安全等级保护测评要求，2019。

3. 国家市场监督管理总局. 信息安全技术网络安全等级保护安全设计技术要求，2019。

4. 工业互联网专项工作组办公室. 工业互联网专项工作组 2019 年工作计划，2019。

5. 工业和信息化部等 10 部委. 加强工业互联网安全工作的指导意见，2019。

6. 工业和信息化部.《工业互联网企业网络安全分类分级指南（试行）》（征求意见稿），2019。

7. 水利部. 水利网络安全管理办法（试行），2019。

8. 中卫市工业和信息化局. 中卫市工业控制系统信息安全事件应急预案（试行），2019。

工业信息安全监测预警工作稳步推进

杨立宝　陈柯宇　张慧敏[1]

摘　要： 2019 年，《加强工业互联网安全工作的指导意见》公开发布，《工业大数据发展指导意见》和《工业互联网企业网络安全分类分级指南（试行）》正式征求意见，一系列政策措施的出台进一步推动了工业信息安全监测预警工作的持续开展和稳步落实。国家工业信息安全发展研究中心进一步贯彻落实国家工业信息安全相关政策要求，持续开展工业信息安全监测预警工作，为把握工业信息安全风险态势、加强工业信息安全管理、指导工业企业安全防护提供有力支撑。

关键词： 工业信息安全；监测预警；风险态势

Abstract： In 2019，*The Guidance on Strengthening Industrial Internet Security was released*，*The Guidance on the Development of Industrial Big Data and The Guide to the Classification of Cyber Security in Industrial Internet Enterprises* (*trial implementation*) are in public consultation. All these policies have steadily promoted industrial

---

[1] 杨立宝，国家工业信息安全发展研究中心工程师，硕士，研究方向为大数据与信息安全、工业信息安全、数据治理；陈柯宇，国家工业信息安全发展研究中心助理工程师，硕士，研究方向为工业信息安全、工业互联网安全监测预警与态势感知技术；张慧敏，国家工业信息安全发展研究中心高级工程师，研究方向为网络安全战略政策、工业信息安全政策。

information security monitoring and alerting. China Industrial Control Systems Cyber Emergency Response Team further implemented the relevant policies on national industrial information security, and continuously made efforts on industrial information security monitoring and alerting, as well as strongly supported the works on situational awareness, industrial information security management, industrial enterprises information security guidance.

Keywords: Industrial Information Security; Monitoring and Alerting; Situational Awareness

2019 年，为落实党中央国务院工作部署，加快制造强国和网络强国建设，强化工业互联网安全体系化布局，切实提升工业互联网安全保障水平，应对工业互联网发展面临的网络安全新风险、新挑战，工业和信息化部等十部门联合印发《加强工业互联网安全工作的指导意见》，明确要求健全信息共享和通报等安全管理制度和工作机制，以及建设国家、省、企业三级协同的工业互联网安全技术保障平台，打造整体态势感知、信息共享和应急协同能力，为工业信息安全监测预警工作的开展指明了方向。

为贯彻国家相关政策要求、落实相关工作部署，2019 年，国家工业信息安全发展研究中心继续开展工业信息安全风险监测预警相关工作。

一、2019 年工业信息安全风险监测预警情况

（一）工控系统相关漏洞披露情况

工控系统安全漏洞又称为脆弱性（Vulnerability）漏洞，通常定义为系统或设备的软件、硬件或协议在进行设计、功能实现、运行维护的过程中存在的不足或缺陷，这种不足或缺陷一旦被利用，就会对系统或设备造

成负面后果，影响系统的保密性、完整性、可用性，对系统的安全造成危害。一般来说，工控系统安全漏洞通常会成为攻击者发起攻击的起点。攻击者可通过嗅探或网络扫描等多种方式收集工控系统安全漏洞，而后利用收集到的漏洞发起网络攻击，进而造成工控系统的信息安全事件。

当前，我国制造、能源、交通、水务等重点行业领域大量在用的工控系统产品漏洞隐患严重，如金雅拓 Safenet 软件许可服务产品、罗克韦尔控制器及工业软件、霍尼韦尔工业设备、摩莎串口服务器等频繁曝出高危漏洞，工控系统面临严峻的安全形势。国家工业信息安全发展研究中心收集了2010—2019 年的工控系统漏洞，发现工控系统漏洞数量从 2014 年开始呈上升趋势，2015 年后一直维持在较高水平（见图 7-1）。

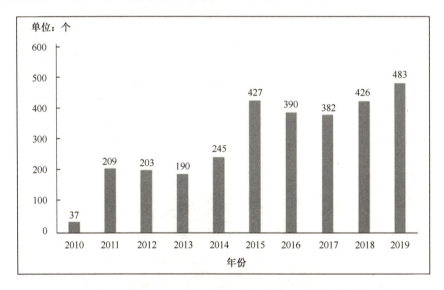

图 7-1　2010—2019 年收录的工控系统漏洞数量

资料来源：美国 ICS-CERT。

其中，工控高危漏洞占比居高不下。2015—2019 年收集研判的工控漏洞总数量分别为 427 个、390 个、382 个、426 个及 483 个，其中 CVSS 评分在 7 分以上的高危漏洞数量分别为 184 个、277 个、224 个、276 个和 327 个（见图 7-2），占比分别为 43%、71%、59%、65%及 68%，总体占比居高不下。2019 年的中危漏洞有 136 个，占比为 28%。中高危漏洞总占比高达 96%（见图 7-3）。

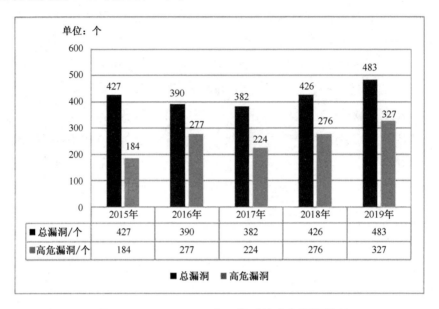

单位：个	2015年	2016年	2017年	2018年	2019年
■总漏洞/个	427	390	382	426	483
■高危漏洞/个	184	277	224	276	327

■总漏洞　■高危漏洞

图 7-2　2015—2019 年工控系统高危漏洞情况

资料来源：美国 ICS-CERT。

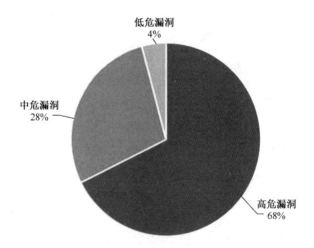

图 7-3　2019 年工控系统漏洞等级统计

资料来源：美国 ICS-CERT。

2019 年，在美国 ICS-CERT 披露的工控系统漏洞中，缓冲区溢出漏洞数量最多，共 63 个，占比为 13%。排名前 5 的漏洞类型还有密码与加密漏洞、权限控制漏洞、认证错误漏洞、输入验证漏洞，这 5 类漏洞共计 264 个，占比高达 55%（见图 7-4）。

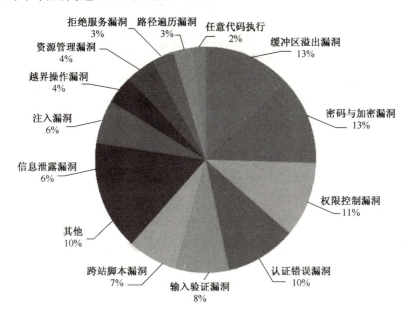

图 7-4　2019 年工控系统漏洞类型统计

资料来源：美国 ICS-CERT。

从工控系统漏洞的影响领域来看，漏洞影响领域排名前 5 的分别是关键制造、能源、水务、医疗健康、通信，共占比 72.3%（见图 7-5）。

（二）联网工控设备情况

根据国家工业信息安全发展研究中心的监测数据，截至 2019 年 12 月，全世界范围内在互联网上暴露的主流工控系统及设备数量高达 152379 个，比 2018 年增长 3.8%。这些联网工控系统及设备给不法分子提供了越来越多的攻击入侵点，加剧了全球工控安全风险。从国家分布来看，联网工控系统及设备数量超过 2000 个的国家共有 10 个（见图 7-6）。其中，美国位居第 1，暴露在互联网上的工控系统数量高达 57985 个，占比达 38%；我国位居第 5，在网上可辨识的工控系统及设备数量共计 2801 个。

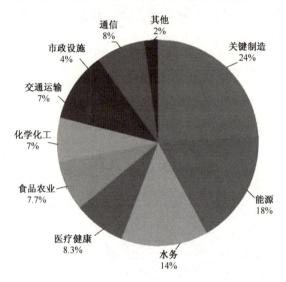

图 7-5　2019 年工控系统漏洞影响领域统计

资料来源：美国 ICS-CERT。

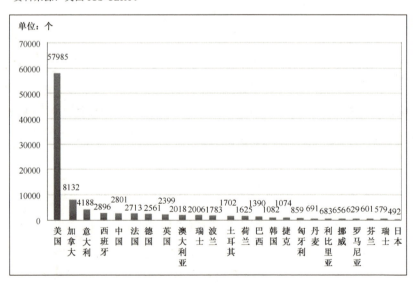

图 7-6　全球联网工控系统及设备数量（按国家统计）

资料来源：国家工业信息安全发展研究中心统计整理。

从我国来看，截至 2019 年 12 月，在互联网上暴露的工控系统和设备涉及 31 个省份（统计数据不含港澳台地区）（见图 7-7），这些工控系统和设备的安全防护普遍不足，面临着遭受网络攻击的风险。

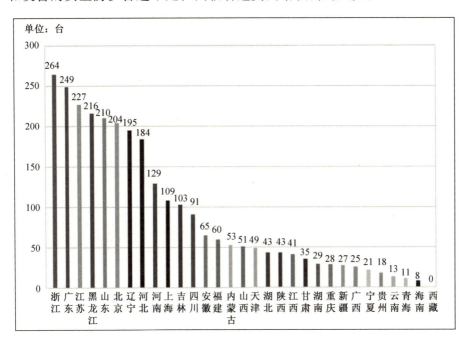

图 7-7　可辨识联网工控系统及设备数量

资料来源：国家工业信息安全发展研究中心统计整理。

从暴露在互联网上的系统和设备类型来看，Niagara Fox、BACnet 等类型的楼宇监控软件及设备，罗克韦尔、西门子、欧姆龙等工控系统和设备数量较多。其中，全球在互联网上可被搜索发现的 EtherNet/IP 协议设备数量达 48995 个，占比为 32%；其次是 Niagara Fox 协议设备（占比为 21.4%）（见图 7-8）。这些系统设备广泛应用于制造、能源、市政等重要领域，一旦被攻击入侵，可能造成生产停滞、断水断电、重大经济损失等后果，严重影响工业生产和人民生活。

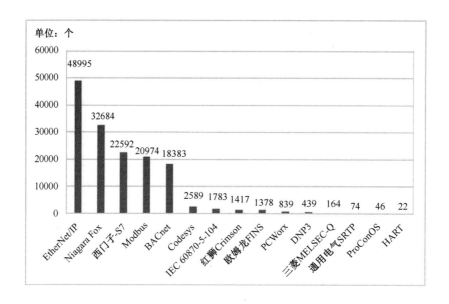

图 7-8　2019 年全球主流工控系统所用协议类型数量统计

资料来源：国家工业信息安全发展研究中心统计整理。

二、2019 年全球主要工业信息安全事件回顾

（一）美国化工企业瀚森公司和迈图集团遭勒索病毒攻击

3 月 12 日，美国化工企业瀚森公司（Hexion）和迈图集团（Momentive）均遭勒索病毒攻击，大量关键数据都从系统中丢失，两家公司的 Windows 计算机出现蓝屏错误并且文件被加密。他们主要生产树脂、有机硅和其他材料。此次攻击导致两家公司必须订购数百台新计算机以替换受感染计算机。据 Motherboard 报道，该勒索病毒与之前对挪威海德鲁公司实施攻击的勒索病毒有许多相似之处。

（二）日本丰田汽车公司遭黑客入侵致数据泄露

4 月 1 日，日本丰田汽车公司称，攻击者入侵了丰田公司的 IT 系统，

同时获取了旗下若干销售子公司的数据，具体涉及雷克萨斯 Nerima 公司、雷克萨斯 Koishikawa Sales 公司、丰田西东京卡罗拉公司、丰田东京卡罗拉公司、东京汽车公司、丰田东京销售控股公司、丰田东京销售网络公司等。丰田公司公开表示，被攻击者攻击的服务器存储了约 310 万条客户个人信息及车辆信息，而攻击者是否已经将其获取的数据泄露出去，尚不得而知。

（三）日本光学产品生产商 Hoya 遭勒索病毒攻击

日本最大的光学产品生产商 Hoya 公司于 4 月 9 日称，其位于泰国的工厂曾在 2 月底遭受加密货币勒索病毒攻击，导致工厂生产线停摆 3 天。网络攻击发生后，一台负责生产控制的主机服务器被勒索病毒入侵后宕机，导致工厂用于管理订单和生产的软件无法正常运行，随后勒索病毒在厂区继续蔓延，相继感染网络中的 100 余台终端设备，公司大量系统登录 ID 和密码被黑客窃取。此次网络攻击持续超过 3 天，导致部分镜片生产线停工数日，工业产出下降近 40%，严重影响日本地区眼镜店的供货。

（四）欧洲汽车制造企业 Aebi Sschmidt 遭勒索病毒攻击

4 月 25 日，欧洲最大的制造企业之一、总部位于瑞士的专用汽车制造商 Aebi Sschmidt 遭勒索病毒攻击。公司相关负责人表示，攻击导致公司业务运营中断，瑞士总部受影响最为严重。同时，公司国际网络系统宕机、整个国际网络系统崩溃，电子邮件服务器也受到了严重影响，致使全球多个与 Aebi Sschmidt 网络相连的系统瘫痪，员工被迫无薪休假。

（五）南非电力公司 City Power 遭勒索病毒攻击

7 月 25 日，南非约翰内斯堡 City Power 电力公司遭勒索病毒攻击，导致一些居民区的电力中断。勒索病毒攻击导致该公司的数据库、内部网络、Web Apps 及官方网站均被加密而无法正常运转，进而导致客户无法通过网站买电、卖电、上传发票及访问公司网站，造成一些居民区持续断电长达 12 小时。

（六）德国汽车零部件制造商莱茵公司遭网络攻击

9 月 25 日，德国汽车零部件制造商莱茵（Rheinmetall）公司称，由于受到恶意软件网络攻击，其在美国、巴西和墨西哥的汽车工厂的生产受到严重干扰。Rheinmetall 公司表示，此次攻击于 9 月 24 日晚上开始，不知名恶意软件进入公司 IT 系统，工厂生产受到"重大破坏"，而从攻击中恢复则需要花费 2～4 周时间，预估将导致公司每周损失 300 万～400 万欧元。

（七）印度核电站遭恶意软件网络攻击

10 月 30 日，印度核电公司官方证实，库丹库拉姆核电站遭受恶意软件攻击，导致该核电站的域控服务器被控制，第二座核电机组停止运行。印度核电公司表示，该恶意软件由受朝鲜政府资助的黑客组织开发，主要用于侦察及作为其他恶意软件的载体，其样本中包括该核电站内部网络硬编码凭据，证明该恶意软件经过专门编译以在核电厂的 IT 网络内部传播和运行。

Ⅳ 技术产业篇

Technological and Industry Articles

B.8

工业信息安全意识教育与人才培养稳步推进

程宇　张莹　贾若伦[1]

摘　要： 近年来，世界各国高度重视工业信息安全，加紧工业信息安全领域布局，持续强化安全意识宣传教育，加快工业信息安全专业人才培养。我国是发展中大国，工业是我国经济发展的命脉，工业信息安全直接关系中华民族的伟大复兴，工业信息安全人才培养与宣传教育工作是重中之重，刻不容缓。

关键词： 工业信息安全人才培养；网络安全宣传教育

Abstract： In recent years, countries from all over the world have recognized

---

[1] 程宇，国家工业信息安全发展研究中心工程师，主要研究方向为工业信息安全人才体系建设、工业信息安全产业、网络安全战略规划及宣传教育等；张莹，国家工业信息安全发展研究中心工程师，硕士，研究方向为网络安全战略规划、产业发展、人才培养和意识教育等；贾若伦，国家工业信息安全发展研究中心工程师，硕士，主要研究方向为网络安全产业、工业信息安全产业、工控安全、网络安全审查、网络安全意识教育等。

the great importance of industrial information security and accelerated the industry layout by continuously strengthening security awareness publicity and talent cultivation. China is a big developing country and industry is the bone-back of China's economic development. Industrial cyber security is directly related to the great rejuvenation of Chinese nation, and industrial information security talent cultivation and publicity education have been vital important and urgent.

Keywords： Industrial Information Security Talent Cultivation; Cybersecurity Publicity Education

一、工业信息安全意识教育日益深入

（一）各国持续开展网络安全意识宣传教育工作

1. 美国动员社会各界力量广泛参与网络安全意识宣传

美国国家网络安全意识月（National Cyber Security Awareness Month）于 2019 年 10 月再次举办，这也是该活动连续第 16 年在美国全国范围内举办。本次活动由美国网络安全联盟（NCSA）、美国网络安全基础设施安全局（CISA）联合主办，以"主导 IT. 防护 IT. 保障 IT."（Own IT. Secure IT. Protect IT）为主题，由以往活动中强调网络安全是全社会共同的责任，转为强调个人在网络空间的责任，以及公民自身行为对网络产生的影响，并将个人对网络安全保护措施的实践、个人隐私保护、网络安全职业发展等作为主要宣传教育内容。

从宣传内容方面来看，2019 年的网络安全意识月活动对个人参与网络安全宣传表现出了极高的重视。为便于使每个人都能够参与到网络安全意识宣传活动中来，主办方在活动官网提供了详细的活动参与方式和宣传资料，宣传场景基本涵盖了社交网络、家庭、公司、学校和社区等公众日常用网的场所和地点（见表8-1）。

表8-1　美国网络安全意识月社会参与方式及内容

参与方式	宣传教育方法及内容
社交网络参与	通过推特、脸谱、优兔、领英关注美国网络安全联盟，获取最新资讯和资源
	通过个人社交网络发布美国网络安全意识月的在线安全提示和提醒，并通过加注 #BeCyberSmart 和 #CyberAware 等标签进行线上互动
	下载和分享美国网络安全联盟于10月在社交平台上发布的帖子，并根据自己的需要编辑转发
	选择一个喜欢的网络安全宣传语
家庭参与	参与"成为美国网络安全意识月冠军"活动
	订阅美国网络安全联盟信息
	打印美国网络安全联盟提供的资源
	举行家庭网络安全技术讨论活动
	向朋友和家人发送电子邮件，以分享网络安全意识月活动
公司和学校参与	参与"成为美国网络安全意识月冠军"活动
	将美国网络安全意识月的标志发布在公司或学校的内网和外网上
	向同事、员工、顾客等广泛宣传美国网络安全意识月
	与员工在午餐时讨论网络安全保护的相关问题
	在公司举办一场员工网络安全培训
	在学校举办一场海报/视频比赛
社区参与	在社区张贴美国网络安全意识月标志
	在社区发布关于美国网络安全意识月的信息
	打印美国网络安全联盟提供的资源并宣传
	在社区内讨论关于保护电子邮件安全、社交媒体安全等的有效措施
	在社区成员间举办一次网络安全活动

资料来源：国家工业信息安全发展研究中心分析整理。

从活动内容来看，2019年的美国网络安全意识月活动积极组织开展"成为美国网络安全意识月冠军"活动。本项活动不设置任何参与门槛，对各种规模的公司、社会组织、学校、政府机构和个人开放。参与者需要自行注册并通过参与相关宣传活动获得这一殊荣，冠军名单于活动结束后在官网发布。

在对全民广泛参与的积极倡导下，美国网络安全意识月活动的民众参与度有了明显提升，根据官方数据披露，活动官网宣传工具箱的下载次数达到了 17118 次，2477 家单位和个人注册了"成为美国网络安全意识月冠军"活动，数字和社交媒体对活动的报道数量较 2018 年增长了 7%，官网访问量则增长了 15%。从活动参与的社会组成来看，私有企业是活动参与的主力，参与数量占总数的 40.9%，这表现出美国网络安全意识月活动的推广主体主要在企业，并从侧面说明了企业对网络安全意识教育具有较高的关注度。

2. 日本发挥优势产业特色开展网络安全意识宣传

2019 年日本网络安全月于 2 月 1 日—3 月 18 日举办。作为一项已经举办了 10 年的网络安全意识宣传教育活动，日本网络安全月拥有成熟的活动模式，由日本官房长官讲话、全国性网络安全宣传活动、网络安全宣传语推广、知识宣传等多项内容组成。2019 年 2 月 1 日，日本内阁官房长官菅义伟发表电视讲话，宣布第十届日本网络安全月启动，并在讲话中明确指出由于人工智能、物联网等技术的加速应用给目前网络安全形势带来的挑战，并将网络诈骗和网络安全法律法规知识缺乏作为当前民众需要重点关注的安全问题。

在日本网络安全月期间，日本 47 个一级行政区划中的 33 个，结合本地区情况开展了约 170 项全国性网络安全意识宣传活动，活动形式涵盖会议研讨、技术比赛、媒体广播、户外活动、街头快闪、校园科普等。此外，日本还利用网络安全旅行车进行全国宣传活动，并在线上开展"发送一封关于警惕网络钓鱼的电子邮件"等主题活动（见表 8-2）。

表 8-2 日本网络安全月全国性网络安全宣传活动内容（部分）

序　号	活动名称	主办地方
1	冬季的网络安全宣传活动	北海道
2	"春季网络安全：新学期行动"街头运动	岩手县

续表

序　号	活动名称	主办地方
3	公众网络安全宣传启发广播电视节目	宫城县
4	网络安全研讨会	栃木县
5	风筝飞行比赛	群马县
6	第十届网络安全研讨会	埼玉县
7	美日 ISAC 国际合作论坛	东京
8	针对管理人员的工业网络安全国际培训	东京
9	安全心理学研讨会	东京
10	互联网安全教室	神奈川县
11	"网络安全月"研讨会	新潟
12	公众网络安全宣传启发广播电视节目	石川县
13	网络空间中的犯罪和威胁论坛	福井
14	互联网安全研讨会——现在可以为儿童做些什么	长野
15	网络安全研讨会	爱知县
16	互联网安全教室	三重县
17	很好理解！网络故障的应对	京都
18	中小企业网络安全研讨会	大阪
19	网络犯罪预防活动	兵库县
20	奈良网络安全学院	奈良
21	冈山网络安全研讨会	冈山
22	你还好吗？互联网与人权	广岛县
23	网络安全月网络安全意识角	香川县
24	网络安全研讨会	爱媛县
25	K-SEC 巡回赛	高知县
26	互联网安全教室	福冈
27	信息安全道德研讨会	佐贺县
28	医疗机构网络安全事故响应培训	长崎
29	网络安全活动——你的智能手机还好吗？	熊本县
30	宫崎阳光 FM 的宣传	宫崎县
31	鹿儿岛县警察校园公开日（介绍预防网络犯罪的内容）	鹿儿岛县
32	冲绳县警察网络安全研讨会	冲绳县

资料来源：国家工业信息安全发展研究中心分析整理。

值得注意的是，为了吸引更多人参与活动，内阁网络安全中心（NISC）每年都会在活动期间与一部热门动漫合作，推出一系列网络安全主题动漫宣传活动。在 2019 年网络安全月活动中，合作动漫《约定的梦幻岛》除推出了网络安全主题动漫作品和宣传海报外，还在东京秋叶原举办了网络安全宣传线下演出，并专门开设了"密涅瓦和加密的神秘面纱"特别网站，民众可以通过访问该网站、参与线上游戏的方式在过程中学习网络安全知识，而这种形式也极大地增加了学习的趣味性。

（二）我国网络安全意识宣传教育进入快速发展期

1. 国家层面加强网络安全意识教育工作部署

近年来，党中央对网络安全宣传教育工作高度重视。2019 年 9 月，习近平总书记对国家网络安全宣传周作出重要指示强调，举办网络安全宣传周、提升全民网络安全意识和技能，是国家网络安全工作的重要内容。这也是继 2018 年 4 月全国网络安全和信息化工作会议之后，习近平总书记又一次对网络安全知识技能宣传普及工作提出了具体要求，也又一次明确了全民网络安全意识宣传教育工作的重要地位。

国家网络安全宣传周活动是我国自 2014 年以来持续举办的全国性网络安全宣传教育活动，2019 年这一活动呈现出更多新特点。一是个人信息保护成为热点话题之一，网络安全技术高峰论坛、网络安全博览会等重要活动中都举办了相关主题的论坛和展示活动，内容上更加聚焦。二是着力强化活动的连续性，在举办开幕式、网络安全技术高峰论坛、网络安全博览会等重要活动的基础上，首次举办了闭幕式，举行了 2019 年承办城市天津市与 2020 年承办城市郑州市的会旗交接仪式，打造了永不落幕的网络安全宣传周。三是重点突出活动的互动性和体验性，强调要开展寓教于乐的网络安全教育活动，并在 2019 年网络安全博览会上首次设置了占地 3000 平方米的互动体验专区，借助 VR、AR、人工智能等新技术手段吸引广大群众深度参与。本届网络安全宣传周进一步深化了网络安全与地方文化的结合，打造了网络安全相声剧等宣传普及活动，旨在让每个参加活动的人都能学有所思、学有所乐、学有所得。

2. 各地加快推进网络安全意识宣传常态化发展

2017年正式实施的《网络安全法》中明确规定："各级人民政府及其有关部门应当组织开展经常性的网络安全宣传教育，并指导、督促有关单位做好网络安全宣传教育工作。"在展现了网络空间共同治理原则的同时，也以法律形式明确了各地政府开展网络安全宣传教育的义务。在中央网络安全和信息化委员会办公室会同各有关部门印发的《国家网络安全宣传周活动方案》中，也提出"各地方、各有关部门要深刻认识网络安全意识和技能培养工作的重要性和紧迫性，将网络安全宣传周活动列入重要议事日程"。这些法律和文件的发布都有力地推动了网络安全意识宣传教育工作在各地方的"下沉"。

近年来，各地方积极探索网络安全宣传形式，认真开展网络安全宣传周活动。在详细制定本地网络安全宣传周工作方案的基础上，广泛开展网络安全进社区、进农村、进企业、进机关、进校园、进军营、进家庭等活动，传播网络安全理念，普及网络安全知识，推广网络安全技能。在各地的大力推动下，网络安全宣传周活动现已在全国31个省（区、市）全面铺开，县级行政区覆盖率达90%以上。

为进一步固化国家网络安全宣传周举办成果，全国各地不断拓宽思路，探索开展常态化网络安全宣传的方法。一些城市通过将网络安全宣传工作与本地发展建设思路相结合，着力将网络安全打造为本地的对外符号。例如，湖北省武汉市在成功举办2016年国家网络安全宣传周后，将网络安全人才建设和意识培养工作作为发展重点，建设了国家网络安全人才与创新基地。部分地方还将网络安全宣传工作作为一项日常工作长期开展，除在银行、电信营业厅等重点区域常年发放网络安全宣传材料，进行网络诈骗风险提示外，云南省等地区还将网络安全宣传成果上网、上云，推出了"七彩云安"网络安全宣传普及公益平台等线上资源，进一步满足了广大群众日常学习的需要。

（三）工业信息安全意识教育成为全球各界关注焦点

随着能源、制造业、市政、交通等关键基础设施领域的网络安全风险日益加剧，提升工业信息安全意识、强化关键基础设施安全防护能力已成为全球各界网络安全意识宣传工作的重点。

美国政府长期以来高度重视关键基础设施安全，并自 2013 年起将每年的 11 月指定为"国家关键基础设施安全和弹性月"，强化民众安全意识，督促关键基础设施部门采取适当措施提高安全性和弹性。2019 年 11 月，由美国国会批准设立的国土安全部网络安全和基础设施安全局（CISA）成立一周年。作为负责领导国家关键基础设施网络安全保护的联邦机构，CISA 在年度活动中强调，工控系统信息安全仍是美国在关键基础设施保护领域的优先任务之一，持续加强与美国政府其他机构及私营部门在工控安全方面的协作、提升关键基础设施部门的工业信息安全意识水平将是 CISA 未来几年的工作重点。

为提高工业企业用户及工业信息安全产业相关从业人员的安全意识，全球各主要行业组织也在近年来发挥了积极作用。2019 年 7 月，国际自动化协会（ISA）联合施耐德电气、罗克韦尔自动化、霍尼韦尔、江森自控、Claroty、Nozomi Networks 等公司共同成立了全球网络安全联盟（GCA），进一步强化工业信息安全领域的行业知识和信息共享，加强产业链上下游的交流协作。10 月，ABB、微软、Check Point 联合牵头成立了运营技术网络安全联盟（OTCSA），聚焦于为工业企业用户提供工业信息安全资源和指导，提高工业信息安全防护能力。

二、国内外工业信息安全人才培养加快推进

（一）国外工业信息安全人才培养形式日益丰富

1. 美国发布《网络安全人才行政令》，多措并举推进人才队伍建设

2019 年 5 月 2 日，白宫发布声明称，美国总统特朗普签署了一项名为

《网络安全人才行政令》（*Executive Order on America's Cybersecurity Workforce*）的总统行政令，从优化机制、强化培训、资金支持、分类评估等方面要求各部门多措并举大力推进美国网络人才队伍建设，再次强调了网络安全人才队伍是守护美国国家和经济安全的战略资产。

在政策层面，鼓励和支持网络安全人才队伍建设。行政令指出，美国正面临网络安全人才和能力紧缺的现状，美国政府将通过实施以下政策改善网络安全人才紧缺现状：一是大力提高网络安全人才的流动性，在政策上进一步促进网络安全从业人员在公共部门和私营部门之间顺畅有序流动。二是着力提升网络安全人才的专业技术能力，认可并奖励具备专业技术能力的网络安全个人及团队。三是支持开发网络安全人才建设平台工具，最大限度地提高美国工人网络安全知识、技术和能力。四是总统将继续责成执行部门和机构的负责人，对企业的网络安全风险进行管理。

在机制层面，多部门协同保障网络安全人才队伍建设。一是要求国土安全部部长、管理和预算办公室（OMB）主任、人事管理办公室主任联合向总统提交一份《网络安全人才发展规划报告》，旨在协同建立网络安全岗位轮岗机制，更好地为知识转移及人才规划提供保障。三部门负责人还需向总统提交一份《网络安全能力评估清单》。该清单用于评估员工是否具备网络安全技能开发潜力，并将该评估方法纳入人事发展计划。二是与网络安全人才签署的相关服务合同中，合同条款需充分采纳国家网络安全教育倡议网络安全劳动力框架（NICE 框架）中的标准及分类。三是针对在涉及国家危机的重大安全事件中提供网络安全保障的优秀人才和团队，对其加大奖励力度，必要时可设立新的奖项和奖章。四是开展年度"总统杯网络安全竞赛"人才挖掘项目，美国能源部、数字服务部将作为大赛专家咨询委员会，首届竞赛于 2019 年年底举行。五是面向主要职能为情报、反情报、侦查或保障国家安全的机构，管理和预算办公室应联合有关单位制定年度《网络安全相关机构及分支机构清单》，用于明确网络安全人才的定位及分布。

在手段层面，政、产、学、研联动推动网络安全人才队伍建设。一是面向联邦、州、地区、地方，各相关行业、学术界、企业联合制定一套以明确国家网络安全工作人员具体需求及提升人才流动性为重点内容的计划报告。二是加强网络安全人才在识别关键基础设施和防御系统中网络安全漏洞的能力，尤其是决定系统安全性的信息物理系统（CPS）。三是设立总统网络安全教育奖，旨在表彰教授网络安全的中小学教育工作者。四是鼓励各界广泛采用NICE框架来识别、招聘、开发和留住网络安全人才。

2. 多方积极拓展工业信息安全校企联合育人模式

俄罗斯知名网络安全提供商卡巴斯基（Kaspersky）已连续3年与美国麻省理工学院斯隆学院（CAMS）网络安全联盟合作，为麻省理工学院（MIT）实践创新培养项目"独立活动时期"（IAP）提供支撑。2019年1月举行的IAP主题为"网络安全洞察"，重点聚焦物联网设备和工控系统领域的安全实践、技术和管理等内容。3月，美国诺里奇大学应用研究所（NUARI）获得了美国国土安全部（DHS）科学技术局（S&T）590万美元的赠款，用于扩展建立针对能源行业关键基础设施决策练习的分布式环境（DECIDE）网络培训平台，为学生和用户提供沉浸式、基于场景的练习。12月，国际自动化协会（ISA）与美国阿克伦大学（Akron）签署了关于工业信息安全方面的人员培训协议，提供ISA的IEC62443网络安全培训和认证项目。美国阿克伦大学将在校内举办由主题专家教授的ISA课程，补充其现有的工业信息安全人员培训课程。

（二）我国工业信息安全人才培养现状

1. 政策层面大力支持工业信息安全人才培养

党中央、国务院高度重视工业信息安全人才培养工作，以工业信息安全人才培养为导向的相关政策文件相继推出。2016年5月，《国务院关于深化制造业与互联网融合发展的指导意见》中提出，健全融合发展人才培养体系，加强高层次应用型专门人才培养，积极开展企业新型学徒制试点，结合国家专业技术人才知识更新工程、企业经营管理人才素质提升工程、高技能人才振兴计划等工作,加强融合发展职业人才和高端人才培养。2017 年 11 月，《国务院关于深化"互联网+先进制造业"发展工业互联网的指导意见》中指出，加强人才队伍建设，引进和培养相结合，不断壮大工业互联网人才队伍。2017 年 12 月，工业和信息化部信息化和软件服务业司发布《工业控制系统信息安全行动计划（2018—2020 年）》的通知，明确提出鼓励工业企业加强与院校合作,联合培养工控安全专业人才。2019 年 8 月，工业和信息化部、教育部、人力资源和社会保障部等国家十部门联合下发《加强工业互联网安全工作的指导意见》的通知，文件中提出要深入推进产教融合、校企合作，建立安全人才联合培养机制，培养复合型、创新型高技能人才。要求通过开展网络安全演练、安全竞赛等，培养选拔不同层次的工业互联网安全从业人员。

2. 积极开展工业信息安全全国深度行活动

2016 年 10 月，工业和信息化部发布了《工业控制系统信息安全防护指南》（简称《指南》）。自印发以来，《指南》受到了社会各界的高度关注，在全国范围内形成了学习贯彻《指南》、落实防护要求的良好氛围，逐步唤醒了各方的安全意识，推动工控安全防护从理论研究进入初步实践阶段。为进一步发挥《指南》及配套标准的规范和引领作用，2019 年 10 月起，工业和信息化部信息化和软件服务业司组织中国电子技术标准化研究院等技术力量，在 6 个省市开展了工控安全防护贯标培训深度行活动。编制贯标实施方案，深入电力、石化、燃气、汽车、电子制造 5 个重点行业的 6 家企业现场开展贯标试验。截至目前，各级工业和信息化主管部门积极推动《指南》落实，累计发布配套文件 36 个，举办宣贯培训 121 场，累计检查工控系统 87243 套，研判重大安全风险 1445 个。重点行业主管部门参照《指南》印发了《关于加强电力行业网络安全工作的指导意见》《关于进一步加强核电运行安全管理的指导意见》等政策文件。部分工业企业积极参与宣贯培训、检查评估、监测预警等工作，安全防护意识显著提升，对标《指南》初步完成防护体系建设，以较小成本实现了防护能力的跃升，消减了自身近 90% 的安全风险。

3. 工业信息安全校企协同育人模式日趋完善

为贯彻落实习近平总书记关于高等教育的重要论述，积极推进高校教育教学改革，深化校企合作、全面提升人才培养质量是制造强国、网络强国建设的重要基础。2019 年，工业和信息化部积极面向部属高校开展工业和信息化部校企协同育人示范基地相关工作，深入挖掘部属高校和国防军工企业、科研院所的人才培养特色和优势资源，建设示范基地，选树校企合作、产教融合、协同育人的典型案例。

2020 年 1 月 16 日，工业和信息化部人事教育司发布《关于工业和信息化部校企协同育人示范基地认定名单的公示》，拟认定 19 个工业和信息化部校企协同育人示范基地，公示结果如表 8-3 所示。其中，由哈尔滨工程大学和国家工业信息安全发展研究中心申报的"工业信息安全协同育人基地"作为网络安全领域唯一入选的示范基地，将为深入推进工业信息安全校企合作起到重要示范作用。

表 8-3　工业和信息化部校企协同育人示范基地认定名单

序　号	基地名称	申报单位
1	网络计算与信息处理协同育人基地	北京航空航天大学—国家互联网应急中心
2	飞行器空气动力学协同育人基地	北京航空航天大学—中国空气动力研究与发展中心、中国航空工业空气动力研究院
3	大型飞机协同育人基地	北京航空航天大学—中国商用飞机有限责任公司
4	军用车辆动力协同育人基地	北京理工大学—中国兵器工业集团动力研究院有限公司
5	光电显示协同育人基地	北京理工大学—京东方科技集团股份有限公司
6	电子信息协同育人基地	哈尔滨工业大学—中国航天科工集团第二研究院
7	机械工程协同育人基地	哈尔滨工业大学—中国空间技术研究院
8	仪器科学与技术协同育人基地	哈尔滨工业大学—中国计量科学研究院
9	工业信息安全协同育人基地	哈尔滨工程大学—国家工业信息安全发展研究中心
10	船舶与海洋工程协同育人基地	哈尔滨工程大学—上海外高桥造船有限公司

序　号	基地名称	申报单位
11	核科学与技术协同育人基地	哈尔滨工程大学—中国核工业集团有限公司
12	智能制造协同育人基地	南京航空航天大学—成都飞机工业（集团）有限责任公司
13	航天工程协同育人基地	南京航空航天大学—北京空间机电研究所
14	空中交通管理协同育人基地	南京航空航天大学—民航华东空中交通管理局
15	电子信息协同育人基地	南京理工大学—中国航天科工集团第十研究院
16	制导武器协同育人基地	南京理工大学—江南工业集团有限公司
17	航空工程协同育人基地	西北工业大学—中国飞机强度研究所
18	航空发动机智能制造协同育人基地	西北工业大学—中国航发南方工业有限公司
19	水下无人装备协同育人基地	西北工业大学—中国船舶集团公司第七〇五研究所

资料来源：国家工业信息安全发展研究中心分析整理。

据《2019 网络安全人才现状白皮书》显示，"国内网络安全人才培养的主要途径是大学教育及网络空间安全学科建设，主要培养本科及本科以上专业人才"。与传统网络安全人才培养相比，工业信息安全涉及自动化控制、计算机网络、通信技术、信息安全等多个学科，对于专业型、技能型、复合型人才的需求旺盛，人才培养需要高校、企业、科研机构等多方参与。

2019 年，启明星辰联合重庆邮电大学成立工业互联网安全实验室和西南首个工控联盟，双方合力开展学术成果转化、高级网络安全人才培养和认证、共同探索工控安全运营体系落地之路，形成"产、学、研、管、用"融合发展的管理运营模式，打造覆盖重庆、辐射西南的教学科研深度融合实验场所、国际化人才培养高地和国际交流合作高地。哈尔滨工业大学与绿盟科技联合打造《电力系统体系结构安全和工控安全防护能力评估》主题课程，通过邀请企业讲师进入高校进行授课，帮助学生深入了解市场需求和工控系统实际面临的安全风险，借鉴企业工控安全专家的实际工作经验，提高学生的实际动手能力和解决问题能力。此外，360、奇安信、腾讯安全团队等也纷纷与多所高等院校开展工业信息安全领域人才培养的探索。

三、工业信息安全竞赛及培训持续助力人才队伍建设

（一）工业信息安全大赛助推实战人才培养

当前，国内外网络安全竞赛活动丰富多样，已成为锻炼培养和选拔人才的重要方式。国外较为著名的网络安全竞赛活动有 Pwn2Own、DEFCON 黑客大会等。其中，Pwn2Own 是世界顶级黑客大赛之一，当属全球含金量最高、奖金最丰厚的黑客大赛，自 2007 年以来已有十多年历史，其破解目标专注于最新版浏览器及其插件。DEFCON 是世界上开展最早、规模最大的黑客大会，DEFCON CTF 夺旗赛是历史最悠久的网络安全技术竞赛，直到今日仍是全球范围内影响力和知名度最高的 CTF 赛事。我国网络安全竞赛起步较晚，但推进较快、效果较好，相关活动渐成规范。我国比较著名的竞赛活动有政府机构牵头主办的 ISG 信息安全技能竞赛、"强网杯"全国网络安全挑战赛、"天府杯"国际网络安全大赛等。高校也积极主办竞赛活动，包括已成功举办了 12 届的全国大学生信息安全竞赛。此外，还有相关企业主办的 XCTF 国际网络安全技术对抗联赛、WCTF（世界黑客大师赛）等。在竞赛规范方面，2018 年 9 月中央网络安全和信息化委员会办公室出台了《关于规范促进网络安全竞赛活动的通知》，对网络安全竞赛活动明确提出了规范要求。

2019 年，我国各级政府部门、科研机构、行业组织等举办了多场工业信息安全竞赛（见表 8-4），从安全攻防、应急处置、运维能力等多方面对选手进行考查，探索和选拔不同层次的工业信息安全实战人才，推动工业信息安全行业领域的技术和经验共享，提升工业领域重点行业、企业及关键信息基础设施相关单位的工业信息安全实战能力。

表 8-4　2019 年我国主要工业信息安全相关赛事

赛事名称	举办单位
"护网杯"2019 年网络安全防护赛暨第二届工业互联网安全大赛	指导单位：工业和信息化部、国家能源局 主办单位：中国信息通信研究院、中国工业互联网研究院、国家工业信息安全发展研究中心

赛事名称	举办单位
2019 年工业信息安全技能大赛	指导单位：成都市人民政府 主办单位：国家工业信息安全发展研究中心、成都市经济和信息化局、成都天府新区管委会
观安杯 ISG 网络安全技能竞赛	指导单位：上海市委网络安全和信息化委员会办公室 主办机构：ISG 网络安全技能竞赛组委会
首届中国互联网大赛（2019 中国工业互联网大赛）	指导单位：工业和信息化部、浙江省人民政府 主办单位：中国工业互联网大赛组委会 承办单位：国家工业信息安全发展研究中心、浙江省经济和信息化厅、杭州市人民政府、中关村信息技术和实体经济融合发展联盟
2019 年福建省第二届工业控制系统信息安全攻防大赛	主办单位：福建省工业和信息化厅 承办单位：马尾区人民政府、闽南师范大学、福建省信息安全资质服务中心
2019 年电力行业网络安全论坛暨攻防决赛	主办单位：中国电力企业联合会科技开发服务中心、中国电力科学研究院有限公司
"网御安全杯"全国第五届工控系统信息安全攻防竞赛	主办单位：公安部信息安全等级保护评估中心、北京市能源电力信息安全工程技术研究中心、华北电力大学信息安全工程实验室
2019 "湖湘杯"网络安全技能大赛	主办单位：湖南省委网络安全和信息化委员会办公室、湖南省公安厅、湖南省工业和信息化厅、湖南省教育厅、湖南省人力资源和社会保障厅、湖南省卫生健康委员会、湖南省广播电视局、湖南省通信管理局、湖南省政务管理服务局、湖南省国家保密局
2019 年度江苏省工业信息安全运维技能大赛	主办单位：江苏省人力资源和社会保障厅、江苏省通信管理局、亨通集团有限公司

　　国家工业信息安全发展研究中心自 2017 年开展国内首届工业信息安全技能大赛以来，已连续成功举办 3 届，赛事规模不断壮大，赛制赛规不断创新，赛事成果转化不断扩展，影响力逐步建立（见表 8-5）。

表 8-5　2017—2019 年工业信息安全技能大赛规模及形式

规　模	年　份		
	2017 年	2018 年	2019 年
参赛规模	24 个省（区、市），49 支队伍，共计 182 人，高校、科研院所、工控厂商、信息安全企业等	21 省（区、市）科研院所、高等院校、企业的 101 支队伍近 400 人参赛	25 个省（区、市）科研院所、高校和企业的 249 支队伍近 800 人参赛
初赛	（1）工控系统关键软硬件设备漏洞挖掘（2）特定工业场景攻防对抗实战	初赛首次推出赛区制，五大赛区辐射全国，各赛区自行组织初赛筛选	初赛首次推出个人线上积分赛与团队线下巡回赛相结合的方式，线下巡回赛活动半径覆盖全国
复赛		复赛形式灵活多样，主要包括本地测试、远程测试及攻防对抗等	复赛首日推出应急恢复赛全新赛制模式和漏洞挖掘赛
决赛		决赛首次采用贴近真实生产、生活的场景开展攻防对抗，仿真智能制造、水处理、化工等 10 个重要行业工业场景，场景预置攻击点均源于历年工控安全检查评估总结发现的安全隐患	决赛针对关键信息基础设施工控系统设计了全新"插旗攻防"赛制，仿真场景包含石油石化、电力、交通等关键信息基础设施行业工业场景

资料来源：国家工业信息安全发展研究中心整理。

　　相较 2017 年和 2018 年的工业信息安全技能大赛，2019 年大赛影响更广泛、技术手段更完善、赛制赛规更合理、竞赛成果更丰富，在赛事成效方面总结如下：一是培养实战型人才，助力国家工信安全保障能力提升。将工业现场生产环境设计成实战场景，在比赛中挖掘并遴选具有工控系统风险监测和应急处置能力的专业实战技术人才，为进一步构建我国工业信息安全专业技术人才队伍提供基础储备。二是促进地方产业发展，加速区域性专业实战人才聚集。在不同城市举办赛事，吸引当地政府、高等院校、科研院所、相关企业的广泛关注，推动当地工业信息安全工作的开展和人才的引进。三是多方获益，协同推进工业信息安全生态建设。行业企业用户方面提升工业信息安全意识，培养专业技术人员；高校层面提升学生实战水平，补充网络安全学科教育；科研机构方面检验安全测试能力，推动安全技术创新；安全厂商方面挖掘工业信息安全人才，布局产品研发，拓展板块业务；工控设备和产品厂商层面发现产品安全漏洞，提升研发安全意识和产品自身防护水平。

（二）工业信息安全职业培训和资质认定培训亟须完善

在 NICE 计划的指导下，美国政府、院校、企业等机构联合开展人才培训项目。国际信息系统安全认证联盟（ISC^2）、全美计算机协会（CompTIA）等机构引领全球范围权威专业的信息安全认证。同时，美国 ICS-CERT 持续推进针对工控安全从业人员大规模开展线上、线下培训工作。对比发达国家在网络安全及工业信息安全领域成熟、完善的培训体系，我国网络安全及工业信息安全专业培训市场渐成规模且需求量日益增高，但仍亟须进一步完善人才资格认证和资质认定的制度化和规范化管理。据《2019 网络安全人才现状白皮书》调研发现，超过六成持有相关资质证书的信息安全从业人员认为职业培训和资质认定的过程有助于促进职业发展和能力提升。目前，国内持有权威资质证书占比最高的是注册信息安全专业人员（CISP）（占比为 71.8%），其中注册信息安全工程师（CISE）持证人数最多，占比达到 44.1%。83.7%的从业人员期望在未来一年内获得信息安全资质证书。各高校网络安全及相关专业学生在校期间，选择参加社会类考证或培训的学生占比达到 65.52%。

2019 年 12 月 23 日—27 日，国家工业信息安全发展研究中心联合合作伙伴卡巴斯基举办工控系统信息安全专业技术培训班。本次培训面向具有一定工控安全工作经验的专业从业者。通过 5 天的现场授课及实操演练，分析国内外工业信息安全形势，解读《工业控制系统信息安全防护指南》，讲解安全事件应急响应流程、工控系统常见漏洞及专业工具操作使用方法，在涵盖丰富的病毒样本、网络流量 PACP 包及各种分析取证工具的虚拟机实验环境中进行实操演练。从网络协议、主机、PLC、Web 应用等多个层面进行溯源取证，使学员具备从事件触发到收集数据、检查评估，最终在工控系统环境中形成处理报告的能力。通过培训高效、快速地提升学员在工控系统鉴识分析、事件处理、应急响应与数字取证方面的专业技术水平。最后在真实的工控系统设备中进一步开展实操演练，对工控系统操作员站、PLC 和网络通信进行安全鉴识分析及响应，切实加强学员工控安全防护技术能力。

参考资料

1. 习近平对国家网络安全宣传周作出重要指示. http://www.gov.cn/xinwen/2019-09/16/content_5430185.htm。

2. 网络安全法. http://www.npc.gov.cn/wxzl/gongbao/2017-02/20/content_2007531.htm。

3. 关于印发《国家网络安全宣传周活动方案》的通知. http://www.cac.gov.cn/2016-05/19/c_1118888201.htm。

4. 国务院关于深化制造业与互联网融合发展的指导意见. http://www.gov.cn/zhengce/content/2016-05/20/content_5075099.htm。

5. 加强工业互联网安全工作的指导意见。

6. 中国信息安全测评中心，杭州安恒信息技术股份有限公司，猎聘网. 2019网络安全人才现状白皮书。

7. 程宇. 工业控制系统信息安全专刊（第六辑）。

工业信息安全产业概况及未来发展态势

贾若伦　吴月梅　胡心盈[1]

摘　要： 近年来，日益频发的工业信息安全事件和不断升级的国家级网络空间博弈态势引发全球关注。2019 年，国际方面，工业信息安全得到全球主要经济体的高度重视，行业用户安全意识稳步提高，技术创新演进持续深入，市场竞争合作日益激烈，全球工业信息安全产业进入蓬勃发展阶段；国内方面，我国工业信息安全政策标准日益完善，垂直行业工业信息安全建设提速，工业企业安全意识全面增强，工业信息安全保障技术水平显著提升，推动工业信息安全产业全面发展。2019 年，我国工业信息安全产业规模为99.74 亿元，市场增长率达 41.84%，产业发展保持快速上升之势。

关键词： 工业信息安全产业；产业规模；政策措施；技术创新；行业应用竞争格局

---

[1] 贾若伦，国家工业信息安全发展研究中心工程师，硕士，主要研究方向为网络安全产业、工业信息安全产业、工控安全、网络安全审查、网络安全意识教育等；吴月梅，国家工业信息安全发展研究中心工程师，硕士，主要研究方向为工业信息安全产业、工业互联网、网络安全战略规划和意识教育；胡心盈，国家工业信息安全发展研究中心助理工程师，硕士，主要研究方向为工业信息安全产业、工业互联网安全、工控安全。

Abstract： In recent years, the increasingly frequent industrial cyber security incidents and the escalating state-level cyberspace gaming situation have attracted global attention. In 2019, Internationally, the global industrial cyber security industry entered a stage of vigorous development as major economies around the world attach great importance, users' security awareness steadily increased, technological innovation and evolution continued to deepen, and market competition and cooperation became increasingly fierce. Domestically, China's industrial cyber security policy and standards were increasingly improved. Vertical sectors industrial cyber security construction sped up and industrial enterprises security awareness has been comprehensively enhanced and technology level has been significantly improved. All of these factors promoted the overall development of the industrial cyber security industry. In 2019, China's industrial cyber security market reached 9.974 billion yuan, with a growth rate of 41.84%. Industrial development has maintained a trend of rapid growth.

Keywords： Industrial Cyber Security Industry; Market Size; Policy Measures; Technological Innovation; Sector Application; Competitive Landscape

一、全球工业信息安全产业蓬勃发展

近年来，各国地缘政治博弈已经超越了实体空间限制，延伸到网络空间，能源、制造业和其他关键基础设施领域的工控系统正成为网络空间对抗的主战场。2019 年，工业信息安全得到全球主要经济体的高度重视，陆续采取政策措施完善产业发展环境，行业用户安全意识稳步提高，技术创新演进持续深入，市场竞争合作日益激烈，全球工业信息安全产业进入蓬勃发展阶段。

（一）全球工业信息安全产业规模稳中有增

据市场研究公司 Verified Market Research 分析，2019 年全球工业信息安全市场规模达 164.01 亿美元，预计到 2026 年将增长至 297.6 亿美元，年复合增长率为 8.83%。其中，运营技术（OT）安全仍然是增速最快的细分市场。据 Gartner 研究数据，2019 年全球 OT 安全支出达 3.8 亿美元，年复合增长率达 52%（见图 9-1）。另据市场研究公司 Market Watch 分析，预计到 2025 年，全球 OT 安全市场规模将增长至 35.31 亿美元。

图 9-1 OT 安全年支出和年复合增长率预测

资料来源：Gartner，国家工业信息安全发展研究中心综合分析。

在区域分布方面，据 Verified Market Research 的数据显示，2019 年北美地区工业信息安全市场增势稳定，市场规模约为 79.38 亿美元，占全球市场份额的近 50%。由于针对能源和制造业网络攻击数量的快速增长，欧洲工业信息安全市场规模持续扩大，约为 35.03 亿美元。随着中国、日本和印度等国家城市化和工业化不断深入，亚太地区工业信息安全市场增速加快，市场规模约为 31.12 亿美元（见图 9-2）。在工控安全领域，北美地区在政策监管、市场供给和技术应用等方面优势显著，市场规模稳居首位；

中东和非洲地区关键基础设施部门安全意识显著增强，工控安全市场增速仍保持领先。

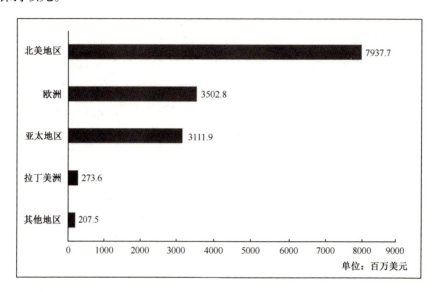

图 9-2　2019 年全球主要地区工业信息安全市场规模

资料来源：Verified Market Research，国家工业信息安全发展研究中心综合分析。

在行业应用方面，Verified Market Research 的数据表明，能源和公用事业（市政）领域仍然是工业信息安全的"主战场"，2019 年市场规模约为 52.32 亿美元。由于控制系统和物联网设备的广泛应用，交通运输行业工业信息安全需求显著增强，成为 2019 年增速最快的垂直行业，市场规模约为 31.87 亿美元。化工及制造业工业信息安全市场增速小幅放缓，市场规模约为 23.18 亿美元。其中，由于制造业间谍活动等网络威胁加剧，预计未来增速将进一步加快。

在产业结构方面，随着联网工控系统和设备数量的快速增长及频繁曝出的安全漏洞，加密解决方案需求旺盛，成为 2019 年增速最快的工业信息安全细分领域，年复合增长率达 8.59%。此外，事件应急响应、安全运营等风险管理服务市场发展迅猛，预计未来将成为工业信息安全增速最快的服务类市场。

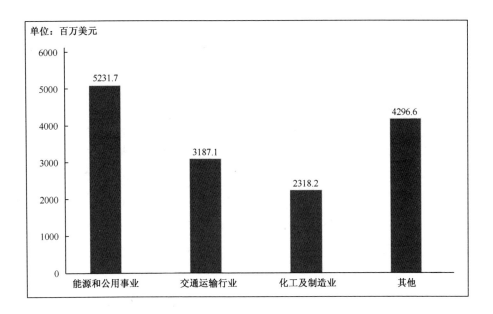

图 9-3　2019 年全球工业信息安全应用行业市场规模

资料来源：Verified Market Research，国家工业信息安全发展研究中心综合分析。

（二）主要国家和地区政策环境不断完善

当前，国际网络空间安全形势日趋复杂多变，关键基础设施领域网络攻防对抗越发激烈。2019 年，全球主要国家和地区陆续采取措施强化工业信息安全，持续完善产业发展环境。

1. 美国加大工业信息安全保障力度

美国长期以来高度重视关键基础设施领域的工业信息安全，从工作机制、资金预算、技术手段、产业协作等多个方面不断提升工业信息安全保障能力。

在工作机制方面，为进一步加强关键基础设施领域的网络安全，2018 年 11 月，美国众议院正式批准将美国国土安全部（DHS）的国家保护和计划局（NPPD）重组为网络安全和基础设施安全局（CISA），负责关键基础设施的网络和物理安全。2019 年，CISA 明确将工控安全作为主要任务之一。2019 年 4 月，CISA 发布了 55 个国家关键职能清单，强调关键系统和制造业工控安全防护的重要性，为开展关键基础设施领域的风险评估提供了依据。

在资金预算方面，美国在工业信息安全方面的投入连续走高。白宫发布的 2020 年联邦预算中近 110 亿美元被要求用于网络安全，关键基础设施保护仍然是预算投入的重点。其中，美国国土安全部（DHS）为工控安全增加了 1140 万美元的预算，用于加强工控安全培训、恶意软件分析、工控系统脆弱性分析、事件响应以及新兴行业和细分领域的安全评估。美国能源部（DOE）的网络安全、能源安全和应急响应办公室（CESER）将新增预算 1.56 亿美元，用于提升美国电网安全性和弹性的早期研究项目。

在技术手段方面，美国国土安全部坚持技术理念与实践应用并重，近年来向美国使用工控系统的工业企业用户提供了包括漏洞扫描、网络攻击监测与事件响应、恶意软件分析、漏洞披露等安全工具和资源。2019 年，CISA 强调将着力开发针对工控系统的新型检测响应技术和解决方案，以及将网络供给链理念和纵深防御理念应用于工控系统，降低工控安全领域的网络攻击和安全风险。11 月，CISA 还发布了网络安全评估工具（CSET）的 9.2 版，通过使用公认的政府和行业的标准和建议，指导资产所有者和运营者对控制系统网络进行合规性评估。

在产业协作方面，美国工业信息安全领域的各主管部门加强了与行业用户的协作。为了加强跨行业的协作和沟通，美国国会引入了《2019 年网络安全咨询委员会授权法案》，建立由 35 个来自包括制造业、能源、化工、运输等行业的网络安全专业人员组成的咨询委员会，为美国国土安全部提供网络安全政策建议和规则制定的指导。2019 年，CISA 多次表示，未来将持续加强与美国其他政府机构和关键基础设施领域私营部门在工控安全方面的协作。美国能源部也就如何加强电力、管道等能源行业基础设施安全等议题，积极征求产业界建议，加快能源领域工业信息安全保障建设。

2. 欧盟强化工业信息安全能力整合

为提升欧盟各成员国工业信息安全的防护能力和产业发展水平，欧盟近年来强化网络安全资源整合，聚焦产业多方协同。2019 年 1 月，联合国欧洲经济委员会（UNECE）明确将把工业信息安全领域最广泛应用的 ISA/IEC 62443 系列标准纳入《网络安全共同监管框架（CRF）》，作为联合国对欧洲政策立场的正式声明。2 月，欧盟宣布为"地平线 2020"的四个试点项目投入 6350 万欧元，汇集 26 个成员国的 160 多家企业、高校和网络安全研究机构，启动网络安全能力建设计划。5 月，欧盟网络与信息安全局（ENISA）发布《工业 4.0 网络安全挑战和建议》，指出了工业 4.0 和工业物联网面临的主要安全挑战，为产业各方开展工业信息安全工作和实践应用提供建议。

欧洲地区还通过组织开展网络安全演习、建立跨国网络防御项目等方式，积极推动工业信息安全领域的国际合作。2019 年，北约分别组织了代号为"锁盾"（Locked Shields）、"十字剑"（Crossed Swords）、"网络联盟"（Cyber Coalition）等的大型网络安全实战演习活动，促进各成员国提升工业信息安全综合防御能力。"锁盾 2019"演习聚焦与当前国家关系最密切的网络威胁，设置了包括净水系统、电网、海上感知能力等多个关键基础设施。"十字剑 2019"演习为提高网络红队成员在预防、检测和应对全面网络运营方面的技能，加入了大量工控系统、物理安全系统、无人机和海上监控系统的挑战场景。此外，为加强在能源基础设施方面的网络安全防御能力，立陶宛、拉脱维亚和爱沙尼亚等波罗的海诸国与美国能源部达成战略合作，保护波罗的海的能源网免受网络攻击。

3. 德国、新加坡等发达国家加快政策布局

作为工业 4.0 的发源地，德国政府不断加强工业信息安全管理体系建设。德国联邦信息安全局（BSI）自 2013 年发布《工业控制系统信息安全手册》以来，陆续出台多份工控安全实施建议文件。2019 年 2 月，BSI 发布《2019 年工业控制系统安全面临的十大威胁和反制措施》，指导工

控系统运营商、制造商和集成商做好工业信息安全防护工作。德国联邦教育与研究部（BMBF）也将工业信息安全领域的技术研究和创新作为优先任务，提升德国在工业关键基础设施领域的安全防护水平。

2019年，新加坡政府也强化了工业信息安全顶层设计。10月，新加坡网络安全局（CSA）发布《运营技术（OT）网络安全总体规划》，主要面向能源、水处理、交通等领域的关键信息基础设施运营者，通过扩大人才库、加强政府部门与私营部门的信息共享等方式，提高OT系统安全防御能力和网络弹性。

（三）行业用户安全意识稳步提升

1. 合规需求推动能源领域工业信息安全发展加速

能源领域作为各国国民经济发展的支柱型产业，近年来已成为工业网络攻击的重点目标。2019年3月，委内瑞拉爆发由古里水电站引起的大规模停电，美国西部地区电网运营商遭受DDoS攻击。以电力行业为代表的能源领域的安全性再次引发全球广泛关注。

为加强能源部门的工业信息安全，美国多个联邦机构纷纷采取措施。2019年2月，一家美国能源公司因违反近130条关键基础设施保护（CIP）标准，被北美电力可靠性公司（NERC）罚款1000万美元，这也是NERC到目前为止最高的罚款记录。6月，美国能源部以电力行业为基础发布了《网络安全能力成熟度模型2.0版》（C2M2），对1.0版的技术、实践和环境因素进行了调整，为工业企业提供用于评估其网络安全能力的工具。9月，美国国家标准与技术研究院NIST发布了《能源行业网络安全指南》，提供了有关能源组织如何识别和管理OT资产及检测与这些资产相关的网络安全风险的详细步骤。NIST下属的美国国家网络安全卓越中心（NCCoE）还建立了实验室环境，重点展示能源企业如何运用现有的安全能力来加强OT资产管理实践。

此外，美国能源部门还高度重视工业信息安全技术的创新研究人才培养工作。2019 年 10 月，CESER 发布了近 700 万美元的奖金，支持研究、开发和演示用于增强能源输送系统的网络安全下一代工具和技术。11 月，第五届 Cyber Force 竞赛在 DOE 的 10 个国家实验室举办，丰富了美国能源行业的工业信息安全专业人员培养形式。

2. 制造业工业信息安全意识有所提升

随着物联网、云计算、人工智能等新一代信息技术的广泛应用，制造业在加快数字化转型的同时，也面临激增的工业信息安全风险。2019 年 3 月，全球最大的铝生产商之一，挪威铝业巨头海德鲁受到勒索软件攻击；10 月，全球最大的自动化产品供应商德国皮尔兹（Pilz）公司遭受严重网络攻击，导致网络瘫痪，订单系统无法访问。

相较于电力、石油化工等流程型行业，制造业企业在工业设计和生产工艺方面独特的知识产权（IP）、生产和运营数据等的巨大经济价值，都使其成为网络间谍活动的主要目标。据 IT 服务提供商 Wipro 的研究显示，在暗网提供的全部关键资源或资产中，有 14% 来自制造业。另据英国制造业研究机构 MAKE 的报告，2019 年，60% 的英国制造业企业曾遭受网络攻击，其中 1/3 的企业遭受了经济损失或业务中断。

为应对制造业不断升级的工业信息安全风险，2019 年 9 月，CISA 发布了《关键制造业内部威胁项目实施指南》，强调必须对威胁进行连续、主动的监测，以确保关键操作的安全。据 Marsh 和微软联合开展的 2019 网络风险感知调查显示，2019 年全球制造业企业安全意识有较大提升，超过 75% 的制造业企业将网络风险列为组织最关注的五大问题。其中，22% 的制造业受访者将网络风险列为组织的头号风险关注点。

3. 交通、市政等重点领域投入仍显不足

数字时代的到来和通信技术的迅猛发展，推动了海运、航空、地面运输、城市轨道、管道等交通运输领域的加速变革。据 IBM 公司的 X-Force 威胁情报数据显示，交通运输行业已成为网络攻击的第二大优先目标。与

持续攀升的安全风险相比，交通运输行业在网络安全领域长期缺乏政策监管和实践指导，工业信息安全意识水平普遍较低。2019 年 12 月，美国一港口设施遭受 Ryuk 勒索软件攻击，导致港口运行瘫痪 30 多小时；同月，美国 RavnAir 航空公司遭到网络攻击，最终导致飞机维修等关键系统关闭。

水处理、供热、供水、供气等市政公用事业部门也是工业信息安全的主要应用部门之一。据西门子与波蒙研究院的调查显示，56%的市政企业每年至少经历一次网络攻击，并造成业务关停或运行数据丢失。另据 ABI Research 的报告预测，市政部门每年将投入 140 亿美元用于智能设备等数字基础设施领域，但与之相对应的工业信息安全投入增速仅为 55%，到 2023 年，工业信息安全投入仅为 80 亿美元。

（四）技术创新持续演进深化

近年来，随着 IT 与 OT 加速融合一体化，大数据、云计算、人工智能、区块链、5G、边缘计算等新技术在工业互联网领域快速应用。2019 年，工业信息安全技术在传统信息安全技术的影响和自身的发展下开始进入转型期，从被动防御向主动防御发展，逐渐进入落地阶段。

2019 年，ARC 更新了工业/OT 网络安全成熟度模型（见图 9-4），将企业工业信息安全项目建设分解为单个设备安全防护、外部攻击防御、访问控制（恶意软件等）、网络监测和入侵检测及主动威胁管理等一系列阶段。该模型明确了被动防御（深灰色）和主动防御（白色）的安全成熟度级别和所需的人员、流程和技术，为企业建立和管理工业信息安全项目提供参考。

安全研究机构 SANS 的调查报告显示（见图 9-5），2019 年，访问控制、物理和逻辑网络分区、安全意识培训、高级终端安全等基本的工业信息安全被动防护技术已经被用户广泛使用。网络安全监测和异常检测解决方案、软件定义网络分区、OT/控制系统安全中心、工业数据防泄露（DLP）等主动防御技术将在未来 18 个月被广泛使用。

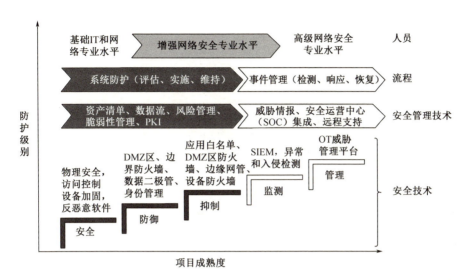

图 9-4 ARC 工业/OT 网络安全成熟度模型 2.0 版

资料来源：ARC，国家工业信息安全发展研究中心整理。

（五）市场竞争合作逐步升级

近年来，工业信息安全产品和服务市场持续发展壮大，获得资本市场的广泛青睐。2019 年，传统信息安全企业、国际自动化企业、工业信息安全初创企业、国际咨询机构、垂直行业龙头等工业信息安全产业链上下游企业共同发力，加快资本整合和战略合作步伐。

在传统信息安全企业方面，2019 年 6 月，思科公司宣布收购工业信息安全厂商 Sentryo，以提高其在 OT 安全资产发现、网络分区和 OT 安全运营方面的能力。12 月，全球知名漏洞管理网络安全公司 Tenable 宣布以 7800 万美元现金收购了以色列领先的 OT 安全解决方案提供商 Indegy。此次收购将充分融合双方在 IT 和 OT 方面的技术优势，为工业企业用户提供 IT/OT 安全风险的综合管理平台。此外，信息安全龙头企业派拓网络（Palo Alto Networks）也通过与 Radiflow、Cyber X 等初创企业的合作，将新型工业信息安全技术应用集成到其安全运营平台（Cortex）中。

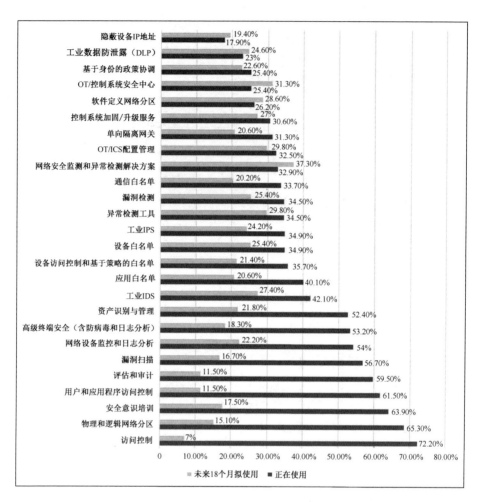

图 9-5　用户正在使用和未来 18 个月拟使用的技术和解决方案分布

资料来源：SANS，国家工业信息安全发展研究中心整理。

　　在自动化企业方面，西门子、霍尼韦尔等国际自动化巨头近年来不断完善工业信息安全领域的布局，依托自身庞大的工业客户基础，通过提供安全托管和安全咨询等服务进入安全市场。2019 年，罗克韦尔宣布在其工控系统相关产品中加入安全功能，并在工业信息安全服务方面取得 ISA/IEC 62443-2-4 的认证。ABB 也联合了 Cylance、Checkpoint 及微软等厂商建立了运行技术网络安全联盟（OTCSA），促进 IT 和 OT 运营者与行业领先解决方案公司之间的合作，进一步完善工业信息安全生态圈建设。

在工业信息安全初创企业方面，以 Claroty、Dragos、Nozomi Networks 等为代表的初创企业陆续凭借技术的持续创新性，在日益白热化的市场竞争中脱颖而出。同时，专注垂直行业工业信息安全应用的厂商也开始发挥行业知识和市场策略优势，引发资本市场的关注。专注铁路工业信息安全的以色列厂商 Cylus 于 2019 年 6 月获得由 Magma Venture Partners 和 Vertex Ventures 共同领投的 1200 万美元 A 轮融资；10 月，工业信息安全公司 FoxGuard Solutions 宣布被国际核能系统和设备供应商 Framatome 收购，并将优化 Framatome 在能源行业的工业信息安全产品和解决方案（见表 9-1）。

表 9-1 2019 年全球工业信息安全市场企业融资概况

时 间	厂 商	融资额/万美元	融资阶段	国 家
1 月	Xage Security	400	A+轮	美国
3 月	Mocana	1500	E+轮	美国
3 月	NexDefense（收购方：Dragos）	—	收购	美国
3 月	Cyber X	1800	战略投资	以色列
6 月	Sentryo（收购方：思科）	—	收购	法国
6 月	Cylus	1200	A 轮	以色列
10 月	FoxGuard Solutions（收购方：Framatome）	—	收购	美国
12 月	Indegy（收购方：Tenable）	7800	收购	以色列

资料来源：国家工业信息安全发展研究中心采集整理。

二、我国工业信息安全产业发展态势持续向好

（一）我国工业信息安全政策体系不断完善

随着信息技术与制造业的不断融合，云计算、物联网、5G 等新一代

信息技术日益成熟，工业领域的网络安全风险增多，如漏洞高发、安全事件频发，工业信息安全成为国家和企业高度关注的议题。近年来，为切实保障两个强国战略的实施，促进工业信息安全工作有效落实，我国不断加强工业信息安全顶层设计，在政策法规、标准工作等多方面完善工业信息安全政策体系建设。

2019 年，工业和信息化部、公安部、国家能源局、水利部等国家工业信息安全主管部门和行业监管部门密集出台了多项与工业信息安全相关的政策文件（见表 9-2），指导开展工控安全标准体系建设和工业互联网安全保障工作。

表 9-2　2019 年我国工业信息安全相关政策汇总

月　份	部　门	法　规
1 月	工业和信息化部	《工业互联网网络建设及推广指南》
3 月	工业和信息化部、国家标准化管理委员会	《工业互联网综合标准化体系建设指南》
4 月	工业和信息化部	《关于加强工业互联网安全工作的指导意见（征求意见稿）》
5 月	国家市场监督管理总局、国家标准化管理委员会	等保 2.0 标准：《信息安全技术网络安全等级保护基本要求》《信息安全技术网络安全等级保护测评要求》《信息安全技术网络安全等级保护安全设计技术要求》等国家标准
6 月	工业和信息化部、北京市人民政府	《国家网络安全产业发展规划》
8 月	水利部	《水利网络安全管理办法（试行）》
8 月	工业和信息化部、教育部等十部门	《关于印发加强工业互联网安全工作的指导意见的通知》
9 月	工业和信息化部等部门	《关于促进网络安全产业发展的指导意见（征求意见稿）》
10 月	全国人民代表大会常务委员会	《密码法》
12 月	工业和信息化部	《工业互联网企业网络安全分类分级指南（试行）》（征求意见稿）

资料来源：国家工业信息安全发展研究中心采集整理。

1. 聚焦工业互联网安全，引导效应凸显

2019 年，工业和信息化部陆续发布《工业互联网综合标准化体系建设指南》《加强工业互联网安全工作的指导意见》（简称《指导意见》）、《工业互联网企业网络安全分类分级指南（试行）》（征求意见稿）等多项政策文件，明确了工业互联网安全要求，为我国工业互联网安全保障体系建设提供了强有力的政策支撑。

3 月，由工业和信息化部、国家标准化管理委员会联合印发的《工业互联网综合标准化体系建设指南》正式发布，强调安全体系是工业互联网的保障，提出从防护对象、防护措施及防护管理 3 个维度构建工业互联网安全标准体系，明确了设备安全、控制系统安全、网络安全、数据安全、平台安全、应用程序安全、安全管理 7 项工业互联网安全重点标准化建设领域及方向。

8 月，由工业和信息化部等十部门联合发布《关于印发加强工业互联网安全工作的指导意见的通知》（简称《意见》），从企业主体责任、政府监管责任出发，围绕设备、控制、网络、平台、数据安全等方面，以健全制度机制、建设技术手段、促进产业发展、强化人才培育为基本内容，实现工业互联网安全的全面管理。《意见》进一步明确了工业互联网安全保障体系初步建立的近期目标和远期目标，也为工业互联网安全建设向法治化、制度化、专业化发展打下基础。

12 月，工业和信息化部发布《工业互联网企业网络安全分类分级指南（试行）》（征求意见稿），切实落实《意见》要求，指导企业开展分类分级工作，提高工业互联网企业网络安全防范能力和水平，促进企业落实网络安全主体责任。

2. 强化应用牵引，激发创新潜能

2019 年 5 月，工业和信息化部启动"2019 年工业互联网创新发展工程项目"并组织开展项目招标工作。工业互联网安全方向涵盖开发测试基础共性服务平台、网络信任支撑平台、网络安全公共服务平台等 14 个项

目，支持企事业单位开展工业互联网安全态势感知、安全综合防护、平台数据安全监测与服务等建设。同时，2019 年的创新发展工程首次开展了"面向工业企业、工业互联网平台企业等的网络安全解决方案供应商项目"招标工作，对于加快安全企业实施推广工业信息安全解决方案，培育工业信息安全产业生态起到了巨大的促进作用。

11 月，为推动工业互联网创新发展，工业和信息化部开展 2019 年工业互联网试点示范项目推荐工作。在 2020 年 2 月公布的试点示范项目名单中，共有 17 个安全方向项目入围（见表 9-3）。通过遴选一批标杆企业、样板工程，有利于探索面向垂直领域的工业互联网安全方向的应用场景，形成一批可复制、可推广的路径模式，促进工业互联网安全应用推广。

表 9-3　2019 年工业互联网试点示范项目名单（安全方向）

序　号	项目名称	申报单位	推荐单位
1	工业嵌入式软件信息安全测试及仿真验证平台	上海工业控制安全创新科技有限公司	上海市经济和信息化委员会
2	南京地铁宁高城际禄高段工程信号系统信息安全防护平台	上海三零卫士信息安全有限公司	上海市经济和信息化委员会
3	企业级工业互联网安全监测与态势感知平台	恒安嘉新（北京）科技股份公司	北京市通信管理局
4	基于异质协议数据融合的工业控制安全监控预警平台	北京安天网络安全技术有限公司	北京市经济和信息化局
5	华能新能源辽宁分公司风电场安全集中管控系统	北京天地和兴科技有限公司	北京市经济和信息化局
6	面向城市轨道交通的工业互联网平台安全防护系统	深圳信服科技股份有限公司	深圳市工业和信息化局
7	面向装备制造行业生产控制系统的安全防护解决方案	中国电子科技网络信息安全有限公司	四川省经济和信息化厅
8	基于商密算法的车联网 5G-V2X 通信安全认证防护平台	国汽（北京）智能网联汽车研究院有限公司	北京市经济和信息化局
9	上汽乘用车工业互联网安全态势感知平台	上海工业自动化仪表研究院有限公司	上海市经济和信息化委员会
10	面向智能制造行业的工业安全态势感知与监测预警平台	北京圣博润高新技术股份有限公司	北京市经济和信息化局

续表

序 号	项目名称	申报单位	推荐单位
11	面向混合云的工业数据安全防护系统	合肥城市云数据中心股份有限公司	安徽省通信管理局
12	企业级工业互联网安全运营平台	烽台科技（北京）有限公司	北京市经济和信息化局
13	贵州工业互联网平台安全监测与防护系统	贵州航天云网科技有限公司	贵州省工业和信息化厅
14	电力监控系统端点恶意代码防御系统	哈尔滨安天科技集团股份有限公司	黑龙江省工业和信息化厅
15	基于工业资产全息画像的工业互联网安全监测平台	南京中新赛克科技有限责任公司	江苏省通信管理局
16	工业互联网数据持续保护与预警防御平台	南京壹进制信息科技有限公司	江苏省工业和信息化厅
17	面向新材料行业的工业互联网平台安全综合防护系统	新疆众和股份有限公司	新疆维吾尔自治区工业和信息化厅

资料来源：国家工业信息安全发展研究中心采集整理。

3. 开启等保2.0时代，提升工控安全要求

2019年5月，国家市场监督管理总局、国家标准化管理委员会正式发布网络安全等级保护制度2.0系列核心标准，正式宣告进入等保2.0时代。相较于等保1.0，即GB/T 22239—2008《信息安全技术 信息系统安全等级保护基本要求》，等保2.0正式将工控系统作为五大新技术与重要应用之一，列出了扩展要求。随着等保2.0的发布，我国工控系统信息安全建设进程将大幅加快。同时，工控安全等级保护工作的落地实施，也将有效提升国内工业企业在工控安全方面的综合防护能力。

（二）我国工业信息安全产业规模增势强劲

当前，由于国内外缺乏对工业信息安全产业的公认界定，产业相关数据的统计口径也尚未建立，国家工业信息安全发展研究中心依托对国内外工业信息安全产业长期的跟踪调研，对我国工业信息安全产业规模的统计口径进行了调整，涵盖工业领域IT安全、OT安全、IT/OT融合安全，同

时还包括含有内嵌信息安全功能的工业自动化、信息化和网络基础设施等。

2017 年以来，我国工控安全、工业互联网安全政策标准日益完善，垂直行业工业信息安全建设提速，工业企业安全意识全面增强，工业信息安全保障技术水平显著提升，推动了工业信息安全产业的全面发展。2019 年，我国工业信息安全产业规模保持了快速上升之势，调研结果统计显示，我国工业信息安全产业规模为 99.74 亿元，市场增长率达 41.84%（见图 9-6）[2]。其中，工业互联网安全产业规模为 38.3 亿元，较 2018 年同比增长 51.62%。

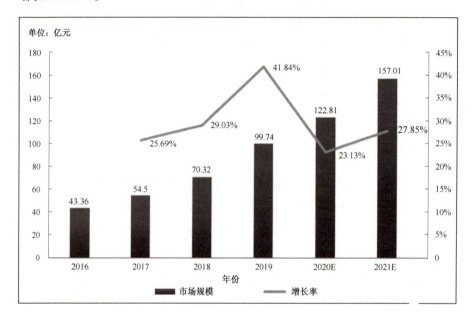

图 9-6　2016—2021 年我国工业信息安全市场规模及增长率

资料来源：国家工业信息安全发展研究中心采集整理。

在新一轮产业数字化转型的大背景下，工业互联网建设将全面加速，

---

[2] 国家工业信息安全发展研究中心对国内典型工业信息安全厂商 2019 年业绩进行了调研，结合国内工业信息安全市场公开招标情况、企业年报、其他相关产业报告等材料，对我国工业信息安全产业进行综合分析和预测。

安全保障仍是工业互联网的重点工作，产业内生需求有望进一步被激发，我国工业信息安全产业未来前景可期。与此同时，受2020年新型冠状肺炎疫情影响，我国工业信息安全产业发展也面临巨大的考验。经综合研判，预计2020年我国工业信息安全市场增长率将达到23.13%，市场整体规模将增长至122.81亿元。

（三）我国工业信息安全产业结构加速调整

从产业[3]结构来看，据《中国工业信息安全产业发展白皮书（2017）》，以外建安全为主的工业信息安全依据市场应用可以分为产品和服务两大类（见图9-7）。

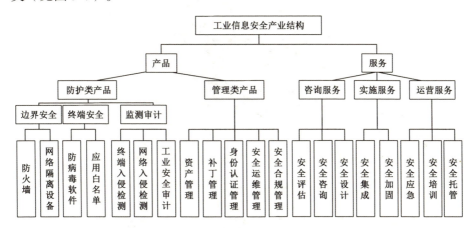

图 9-7　工业信息安全产业结构

资料来源：《中国工业信息安全产业发展白皮书（2017）》。

当前，随着工业信息安全技术的逐渐成熟，我国工业信息安全产品和服务已陆续从研究探索走向实践应用。2019年，我国工业信息安全产品类市场规模达30.303亿元，占市场总额的79%（见图9-8）。其中，防护

---

[3] 由于工业信息安全产业测算口径发生变化，此处工业信息安全产业范畴仅涵盖工业互联网外建安全部分，内嵌安全不包含在产业结构测算中。

类产品市场规模达 10.125 亿元，占市场总额的 26%。与 2017 年和 2018 年相比，防护类产品市场增速有所放缓。一方面，防护类产品的部署大多由合规需求驱动，与政策推进情况密切相关；另一方面，安全意识的提升和日趋复杂的工业现场环境，直接影响了用户在工业信息安全项目建设上的采购决策，单纯的工业防火墙、工业网闸、应用白名单等边界安全和终端安全产品已不能完全满足安全防护的需求。随着等保 2.0 的正式实施，防护类产品将作为整体解决方案中必备的基础安全措施，推动该类市场规模稳定增长。

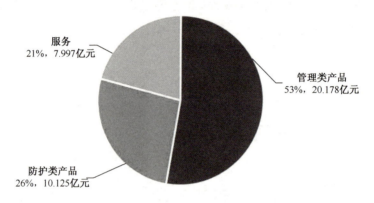

图 9-8　2019 年我国工业信息安全产业结构

资料来源：国家工业信息安全发展研究中心采集整理。

　　2019 年，我国工业信息安全管理类产品市场规模约为 20.178 亿元，占市场总额的 53%。我国工业信息安全管理类产品主要分布于态势感知、合规管理、安全运维管理等领域。2019 年，国家、地方和垂直行业涌现了大量的新增态势感知项目，其中，企业侧态势感知产品的部署和运营是该类市场快速增长的重要因素。未来在合规需求和内生需求的双重推动下，该类产品市场规模将进一步扩大。

　　我国工业信息安全服务类市场在 2019 年继续快速增长，市场规模近 7.997 亿元，占市场总额的 21%。其中，安全评估、安全应急和安全培训服务是推动该类市场增长的主要驱动力。随着国家针对关键信息基础设施

的网络安全演习扩大到电力、石油石化等诸多工业领域，工业企业用户的
渗透测试、攻防演习等应急类安全保障支撑服务需求明显增多。同时，等
保2.0出台后，工业安全评估体系逐渐完善，测评类评估需求将更为明确，
带动市场规模进一步扩大。此外，工业信息安全人才短缺的问题已逐渐凸
显，促使高校、科研院所等加大在工业信息安全培训方面的投入，带动了
安全培训服务和实训类产品的快速增长。

（四）我国工业信息安全行业应用显著增强

2019年，我国电力、智能制造、水利、交通等关键信息基础设施的重
点行业开始积极行动，纷纷在工业信息安全领域加大投入，行业应用格局
发生了较大的变化。

2019年，地方政府及科研机构在工业信息安全领域的投入稳中有增，
达2.97亿元，占市场总额的8%（见图9-9）。国家层面工业信息安全相
关政策的陆续出台，引起了地方政府和科研机构的高度重视。同时，2019
年工业互联网创新发展工程的发布实施和工业互联网安全方向试点示范
项目的遴选，也极大地促进了地方政府和科研机构在工业信息安全工程化
应用和产业化推广的投入力度。

2019年，电力行业工业信息安全投入仍保持高位，市场规模达15.62
亿元，市场占比达41%，稳居榜首。电力行业是我国目前工业信息安全建
设成熟度最高的行业，尤其是电网侧在安全防护类产品方面投入非常稳定。
2019年，国家电网明确打造"三型两网"战略目标，提出加快推进泛在
物联网建设。该战略在开启新一轮电力信息化建设高潮的同时，也带动了
安全防护的相关建设工作，进一步推进电网侧工业信息安全应用从基础防
护向可信互联、综合防御等方向演进。2019年7月，《电力信息系统安
全等级保护实施指南》正式实施，在依据国家标准并结合电力行业实际的
基础上，提出了电力信息系统安全等级保护实施工作的标准，为电力行业
工业信息安全应用的深化起到了重要的指导作用。

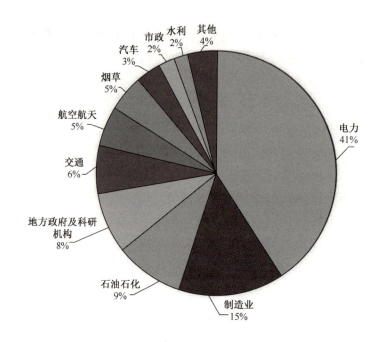

图 9-9 2019 年我国工业信息安全行业应用情况

资料来源：国家工业信息安全发展研究中心采集整理。

　　随着工业互联网的纵深发展，离散制造业的工业信息安全应用取得了高速发展。2019 年，机械加工、装备等高端制造业工业信息安全市场规模达 5.55 亿元，市场占有率达 15%，跃居第二位。与电力、石油石化等典型流程行业不同，离散制造业工业信息安全应用主要集中于工业互联网平台安全和数据安全防护，产品类型仍通过对传统信息安全产品的改进来实现。

　　石油石化行业 2019 年工业信息安全市场规模达 3.46 亿元，市场占有率为 9%，位居第三。相较过去两年的快速增长，石油石化行业工业信息安全应用进入了战略调整阶段。由于缺乏明确的行业应用指导，石油石化行业工业信息安全项目建设较为零散，安全防护需求目前仍集中于边界隔离和安全加固，行业应用以防护类产品为主。

　　此外，2019 年交通、水利等行业的工业信息安全市场增速加快。2019

年 8 月，中国城市轨道交通协会团体标准《智慧城市轨道交通信息技术架构及网络安全规范》正式发布，强化行业建设规范，为城市轨道交通工业信息安全建设提供了重要参考。同月，水利部印发《2019 年水利网信工作要点》，明确提出要全面构建网络安全防线，并通过开展水利关键信息基础设施网络安全态势感知示范工程，推动行业加快工业信息安全建设。

（五）我国工业信息安全市场竞争合作加快

伴随着现代制造业数字化、智能化、网络化的快速发展和政策体系的完善，2019 年国内工业信息安全赛道涌现了一批新玩家及跨界选手，市场竞争日益加剧。总体来看，国内的工控系统厂商、传统信息安全厂商及系统集成商都将一定的研发力量投入了工业信息安全的研究及产品研发领域，并力争在工业信息安全领域获得先发优势。

据统计，2019 年约 266 家国内企业涉及工业信息安全业务，较 2018 年增长 50%。其中，传统信息安全背景厂商最多，占总体数量的 55%；专注工控安全厂商数量和系统集成商数量几乎持平，行业整体集中度有所下降（见图 9-10）。

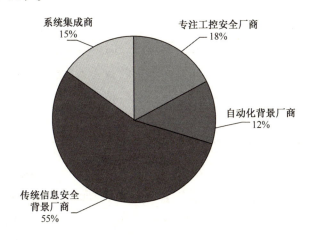

图 9-10　2019 年我国工业信息安全行业应用情况

资料来源：国家工业信息安全发展研究中心采集整理。

与 2018 年相比，2019 年工业信息安全市场的竞争格局主要呈现以下变化趋势：

一是国家队入局工业信息安全行业。中国电科相继入股绿盟科技、南洋股份，与中国网安、卫士通一起构成了网络安全领域的"集团军"。中国电子投资奇安信，结合原有的"PK 体系"，提出了内生安全的理念。这也意味着，国家资本针对工业信息安全产业布局趋向纵深发展，一方面彰显了其看好网络安全市场前景；另一方面也为安全企业的发展提供重要资源支持，将有力地推动我国网络安全产业做大做强。

二是集成商中工业互联网平台供应商数量显著增多，海尔、华为、阿里巴巴等产业巨头公司纷纷入局，通过在现有的工业互联网平台中集成安全功能，强化在工业信息安全领域的竞争优势。同时，由于平台型厂商的客户资源优势，系统集成商与安全厂商间也形成了更错综复杂的竞争合作关系。

三是科创板开启了新兴安全厂商的上市通道。2019 年国内融资并购总金额达 108.3 亿元，工控安全是重要领域。科创板的推出极大地提升了工业信息安全初创企业和资本方的信心。以安恒信息为代表的科创板新贵也正积极布局工控安全及工业互联网安全产品升级等项目，继续深耕工业信息安全领域。

四是工控安全初创公司融资捷报频传。2019 年年初，工业互联网安全、云安全服务商六方云完成由上海盛宇领投的数千万元融资。作为国内领先的专注工业信息安全服务的初创企业烽台科技在 2019 年上半年连续完成贵阳创投的千万级天使轮融资和启明星辰的战略投资，正式成为启明星辰在工业信息安全领域的重要生态合作伙伴。此外，成立于 2018 年的融安网络也于 2019 年 6 月获得由君盛投资的数千万元 A 轮融资。进入 2019 年下半年，工业信息安全"赛道"上的资本角力更为激烈。10 月，工业互联网安全企业长扬科技宣布完成由基石基金、合创资本等 4 家机构投资的数千万元 Pre-B 轮融资。同期，天地和兴再创融资新高，完成由毅达资本领投，广州国资黄埔智造基金跟投的 C 轮和战略投资方中兴、松禾资本的 C+轮,融资规模近 2 亿元(见表 9-4)。

表 9-4 2019 年我国工业信息安全初创企业融资情况

序　号	企业名称	时　间	投资机构	轮　次	金　额
1	六方云	2018-12-11	盛宇投资	战略投资	数千万元
2	烽台科技	2019-2-19	贵阳创投	天使轮	—
		2019-5-16	启明星辰	Pre-A 轮	—
3	长扬科技	2019-3-11	合创智能基金	A+轮	数千万元
		2019-10-15	合创资本、 杭州汉京西成股权投资 合伙企业(有限合伙)、 基石基金、 深圳丰厚尚德创业投资 中心	Pre-B 轮	数千万元
4	融安网络	2019-6-21	同威资本、 君盛投资	A 轮	数千万元
5	天地和兴	2019-10-25	松禾资本、 中兴创投、 毅达资本、 广州国资黄埔智造基金	C 轮 C+轮	近 2 亿元
6	珞安科技	2019-11-12	加盛巢生壹号基金、 同创伟业、 三一集团有限公司	A 轮	数千万元
7	博智安全	2019-12-20	中科科创等	C 轮	1.5 亿元

资料来源:国家工业信息安全发展研究中心采集整理。

展望 2020 年,工业信息安全产业整体竞争将更为激烈,产业链相关方将发挥各自技术、市场和资源的优势加速布局,聚焦行业痛点问题,将技术突破、模式创新与产业实际需求相结合,形成更多面向特定场景、具有更大价值的行业解决方案。

参考资料

1. 中国工业信息安全产业发展白皮书（2018—2019）. https://mp.weixin.qq.com/s/dlXV7LskaGW-mr_FASTiuQ。

2. https://www.verifiedmarketresearch.com/product/global-industrial-cybersecurity-market-size-and-forecast-to-2025/。

3. https://www.marketwatch.com/press-release/operational-technology-ot-security-market-2019-worldwide-analysis-by-top-players-global-size-emerging-technologies-segmentation-business-revenue-cagr-industry-trends-share-and-forecast-till-2025-2019-09-30。

4. https://www.scitecheuropa.eu/european-cybersecurity/94049/。

5. https://ccdcoe.org/news/2019/exercise-crossed-swords-2019-integrates-cyber-into-full-scale-of-operations/。

6. https://www.pesmedia.com/manufacturing-cyber-security-crime-uk-industry/。

7. 2019 Global Cyber Risk Perception Survey manufacturing Industry Report，Marsh and Microsoft。

8. https://assets.new.siemens.com/siemens/assets/api/uuid:35089d45-e1c2-4b8b-b4e9-7ce8cae81eaa/version:1572434569/siemens-cybersecurity.pdf。

9. www.abiresearch.com。

10. arcweb.com/blog/users-need-enhanced-ot-network-monitoring-capabilities-support-future-requirements。

11. SANS, 2019 State of OT/ICS Cybersecurity Survey。

12. 中国工业信息安全产业发展白皮书（2017）。

13. 李少鹏. 2019 年网络安全大事记. 数世咨询. http://mp.weixin.qq.com/s/APOEaYrubmWupFRPbbjfkw。

人工智能赋能工业互联网安全保障能力建设

周昊　王冲华[1]

摘　要： 近年来，党和国家高度重视工业互联网安全工作，国务院、工业和信息化部等多个机构发布多份相关政策文件，对工业互联网安全保障体系作出重要部署，重点强调人工智能等新技术在工业互联网安全领域的应用。随着新一代信息技术的快速发展，人工智能应用技术已经日渐成熟，其自身特点使得人工智能技术在工业互联网安全领域的应用极具优势。利用人工智能技术可以为威胁检测、态势感知、主动防御及决策分析等方面提供有力支撑。然而，人工智能技术在工业互联网安全领域的应用仍存在一定的挑战，需从标准化制定、完善应用审查及评测机制等方面进行完善。

关键词： 工业互联网安全；人工智能应用；网络安全

Abstract : In recent years, the Communist Party of China and the country have attached great importance to Industrial Internet Security. The State Council, Ministry of Industry and Technology, and other institutions have issued a number of relevant policy documents to make an

---

[1] 周昊，国家工业信息安全发展研究中心助理工程师，硕士，研究方向为工业互联网安全、人工智能安全、安全大数据分析；王冲华，国家工业信息安全发展研究中心工程师，博士，研究方向为工业互联网安全、工业云安全、边缘计算安全、网络与系统安全、网络攻防技术。

important deployment of the industrial internet security system, focusing on the application of new technologies such as AI in Industrial Internet Security. With the rapid development of the new generation of information technology, the application of AI technology has become more and more mature. Its own characteristics make the application of AI technology in Industrial Internet Security show great advantages. Using AI technology can provide strong support in threat detection, situation awareness, active defense and decision analysis. However, there are still some challenges in the application of AI technology in Industrial Internet Security, which need to be improved from standardization formulation, application review, evaluation mechanism and so on.

Keywords: Industrial Internet Security; Application of AI; Network Security

　　智能系统、智能感知、智能网络、智能计算等新理论、新技术的日渐完备，促使人工智能进入了快速发展的新阶段。近年来，世界各国政府高度重视人工智能发展战略，加强顶层设计，成立专门机构统筹推进人工智能应用战略实施。而工业互联网安全作为国家安全的重要组成部分，正逐步被网络攻击威胁渗透，其安全需求呈现自动化、智能化、动态化态势。在此形势下，人工智能技术在工业互联网安全领域的应用需求迅速增加。

一、人工智能技术应用日渐成熟

　　人工智能作为引领未来的战略性技术，引起了各国政府的高度重视。世界各国纷纷加紧出台政策，强调发展与安全同步进行；学术界研究持续火热，科技成果陆续浮现；科技企业开始关注人工智能安全产业布局，力争在人工智能应用市场抢占先机。

（一）各国政府高度重视，加紧出台政策规划

一方面，美国、欧盟、日本等国家和地区纷纷从战略上布局人工智能，加强顶层设计，成立专门机构统筹推进人工智能战略实施并同步强调人工智能与其他领域的结合。美国成立了"国家人工智能安全委员会"并发布《国家人工智能研究与发展战略计划》《利用标准化降低人工智能安全风险》《国家安全战略》等一系列文件为人工智能安全健康发展提供坚实保障。欧盟国家发布了《人工智能：未来决策制定的机遇与影响》《人工智能时代：确立以人为本的欧洲战略》《人工智能协调计划》等文件推动人工智能在大数据、物联网、网络安全等领域的融合应用。另一方面，我国发展人工智能在工业互联网安全领域的应用具有良好基础。我国印发实施了一系列政策指导文件，从关键技术研发与突破、创新应用推广和产业协同发展等方面提出了一系列保障措施。经过多年的积累与沉淀，我国已经形成了人工智能应用发展的独特优势。2018年10月31日，习近平总书记在中共中央政治局第九次集体学习时指出，积极培育人工智能创新产品和服务，推进人工智能技术产业化，形成科技创新和产业应用互相促进的良好发展局面。人工智能已经连续3年被写入政府工作报告，并相继发布了《新一代人工智能发展规划》，提出要加大人工智能研发和应用力度，最大限度发挥人工智能潜力。工业和信息化部印发《促进新一代人工智能产业发展三年行动计划》，要求鼓励新一代人工智能技术在工业领域各环节的探索应用，提升智能制造关键技术装备创新能力，培育推广智能制造新模式。《加强工业互联网安全工作的指导意见》中要求，探索利用人工智能、大数据、区块链等新技术提升工业互联网安全防护水平。

（二）人工智能在安全领域应用的学术研究持续火热

近年来，利用人工智能助力网络安全的相关论文频频在 IJCAI、

USENIX Security、CCS 等人工智能和网络安全领域顶级学术会议上发表。自 2017 年起，网络安全领域 TOP4 会议 CCS 连续 3 年开设人工智能安全相关主题论坛，开展基于人工智能的网络安全前沿技术交流。在 2017 年 2 月举办的 RSA2017 大会上，国内外专家、学者就人工智能在抗恶意代码领域的应用纷纷发表了各自的意见，其中包括麻省理工学院、宾夕法尼亚大学在内的多个国家实验室和大学实验室也在此领域开展了深入研究。

（三）产业格局正在形成，科技企业纷纷布局

在产业界，科技企业积极卡位布局，持续关注人工智能安全动向。IBM、谷歌、亚马逊等巨头，凭借其长期以来的技术积累，利用人工智能技术自动分析威胁，通过接收多来源警报，实现了合规性自动化迅速检测、响应，帮助内部网络安全团队管理和排除潜在风险。国内以百度、阿里巴巴、腾讯、360 为代表的互联网企业，基于现有的技术优势和产品特点，将人工智能算法应用于预测、鉴定、阻止恶意软件，缓和零日攻击造成的破坏，抢占人工智能安全前沿阵地。瀚思科技、青莲云等安全初创公司利用行为分析与深度学习算法，实现企业中异常网络安全行为的自动化检测。

二、人工智能在工业互联网安全领域应用极具优势

高性能感知能力的迅速提升、泛在网络连接的维度和广度逐步加深、先进数字计算的快速演进、深度神经网络算法的应用落地，促使人工智能技术呈现出爆发式的发展趋势。将人工智能与工业互联网安全深度融合应用，充分发挥人工智能的优势，可以在某种程度上解决一些传统方式难以解决的问题。

（一）人工智能能够检测识别未知安全威胁

确保工业互联网安全、高效、可靠地运行需要具备及时检测、了解网

络中的各类威胁的能力，然而工业互联网网络存在数据流量大、数据传输路径多、网络设备 IP 化的新特点，致使工业互联网安全监管的难度增大，具有一定程度的不确定性和不可知性。传统的特征匹配方法对不确定、不可知的安全威胁几乎无能为力。而人工智能技术具备一定的学习能力，可以不断地提升自身的知识水平，具有处理不确定信息的能力。人工智能通过对历史数据的推理学习，从海量数据中快速提取有效信息，生成网络行为历史基线，从而可以在不明确信息的情况下对未知的情况进行相应的处理。人工智能对未知威胁的检测能力较强，特别是在对工业互联网异常行为检测等应用场景下的模糊非精准识别和匹配方面，尤其突出。

（二）人工智能技术可以提高计算效率

传统网络安全技术需要耗费巨大的计算资源。在工业互联网领域，往往采用的是低功耗、低时延的设备，无法提供强大的计算能力来保障工业互联网安全。但是通过引入人工智能之后，采用模糊控制等一些控制算法，利用最优解一次性完成计算任务，同时边缘化部署轻量级安全检测模型，可以有效减少计算资源消耗，大大提高网络运算的速率，为保障工业互联网安全、实时、可靠地运行创造了很好的条件。

（三）人工智能技术具备快速反应及精准识别能力

人工智能方法在解决工业互联网领域中人力所不及的快速反应及精准识别方面具备天然优势，可以在第一时间发现和识别预防威胁，并立即启动应急响应，进而全面提高对工业互联网安全威胁攻击的识别、响应和反制速度，从而起到减少人工参与、简化流程、降低成本、减小损失的作用，既可以提高工业互联网安全中预测、防范、检测、管控等各风险环节的自动化和智能化程度，又能提升响应速度和判定的准确率。

三、人工智能赋能工业互联网安全

当前，人工智能在工业互联网安全领域的应用日益广泛，人机交互、自然语言处理、深度神经网络、聚类/分类等人工智能技术应用在工业互联网安全防御中涌现出众多研究成果。运用人工智能赋能工业互联网安全，主要体现在安全检测、态势感知、应急响应、辅助决策、高级威胁分析等诸多方面。

（一）人工智能助力工业互联网安全检测

利用人工智能强大的学习、反馈、计算能力，针对海量、多维的工业互联网数据进行聚合、分类、结构化处理，可以及时、有效地检测、识别各类网络安全威胁，从而提升安全检测效率、精准度和智能化程度。一方面，人工智能可以提升网络安全检测效率。通过对网络日志、网络流量等数据进行采集、预处理、特征提取、汇聚分析，利用人工智能技术中的基于统计学习的异常检测方法、基于浅层学习的分类聚类算法、基于规则推理的关联分析算法等智能算法，实现对异常网络行为、DDoS、僵尸网络等安全威胁的检测。其中，人工神经网络、专家推理系统、相关性分析等人工智能技术都是行之有效的工业互联网安全检测技术。另一方面，人工智能可预测恶意软件的执行行为。通过使用监督学习算法和关联知识图谱，对工业互联网 App 的函数、接口调用关系、执行序列等信息进行学习，提取恶意代码的内外特征，形成恶意软件家族关系图谱，对恶意代码的进化演进方向进行预测，在恶意代码执行前进行主动防御，较传统的基于动静态分析的特征检测、启发式检测技术，可以大幅度提升检测的准确率。

（二）利用人工智能关联性安全态势分析，可全面感知工业互联网内外部安全威胁

工业互联网推动了"人—机—物"的全面互联，由人、机、物构成的特定环境可能会发生快速变化，极易产生非线性、随机性、不确定性等系统特征，因此需要足够的时间和信息对其及相互之间的关系进行整体、系统的趋势分析。基于人工智能的工业互联网安全态势感知，利用数据融合、深度挖掘、关联分析等方式对工业互联网的组件信息、安全日志、网络流量、操作行为等各种网络安全要素数据进行多源汇聚融合处理，通过智能算法训练生成安全态势模型，进行综合性安全事件关联分析，构建安全性精细度量，建立安全事件闭环工作流，辅以可视化分析技术，直观显示、预测网络安全整体态势，准确检测网络入侵行为，提升入侵行为排查效率。并根据事件的处理结果，形成反馈机制，及时更新安全检测模型，在不断的自学习过程中提高系统的防御水平，进而构建智能化工业互联网安全威胁态势感知体系，为工业互联网安全预警防护提供保障。

（三）人工智能助力工业互联网应急响应，可构建主动安全防御体系

随着信息技术的发展，当前的网络安全防御手段向更快、更精确的方向加速演进。借助人工智能的学习和进化能力，将安全分析师在长期的安全运维实践中摸索出的、有效的安全事件分析和处置流程固化成可自动运行的分析模型，并结合当前安全策略和威胁情报形成"智慧安全大脑"。同时根据当前工业互联网安全态势主动调整已有安全防护策略，实现本体建模和知识图谱事件自动化处置，提升对安全事件的响应速度。以此实现工业互联网的全面感知、智能协同和动态响应，构建主动、安全的防御体系。

（四）人工智能辅助工业互联网安全人员分析决策

当前，工业互联网网络环境越发复杂，攻击手段越发隐蔽，安全运维的难度也越来越大。在工业互联网运行环境中运行的设备种类及交互协议种类繁多，安全分析人员要处理的数据规模与其处理能力严重不匹配，许多攻击告警得不到及时响应，这是造成用户虽部署了安全设备但仍然无法及时发现、阻断、拦截入侵并及时进行应急处置的主要原因。利用人工智能技术，通过智能算法对原始数据进行预处理，进行多类型工业协议分析及多语义数据结构化处理，构建出如工业设备指纹库、工业恶意行为指纹库等多类型、高精度的专业知识库，以此减少分析人员的数据处理压力，助力安全分析人员作出正确判断。

（五）人工智能助力工业互联网 APT 攻击分析

近年来 APT 攻击已由传统的互联网安全领域渗透至工业互联网安全领域。由于工业互联网安全企业既不能先于用户企业获取到攻击样本，又无法在每个用户企业安排专人进行安全值守，因此无法及时有效地应对随时可能受到的 APT 攻击。利用人工智能算法的智能"拟人"分析能力，通过边缘计算、嵌入式部署等方式将工业互联网安全厂商的安全分析能力前置到用户企业的网络环境中，就能够在第一时间识别、分析、阻断、解决用户企业时刻面临的高级威胁。

四、人工智能赋能工业互联网安全面临的挑战

（一）人工智能会带来双刃剑效应

一是人工智能可被武器化，助力网络攻击。人工智能的自我学习能力和自组织能力可用于自动瞄准更具吸引力的目标，提高网络攻击效率。研究人员使用一张人工智能算法生成的图片，就可以让广泛用于手机、门禁

和支付上的 Face ID 人脸识别系统出错。二是人工智能可能被滥用,威胁个人隐私。人工智能技术的应用强化了数据采集和深度挖掘能力,造成了一定程度上的隐私泄露风险,甚至可能导致数据匿名化等安全保护措施无效。剑桥分析公司通过智能数据挖掘的方式获得了海量的美国公民信息,借此实施各种政治宣传和非法牟利活动。三是人工智能可能决策失误,威胁人身安全。人工智能系统一旦受到外部网络攻击或由于自身错误形成感知、认知偏差,可能会影响系统的正常运行,甚至危及人身安全。2016年,在中国高新技术成果交易会上,一个儿童机器人由于决策系统出现错误,反复撞击展台,造成一人受伤。

(二)人工智能技术应用环境的依赖性较强

目前,应用基础环境要求过高是人工智能技术在工业互联网安全场景落地应用的重要障碍之一。一方面,人工智能的应用要求不仅涉及数据的获取,还涉及网络通信传输速度及相关设备的配套,数据、算法、算力是人工智能发挥作用的先决条件。目前,我国的基础设施环境尚不能满足人工智能在工业互联网安全领域的大规模应用。随着 5G 通信的落地应用和工业互联网、物联网的基础网络建设和发展,未来应用基础环境会得到一定程度的改善。另一方面,人工智能应用意愿和能力弱。虽然我国一些科研机构、工业互联网安全企业和大型工业互联网企业也展开了人工智能在工业互联网安全领域的研发应用,但是受技术储备、资本规模和人才等因素影响,人工智能应用并未被大部分工业互联网企业主动纳入安全战略规划,而仅仅是简单的被动跟随。

(三)现有人工智能安全技术尚未充分挖掘数据价值

当前,我国人工智能在工业互联网安全技术中的应用尚处于探索阶段。一方面,人工智能在工业互联网安全的应用较为简单,目前多以模型检测为主,且受限于算力、技术和基础环境整合等方面因素,尚无法将其全面应用到生产环境当中。另一方面，数据是人工智能的生产资料，充分发挥人工智能赋能效用的关键之一是建立智能数据收集和分析模型。目前，我国工业互联网网络、平台建设正处于快速发展阶段，企业的各项数据尚未做到全面的互联互通，数据类型、格式等存在分散和不规范等诸多难题。工业企业、平台企业、安全企业等均尚未建立有效的数据资产架构规划与数据资产管理手段，采集、传输、存储、使用、销毁等数据生命周期供应链尚不健全，无法深入挖掘数据的有效价值，导致人工智能在工业互联网安全领域的应用进展缓慢。

五、对策与建议

人工智能是一把双刃剑，稍有不慎将危害国家安全，需从顶层设计层面对人工智能应用开展研究，明确安全方向，有效规避安全风险，才能更加有效地赋能工业互联网安全。

（一）推动人工智能应用标准化工作，完善标准制定

完善人工智能应用及安全标准体系，推动人工智能在工业互联网安全、智能制造等领域应用的相关国家标准和行业标准的制定工作，明确相关安全评估指标、方法和要求。推动人工智能国际标准化工作，集聚国内产、学、研优势资源参与国际标准研制工作，提升国际话语权。

（二）建立关键基础设施人工智能应用准入性审查机制

在政务系统、能源化工、生产制造、交通运输等影响国计民生和公共安全的关键基础设施领域中，应当进行人工智能应用的准入性审查，加强人工智能在关键基础设施领域应用的可控性、适配性和安全性审查。

（三）展开评估技术研究，建立健全测评机制

引导研究人工智能产品和应用的安全评估测评技术，逐步积累安全检测样例库、测试样本库等知识资源和研发测试工具集，提高人工智能产品和应用的安全评估测评能力。

（四）探索平台开源化，促进产业链提升

开源的人工智能技术平台可以帮助开发者直接使用已经成熟的开发框架、学习模型、测试数据，减少二次开发工作，提高效率，促进业界紧密合作和交流。通过技术平台的开源化，可以扩大技术规模，整合技术和应用，有效提升人工智能对工业互联网安全的促进作用。

参考资料

1.　关于深化"互联网+先进制造业"发展工业互联网的指导意见，2017-11。

2.　工业互联网发展行动计划（2018—2020 年），2018-6。

3.　加强工业互联网安全工作的指导意见，2019-7。

4.　新一代人工智能发展规划，2017-7。

5.　促进新一代人工智能产业发展三年行动计划（2018—2020 年），2017-12。

6.　人工智能数据安全白皮书（2019 年），2019-8。

区块链技术助力工业互联网安全能力建设

余果　王冲华[1]

摘　要：随着网络安全风险逐步向工业领域转移，安全形势愈加复杂，风险日益加大，工业互联网正在成为网络安全的主战场。区块链技术越来越受到政府机关和国际组织的重视，政策方面出台多项规范文件积极引导，技术方面方案设计与性能提升同步推进，产业方面创新应用与传统改良稳步进行。区块链技术符合工业互联网场景需求，发展区块链技术有利于抢占新一代信息技术主导权，利用区块链技术能够为工业互联网安全注入新动能。区块链技术能够从保障数据安全、实现可信共享协作、支撑监管审计、促进安全事件联动响应、提升攻击恢复能力及加强核心技术安全等多方面助力工业互联网安全能力建设。为了应对当前区块链技术性能受限、新技术的安全问题及前沿技术配套生态发展不平衡等问题，建议从关键技术突破、协同创新及人才培养几个方面综合施措，推动区块链技术助力工业互联网安全能力建设。

关键词：工业互联网安全；区块链；安全能力建设

---

[1] 余果，国家工业信息安全发展研究中心助理工程师，硕士，研究方向为工业互联网安全、工业互联网标识解析安全、区块链技术；王冲华，国家工业信息安全发展研究中心工程师，博士，研究方向为工业互联网安全、工业云安全、边缘计算安全、网络与系统安全、网络攻防技术。

Abstract： At present, network security risks are constantly shifting to the industrial field. The security situation is becoming increasingly complex and the risks are expanding. The industrial Internet is becoming the main battlefield of network security. Blockchain technology is receiving more and more attention from government institutions and international organizations. A number of regulatory documents have been issued to actively guide the policy development. Technical solution design and performance enhancement have been promoted simultaneously. Industrial applications and traditional improvements have been steadily progressing. Blockchain technology meets the needs of the industrial Internet scenario. The development of blockchain technology is conducive to seizing the dominance of the new generation of information technology. Using blockchain technology can inject new momentum into industrial Internet security. Blockchain technology can help with the construction of industrial Internet security capabilities in a variety of ways, including ensuring data security, achieving trusted shared collaboration, supporting regulatory audits, promoting joint response to security incidents, improving attack recovery capabilities, and making core technology more secure and reliable. In order to cope with the current limited technical performance of the blockchain, the security problems of new technologies, and the imbalance of the ecological development of the cutting-edge technology, it is recommended that comprehensive measures should be taken from key technological breakthroughs, collaborative innovation, and personnel training to promote blockchain technology strengthening the security capacity construction of industrial Internet.

Keywords: Industrial Internet Security; Blockchain; Security Capacity Construction

一、区块链技术与工业互联网安全

（一）区块链技术发展应用受到全球关注

区块链是分布式数据存储、点对点传输、共识机制、加密算法等计算机技术的新型应用模式，本身具有去中心化、数据透明、不可篡改、集体维护等特点。区块链作为下一代全球信用认证和价值互联网基础协议之一，越来越受到各国政府和国际组织的重视，政策方面出台多项规范文件积极引导，技术方面方案设计与性能提升同步推进，产业方面创新应用与传统改良稳步进行。

1. 各国政府高度重视，多方施措推动发展

我国政府积极鼓励探索技术应用，尝试加速区块链的落地应用，服务实体经济，构建新型数字经济。2019 年 10 月 24 日，中共中央政治局就区块链技术发展现状和趋势进行第十八次集体学习。习近平总书记在主持学习时强调了区块链技术的集成应用在新的技术革新和产业变革中的重要作用，提出要把区块链作为核心技术自主创新的重要突破口，明确主攻方向，加大投入力度，着力攻克一批关键核心技术，加快推动区块链技术和产业创新发展。2016 年 10 月，工业和信息化部发布《中国区块链技术和应用发展白皮书（2016）》，正式介绍了中国区块链技术的发展路线蓝图及未来区块链技术标准化的方向和进程。2016 年 12 月，国务院印发《"十三五"国家信息化规划》，首次将区块链技术列入国家级信息化规划内容。2017 年 1 月，国务院办公厅发布《关于创新管理优化服务培育壮大经济发展新动能加快新旧动能接续转换的意见》，提出将区块链和人工智能、能源互联网、大数据应用等其他技术交叉融合，构建若干产业创新中心和

创新网络。2019 年 1 月，国家互联网信息办公室发布《区块链信息服务管理规定》，为区块链信息服务的提供、使用、管理等提供有效的法律依据。2019 年 8 月，国家发展和改革委员会审议通过了《产业结构调整指导目录（2019 年本）》（简称《目录》），《目录》在"鼓励类"信息产业中增加了"大数据、云计算、信息技术服务及国家允许范围内的区块链信息服务"，是我国区块链发展的重要支持性文件。2019 年 8 月，工业和信息化部、教育部、人力资源和社会保障部等十部门联合印发《关于印发加强工业互联网安全工作的指导意见的通知》，支持工业互联网安全科技创新，探索利用人工智能、大数据、区块链等新技术提升安全防护水平。2020年 4 月，国家发展和改革委员会正式定义"新基建"包括以人工智能、云计算、区块链等为代表的新技术基础设施，正式将区块链纳入"新基建"。2019年 4 月，工业和信息化部发布《网络数据安全标准体系建设指南》（征求意见稿），重点聚焦区块链等技术。2019 年 5 月，工业和信息化部发布《关于工业大数据发展的指导意见》，推动区块链和边缘计算等前沿技术的部署和融合。从 2018 年和 2019 年的两会议题中可以看出，我国区块链已由高压式监管走向更为规范的管理，其应用发展也趋于多元化和专业化。截至 2019 年年底，上海、杭州、广州、长沙、青岛、贵阳、珠海、苏州、福州等 10 座城市的 11 个区域发布了专门面向区块链行业的专项优惠补贴政策，区块链专项扶持政策计划从 2020 年开始加速在全国各地推行。

多个国家和地区通过政策引导推动技术应用。2019 年 7 月，据美国国防部《国防部数字现代化战略》显示，美国国防部高级研究计划局（DARPA）参与了两项以网络安全为重点的区块链探索性项目，一是构建一个新的或改进的通信和交易平台，用于各单位与总部及情报官员与五角大楼之间的通信；二是创建一种"不可破解的代码"，利用区块链收集试图侵入数据库的不法分子的情报。2019 年 9 月，美国食品和药物管理局（FDA）提议部署区块链、人工智能、物联网和传感器等技术，开发一个数字食品系统，使用户能够追踪食品来源，并评估相关风险。2019 年 9 月，德国联邦政府审议通过并发布《区块链国家战略》，该战略由德国联邦经济和能源部、财政部等机构共同起草，希望利用区块链技术带来的机遇，挖掘其促进经济社会数字化转型的潜力。2019 年 6 月，韩国首尔市宣布"第四次工业革命基金"的规模为 500 亿韩元，用于投资"A 轮阶段"的初创企业，并将其中的 260 亿韩元投资到 5G、区块链、人工智能、大数据等领域。2020 年 2 月，韩国釜山市政府审议确定了 2020 年信息化实施计划，将在 2020 年对区块链等技术投入 424 亿韩元。2020 年 1 月，印度国家智能治理研究所（NISG）向政府提交《国家区块链战略》草案，建议印度政府和印度储备银行发行中央银行数字卢比（CBDR），并支持去中心化应用程序。2020 年 2 月，据 Cointelegraph 报道，印度政府的政策智库 NITI Aayog 发布了国家区块链政策草案文件《区块链——印度战略》，该文件解释了印度区块链的不同用例及正在进行的一些试点项目，旨在为区块链技术制定具体的国家行动计划。2020 年 2 月，俄罗斯中央银行宣布已经成功完成一个用于数字版权发行和转让的区块链平台试点，该平台允许对商品、服务、证券和其他资产进行数字化（代币化），支持使用各种资产作为抵押品来发行混合代币。2020 年 2 月，澳大利亚启动区块链技术国家战略，重点关注区块链技术为金融、葡萄酒等行业带来的机遇。澳大利亚工业、科学和技术部部长 Karen Andrews 表示，长达 5 年的区块链路线图将支持监管机构、初创企业和研究人员的相关工作，并称该行业的价值将达到 2594 亿澳元（约 1750 亿美元）。2020 年 4 月，世界经济论坛（WEF）发布《区块链部署工具包》，该工具包旨在帮助企业和政府领导人部署基于区块链的供应链解决方案，加速新冠肺炎疫情后的经济复苏。

2. 标准规范已成趋势，关键技术加紧攻关

自 2016 年以来，国际标准化组织启动区块链标准化工作，各大联盟也纷纷加速推进区块链技术标准的制定进程。万维网联盟着重开展区块链数据标准化、接口和关键数据格式标准化、身份识别和授权标准、软件许可和来源标准工作。国际标准化组织区块链和电子分布式账本技术委员会负责区块链及分布式账本技术的标准研制，用于支持用户、应用和系统间

的数据交互，认可区块链标准化主要涉及的术语、过程和方法、可信和相互操作、隐私和安全及身份认证。欧洲机构贸易交流国际证券协会提出10项区块链基准，分为技术和监管两大类，涉及区块链弹性、可拓展性、时延、数据结构、审计、法律监管、调节、软件版本控制和网络。2019年，我国区块链领域标准建设取得重大进展，区块链和分布式计算技术标准化委员会获批筹建，已发布团体标准多项，1 项国家标准和近 10 项行业标准立项，积极参与国际标准化组织（ISO）等机构的国际标准研制工作，主导区块链参考架构等国际标准制定。

3. 创新应用遍地开花，积极助推经济发展

当前正处于全球科技创新密集活跃期，是新一轮科技革命和产业变革期。5G、大数据、云计算、工业互联网、人工智能、区块链等新兴技术加速向经济社会各领域渗透融合，网络连接从人人互联向万物互联迈进，技术应用从消费环节向生产环节拓展，这深刻地改变了人们的生产生活方式，为我国经济社会发展注入强劲动力。其中，区块链技术应用已延伸到数字金融、物联网、协同制造、供应链管理、数字资产交易等多个领域。

（二）区块链技术为工业互联网安全带来的机遇

区块链技术提供了一种安全、高效、可信的技术方法，为解决机构与机构、人与人、设备与设备之间的高效协作问题带来了机遇。

1. 区块链技术符合工业互联网场景需求

区块链技术具有促进可信协作、保护数据隐私等优势，可应用于工业互联网场景，支撑工业互联网数据的确权、确责和交易，推进国家工业互联网数据资源管理和服务体系建设。区块链技术具有促进数据共享、优化业务流程、降低运营成本、提升协同效率、建设可信体系等优点。工业互联网连接了工业全要素、全产业链，实时采集海量工业数据并支持自由流转和精准分析，需要实现在标识解析、协同制造等多类分布式场景里的多

方协同。区块链的分布式网络技术、共识机制、可信数据交互模式可以在其中发挥优势。

2. 抢占新一代信息技术主导权

加强区块链技术的创新、试验和应用，有利于抢占新一代信息技术主导权。当前正处于信息化引领全面创新、构筑国家竞争新优势的重要战略机遇期，是我国从网络大国迈向网络强国、成长为全球互联网引领者的关键窗口期，是信息技术从跟跑并跑到并跑领跑、抢占战略制高点的激烈竞逐期。通过布局区块链前沿技术研究及其在工业互联网安全方面的应用，有助于打造自主先进的技术体系，提升国际竞争力和安全保障能力，推动工业互联网安全产业协同创新。

3. 为工业互联网安全注入新动能

当前，我国正处于信息化与经济社会深度融合、新旧动能充分释放的协同迸发期。工业互联网安全是传统计算机网络安全的延伸，也是工控系统安全的拓展，是工业信息安全的重要组成部分，在传统安全保障工作机制的基础上，需要引入新的管理和技术模式。区块链技术提供了一种在不可信网络中进行信息与价值传递交换的可信通道，为解决工业互联网的安全问题提供了新方法和新思路。

二、区块链技术助力工业互联网安全

运用区块链技术能够从数据安全、可信协作、监管审计、响应联动、加快恢复等几个方面保障工业互联网安全。

（一）区块链技术保障工业互联网数据安全

区块链技术可用于保障工业互联网中各类数据的真实性与完整性，实现数据权益保护。将工业互联网采集数据存储在区块链上，能够从源头保护工业互联网数据的完整性，方便对工业互联网数据的取证、鉴定、保全及出证，保障数据在全生命周期的证明力。将工业互联网标识数据存储在区块链上，方便对标识身份进行分布式验证，支撑对标识数据进行全生命周期的可信管理，包括注册、主体身份信息变更、属性数据更新、注销回收等。

（二）区块链技术实现工业互联网可信共享协作

区块链技术可用于实现工业互联网中的信息可信共享协作，通过智能合约实现工业互联网信息的多方共识验证，防止信息的篡改，同时结合匿名隐私保护技术，实现信息的安全共享与可信的价值交换，提升工业互联网的安全可信生产能力。利用区块链技术打通跨企业、跨平台的可信数据交互渠道，实现可信、可追溯的数据录入和基于身份认证及访问控制的数据共享，保障企业及平台方的数据权属，支撑工业互联网的数据治理，促进工业互联网企业及平台的互联互通。

（三）区块链技术支撑工业互联网监管审计

传统的信息化模式对于已经形成的数字化文件信息在各节点的传递过程中，缺乏强大的数据保护措施，会出现数据文件失窃和篡改的可能性。利用区块链多方参与的特性，在区块链网络中接入监管节点，可以在不影响原有生产及操作流程的基础上，快速同步区块链存储数据，支撑监管部门对工业互联网数据进行柔性监管与合规审计。

（四）区块链技术促进工业互联网安全事件联动响应

区块链技术可用于对安全信息与安全事件进行记录，有助于信息共享、攻击溯源及事件关联分析，通过智能合约设计安全风险的识别与响应策略，能够实现全网快速的安全信息更新与安全事件响应联动，能够更好地落实应急响应策略，提升自动化响应效率。

（五）区块链技术提升工业互联网攻击恢复能力

区块链技术可用于对被破坏系统进行灾难恢复，通过全节点备份为其中存储的数据提供快速恢复的能力，这改变了原有体系的备份模式，能够实现异地多节点的快速共识与备份，降低了攻击、灾害的影响程度，提升了攻击者造成大规模攻击伤害的难度。

（六）区块链技术结合国产密码保障核心技术安全

我国在区块链领域拥有良好的基础，密码技术研究基础扎实，既具备国际主流密码技术的运用能力，又拥有自主密码算法、密码设备及其他基础设施。密码技术是区块链技术的关键与核心，通过密码算法的自主研发能够把握区块链技术的自主权，从而提升区块链技术应用的可控性和可靠性。

三、在工业互联网应用区块链技术面临诸多挑战

一是区块链技术的性能限制应用落地。当前，区块链技术自身还处于探索发展阶段，共识速度、存储容量等性能指标与工业互联网海量终端场景下的低延时应用需求之间差距明显，是当前区块链技术在工业互联网中落地的主要瓶颈，数据隐私保护问题突出，亟须突破共识算法、密码学、跨链、数据治理等关键技术研究。

二是引入新兴技术为传统场景带来新的安全问题。区块链记录不可篡改、不可删除的特性一方面有利于保护数据安全；另一方面也带来了新的信息监管问题，如利用区块链传播政治有害信息、网络谣言、煽动性或攻击性信息，给社会带来不利影响，也为监管部门带来很大挑战。区块链公开透明的数据流转方式搭建了低信任成本的多方可信数据交互平台，但也

给数据治理、隐私保护提出了更高的要求。区块链技术自身存在51%攻击、双花攻击、女巫攻击等安全风险，交易所、矿池、钱包等生态环节都面临着安全威胁。

三是前沿技术缺乏配套生态。当前区块链配套生态有待完善，区块链底层技术有待突破，特别是扩展性问题亟待解决。法律上缺乏针对智能合约的保护措施，需要建立对上链数据真实性的保证机制，确保工业互联网采集数据上链时的安全性，同时还需保障链上智能合约能够在链下执行。结合有效的应用监管政策，推动建立安全有序的区块链技术落地应用生态。

四、关于推进区块链技术助力工业互联网安全的对策建议

（一）加快突破关键技术，促进技术协同攻关及生态联合建设

加快区块链底层技术的攻关，加强区块链技术在可信数字身份、可信数据连接、可信边缘计算、工业分布式账本、可信物理世界事件提取、SaaS交付方式、可信事件驱动的智能合约等领域的研究，以实现与工业互联网安全的结合应用。

（二）多种技术融合发展，探索工业互联网特色区块链技术应用方案

工业信息化建设在网络强国、制造强国的政策指导下稳步推进，拥有多类工业信息系统与协同平台，需加快推动区块链技术和产业创新发展，积极推进区块链和经济社会融合发展，推动区块链在实体经济、数字经济的融合，探索区块链技术在民生、新型智慧城市建设、城市间大规模互联互通、政务信息协同等领域的应用。

（三）集合政、校、企力量，加强人才培养，推动产业发展

集合政府、科研单位、高校、企业等各方力量，整合国内外优势资源，培养区块链、网络安全、工业互联网安全等多领域交叉人才，准备具有工业互联网安全领域应用能力的高水平人才队伍，为推动产业发展提供鲜活能量。

参考资料

1.　"十三五"国家信息化规划，2016-12。

2.　关于深化"互联网+先进制造业"发展工业互联网的指导意见，2017-11。

3.　工业互联网发展行动计划（2018—2020 年），2018-6。

4.　加强工业互联网安全工作的指导意见，2019-7。

5.　"新基建"怎么定义？发改委权威解释来了. http://it.people.com.cn/n1/2020/0420/c1009-31680461.html。

6.　"工业互联网+区块链"有望在多个领域实现融合发展. http://scitech.people.com.cn/n1/2019/1111/c1007-31448372.html。

7.　区块链国际政策影响及国内发展趋势分析. https://blog.csdn.net/wulianbin99/article/details/80648788。

可信计算保障工业互联网安全

樊佩茹　　王冲华[1]

摘　要： 近年来，国家级网络空间博弈升级，工业信息安全事件频发，工业互联网安全形势严峻。传统"封堵查杀"的方式无法有效解决工业互联网的安全问题，需要采取更先进的技术手段，增强国家基础设施和工业企业抵抗网络攻击的能力。可信计算是构建主动防御网络安全保障体系的核心技术，能加固工业互联网安全，具备安全芯片可控性强、防护体系主动免疫、覆盖多设备网络环境、适合工业互联网应用和业务运行特点的优势。本文提出可信的工业互联网安全防护体系构建思路，包括工业主机可信执行、工业设备可信验证、工业网络可信连接、工业应用可信防护，对工业互联网进行安全加固。最后对可信计算保障工业互联网安全作出展望，讨论了其应用挑战和对策建议，希望为我国工业互联网安全可信发展提供参考。

关键词： 工业互联网安全；可信计算；安全防护体系

---

[1] 樊佩茹，国家工业信息安全发展研究中心工程师，博士，研究方向为工业互联网安全、工业云安全、边缘计算安全、可信计算；王冲华，国家工业信息安全发展研究中心工程师，博士，研究方向为工业互联网安全、工业云安全、边缘计算安全、网络与系统安全、网络攻防技术。

Abstract： In recent years with the upgrading of cyberspace game between nations, industrial information security events have occurred frequently, and the security situation of industrial Internet has been grim. The traditional "blocking and killing" way is not effective to solve the security problems in this area. China needs to adopt more advanced technical means to resist attacks targeted on infrastructure and industrial enterprises. Trusted computing is the core technology in building active defense network security systems which can strengthen industrial Internet security. It has advantages such as independent and controllable security chips, active immunity ability, coverage of multi-device network environment, and being suitable for the application and business operation of the industrial Internet. A trusted industrial Internet security protection design is proposed in this article, including the trusted implementation of industrial hosts, the trusted verification of industrial devices, the trusted connection of industrial network, and the trusted protection of industrial applications. Then, a prospect of trusted computing application challenges and countermeasures is described, which is expected to provide a reference for the development of industrial Internet security in China.

Keywords： Industrial Internet Security; Trusted Computing; Security Protection System

一、工业互联网安全形势严峻

工业互联网的发展和深入应用使原本封闭的工业系统变得越来越开

放，安全问题日益突出。**一是**工业设备及系统接入互联网扩大攻击面。工业设备分布于厂区各处，常需通过无线网络、卫星、GPRS/CDMA 等通信手段与调度中心及工业互联网平台连接并传输数据。早期工控系统和工业设备运行在相对封闭独立的网络环境中，在产品设计和网络部署时，仅考虑功能性和稳定性，对安全性考虑不足。**二是**工业设备及系统安全漏洞不断出现。SCADA、DCS、PLC 等工控系统的安全漏洞数量迅速增长，为工业互联网带来巨大的安全隐患。Windows 操作系统漏洞频繁出现，安全事故时有发生，恶意代码通过利用操作系统漏洞，可以获得上位机/操作站的完全控制权，甚至为所欲为，Windows 系统漏洞也已成为工业互联网安全的又一短板。

二、可信计算保障工业互联网安全的可行性

工业互联网环境下网络攻击威胁向工业互联网平台、工业企业内网、工业设备和工业应用拓展延伸，需要采取更先进的技术手段增强工业互联网抵御攻击的能力。可信计算是一种信息系统安全新技术，包括安全芯片、可信软件、可信网络、可信应用等诸多方面。应用可信计算保障工业互联网安全，是实现主动防御、加固工业互联网安全的重要思路之一。

（一）我国高度重视可信计算的发展

目前，推广可信计算已成为国家战略，也是国家相关法律和等级保护制度的要求。《国家中长期科学技术发展（2006—2020 年）》明确提出，以发展可信网络为重点，开发网络安全技术及相关产品，建立网络安全技术保障体系。《网络安全法》第十六条规定，应加大投入，扶持重点网络安全技术产业和项目，支持网络安全技术的研究开发和应用，推广安全可信的网络产品和服务。《国家网络空间安全战略》提出的战略任务，夯实网络安全基础，强调尽快在核心技术上取得突破，加快安全可信的产品推

广应用。《网络安全等级保护基本要求》（GB/T 22239—2019）突出了以可信计算技术为核心的技术要求，将可信计算的使用写入标准范围，将可信验证列入各级别和各环节的主要功能要求。

（二）可信计算在我国应用基础良好

可信计算已广泛应用于国家重要信息系统的安全保障，如彩票防伪、增值税防伪、电网调度系统、中央电视台制播系统、二代居民身份证安全系统等。中央电视台在不能与互联网物理隔离的环境下，建立了可信、可控、可管的网络制播环境，达到四级安全防护要求，经受住了永恒之蓝勒索病毒的攻击，确保节目安全播出。电力可信计算密码平台已在 34 个省级以上调度控制中心投入使用，覆盖上千套地级以上电网调度控制系统，约 4 万座变电站和 1 万座发电厂，能有效抵御各种恶意网络攻击，确保电力调度系统安全运行。截至目前，我国已经发布可信计算相关标准 10 余项，在硬件芯片、固件、操作系统、PC、服务器、网络设备、云基础设施、数据库等方面均有完备的可信产品，建立了较为完整的可信计算生态圈和产业链。

（三）可信计算助力保障工业互联网安全

工业互联网未来是一个逐步演进的过程，可信计算技术是加固工业互联网安全的重要思路之一。传统信息安全"封堵查杀"的方式无法有效解决工业互联网安全问题，需要采取更先进的安全防御体系，增强国家基础设施和工业企业抵抗网络攻击的能力。可信计算不局限于安全芯片，从现有各类工业终端设备、服务器、固件、操作系统及软件上进行大量的扩展支持，综合采用可信执行环境、可信软件栈、可信网络、远程证明、嵌入式安全体系等更加广泛的可信思路，能满足工业互联网终端移动化、轻量化、个性化的新特性；同时，还出现了隔离执行、信任链扩展、安全存储、远程证明等技术，为工业互联网多平台、多网络、多场景提供可信计算能力。

三、可信计算的定义与主要思想

（一）可信的定义

可信计算的首要问题是回答什么是可信。目前，关于可信尚未形成统一的定义，不同专家和不同组织机构有不同的解释。国际标准化组织与国际电子技术委员会在 ISO/IEC 15408 标准中定义可信为参与计算的组件、操作或过程中任意条件下是可预测的，并能够抵御病毒和一定程度的物理干扰。可信计算组织（TCG）认为，如果一个实体的行为总是以预期的方式达到预期的目标，则该实体可信。电气电子工程师学会（IEEE）认为，一个计算机系统被称为可信是指其提供的服务是可信赖的，而且这种可信赖是可论证的。武汉大学张焕国教授给出可信的一种通俗解释：可信≈可靠+安全，他认为可信计算系统是能够提供系统的可靠性、可用性、信息和行为安全性的计算机系统。可信包括正确性、可靠性、安全性、效率等，系统的安全性和可靠性是现阶段可信最主要的两个方面。沈昌祥院士创新性地提出了主动免疫可信计算，它是指计算机在运算的同时进行安全防护，确保为完成计算任务的逻辑组合不被篡改和破坏，计算全过程可测可控、不被干扰，使计算结果与预期一样。

由以上几种不同的定义，可以看出一个共同点，可信强调实体行为的预期性，强调系统的安全与可靠。可信主要通过度量和验证的技术手段实现，度量就是采集所检测软件或系统的状态，验证是对比度量结果和参考值是否一致，如果一致则表示验证通过，如果不一致则表示验证失败。可信计算的总目标是提高计算机系统的可信性。

（二）可信计算的思想

可信计算以整体安全、主动免疫的思想为指导，以密码技术为基础，以安全芯片为信任根，以计算机系统为平台，以可信基础支撑软件为核心，以可信网络连接为纽带，确保应用程序的可信运行。采用软硬件协同设计构建安全体系，目的是构建信息系统安全可信的计算环境和通信环境，提升信息系统主动、动态、整体、精准的防御能力。

可信计算的核心思想是信任根和信任链。在计算机系统中，首先建立一个信任根，利用物理安全、技术安全与管理安全共同确保信任根的安全性；其次建立一条信任链，从信任根开始依次到固件、操作系统内核、操作系统及关键应用程序，一级度量认证一级，一级信任一级，把信任扩展到整个计算机系统，从而确保整个计算机系统可信。在系统运行过程中，通过可信度量、可信验证，实现遭受攻击时的自我保护、自我管理和自我恢复。可信计算强调计算机系统硬件、软件在设计时考虑安全保障和安全扩展，融合了内生安全的技术理念，通过主动地度量、识别、报警，从体系结构、应用行为、策略管理、数据安全存储等环节进行安全保障。

四、可信计算保障工业互联网安全具有优势

可信计算具有安全芯片可控性强、防护设计主动免疫的优点，其理念能覆盖工业互联网多种设备和网络环境，满足工业互联网业务和应用相对稳定的运行特点，在保障工业互联网安全方面具有优势。

（一）国产安全芯片从根上解决工业互联网的信任问题

我国工业互联网产业空心化问题突出，工控 MCU、DSP、FPGA 等核心元器件和 SCADA、PLC、DCS 等系统国外产品占领大部分国内市场。在工业芯片、核心部件、系统产品无法全部实现自给自足时，以国产可信计算芯片为信任根，作为工业互联网环境中从系统到应用可信执行的信任源头，能从根上解决工业互联网环境的信任问题。此外，与各类复杂的安全防护系统、软件相比，可信计算技术利用硬件芯片加速算法执行，运行效率高，能更好地满足工业互联网的实时性和安全性要求。

（二）基于可信计算能构建主动免疫的工业互联网防护体系

目前工业互联网主要采用传统的 IT 扫描、检测、监控、病毒查杀等被动防御手段，无法有效抵御网络攻击。可信计算采用"度量+管控"的思路，其目标不是消除系统中的漏洞或缺陷，而是阻止一切未知的或非法的程序执行，防患于未然，确保系统按照预定期望执行，从而构建主动免疫的工业互联网防护体系。

（三）可信计算技术满足工业互联网多种设备和网络环境的安全保障需求

工业互联网环境中包含工业主机、控制器、PLC、智能仪表等多种终端设备，涵盖业务网络、办公网络、生产网络（控制网络）等多个层次，设备海量异构多样，网络运行环境复杂。可信计算隔离执行、安全存储、远程证明、可信连接的思想满足工业互联网环境下对多种终端设备和网络环境进行安全增强的需求，能助力形成统一的安全解决方案和管理体系。

（四）可信计算技术满足工业互联网应用和业务相对稳定的运行特点

工业互联网应用和业务通常要求较高的稳定性、可用性和可靠性，工业设备和系统运行相对稳定，不会频繁更新。可信计算技术依赖度量值信息进行可信验证，非常适合应用于相对稳定的工业互联网应用和业务环境，能根据工业应用的工作场景，确保应用和安全策略的执行严格符合预期。

五、可信的工业互联网安全防护体系构建思路

基于可信计算技术能构建可信的工业互联网安全防护体系，增强未来工业互联网抵御未知威胁的能力，面向工业设备、主机、网络、应用的安

全防护需求，提出工业主机可信执行、工业设备可信验证、工业网络可信连接和工业应用可信防护的构建思路。工业互联网平台的构建依托工业云平台，其安全防御能力依赖云平台自身的安全防护水平，这里不单独展开说明。

（一）工业主机可信执行

工业主机类型多样，功能复杂，一般使用专有系统，不联网，存在软硬件升级困难，主机系统老旧"带病"运行的问题。利用可信计算技术加固工业主机，基于自主研发生产的安全芯片在主机系统启动和运行时进行周期性或根据用户需求的信任度量和可信性验证，对系统行为进行可信性判断，以构建工业主机可信的执行环境。所有信任度量验证结果都进行日志记录，上传到工业互联网平台安全管理中心，辅助管理员作出决策。日志记录本身也利用安全芯片进行加密保护，防止未经授权篡改或破坏。

（二）工业设备可信验证

工业设备处于被破坏、篡改或受控的不可信状态时，接入工业互联网平台后可能导致威胁扩散。为保证工业设备可信接入，需基于安全芯片对设备进行可信验证。在接入时，对设备及用户身份采用基于硬件的认证方式；认证通过后，度量设备的可信状态并进行结果比对，若度量结果满足平台的准入安全策略，则允许连接；否则将设备接入平台的指定隔离区域，对其进行安全修补和升级。同样地，对工业设备的可信验证也进行日志记录，上传到工业互联网平台安全管理中心。

（三）工业网络可信连接

我国工业网络当前存在较多私有协议如 OPC、Modbus 等，一般采用明文传输数据，缺乏认证机制、权限区分、广播抑制等安全机制，难以应对网络攻击。对工业网关、工业交换机、工业控制器等可联网的通信设备做软硬件改造以支持可信网络连接，从设备的网络特征和网络行为建立对设备的身份认证和设备行为的安全认证，实现设备间通信、设备与平台通信时对通信端身份、安全策略、安全状态的双向鉴别，建立数据安全传输信道，保证工业网络通信的安全性。

（四）工业应用可信防护

工业应用在开发、部署、运行、维护等不同环节一般由不同参与方提供支持，容易存在脆弱性。基于可信计算技术对工业应用进行可信防护，能增强工业应用抵御攻击的能力。具体按照最小权限制定应用行为的安全策略，仅允许执行白名单行为，以保证工业应用行为的可控，同时对安全策略和工业应用行为的日志记录进行基于安全芯片的硬件级加密保护，传送到工业互联网平台辅助决策。

六、可信计算保障工业互联网安全的展望

（一）可信计算保障工业互联网安全面临的挑战

可信计算目前作为一种新型技术，应用到保障工业互联网安全时，主要面临3个方面的挑战。

一是现阶段可信计算技术在易用性上存在不足。可信计算是一种新的防护模式和方法，在推广应用中需要对工业互联网现有设备、系统等进行改变或更新，这将加大工业企业数字化、智能化转型的难度和成本。

二是缺乏符合工业应用场景的可信计算标准体系。目前我国仍缺乏自主的可信计算核心标准体系，没有根据工业互联网产业的发展需求，推出符合工业应用场景的行业或产业标准；工业互联网领域可信计算应用标准体系仍是空白。

三是在工业互联网领域缺乏完整的可信计算产业链。自主芯片、可信

控制平台等尚未在工业互联网领域得到推广应用，产品比较分散，没有形成合力；可信计算技术没有充分覆盖工业互联网领域融合的云计算、大数据、物联网、边缘计算、移动互联网等新型服务模式，没有进入整体的运营产业链。

（二）可信计算保障工业互联网安全的对策建议

以下为持续促进可信计算技术推广与应用，提出 3 个建议。

一是加快出台政策标准，支持基于可信计算的工业互联网可信防护体系建设。政策性支持基于可信计算的工业互联网自主创新可信防护体系建设，完善文件制度与规范指导，提出可信计算技术要求及可信验证与测评规范；建立健全我国自主的可信计算核心标准体系，先行制定符合工业应用场景的行业或产业标准。根据标准建立验证环境和平台，验证标准的正确性和可行性。

二是加速推动技术创新，实现可信计算平台产品形态多元化。推动可信计算技术在工业互联网领域的创新应用，实现产品形态多元化，通过基于自主生产研发的安全芯片重构可信主机、主板配插 PCI 可信控制卡、配接 USB 可信控制模块等方式将现有工业设备及系统升级为可信设备及可信系统，而不必改动上层应用和业务，便于为新老工业设备构建融合的、统一的可信防护体系，提升我国工业互联网的安全水平。

三是持续优化产业链，促进可信计算平台产品在工业互联网领域的推广应用。整合科研、企业、应用单位等各方力量和国内优势资源，为具有自主知识产权的可信计算芯片、整机、系统、软件等提供支撑，促进产业发展。以可信计算技术在国家电网调度等重要系统中的成功应用为案例，探索利用可信计算技术保障云计算、大数据、物联网、边缘计算、移动互联网等新型服务模式安全的方法，加快可信计算平台、产品、部件等在工业互联网领域的推广应用。

参考资料

1. GB/T 22239—2019. 信息安全技术网络安全等级保护基本要求. 中国国家标准化管理委员会，2019。

2. 沈昌祥，张焕国，冯登国，等. 信息安全综述. 中国科学：技术科学，2007，37（2）：129-150。

3. 沈昌祥，张焕国，王怀民，等. 可信计算的研究与发展. 中国科学：信息科学，2010（2）：139-166。

4. 张焕国，罗捷，金刚，等. 可信计算研究进展. 武汉大学学报（理学版），2006，52（5）：513-518。

5. 张焕国，赵波，等. 可信计算. 武汉大学出版社，2011。

6. 工业互联网产业联盟. 工业互联网平台白皮书，2019。

7. 张立强，陈璐，李业旺，等. 网络安全等级保护2.0时代的可信性测评探讨// 2019 中国网络安全等级保护和关键信息基础设施保护大会论文集. 《信息网络安全》北京编辑部，2019：194-197。

8. 沈昌祥. 用可信计算3.0筑牢网络安全防线. 信息通信技术，2017，3（3）：290-298。

Ⅴ 专 题 篇
Thematic Articles

B.13

从全球电力系统信息安全事件看工业信息安全

杨安　高羽茜　张洪[1]

摘　要： 近几年，乌克兰、美国、委内瑞拉等国相继出现电力系统信息安全事件，造成敏感数据泄露和社会局势动荡等不同程度的后果，引起全球广泛关注。为此，世界各国相继出台了一系列相关信息安全法规政策，强化电力系统安全建设。本文梳理并分析了近期26起典型电力系统信息安全事件，并根据电力系统与工业领域控制系统的高相似性，对加强工业信息安全风险防护和事件响应能力提出了建议。

关键词： 电力系统信息安全；工业信息安全；风险防护

---

[1] 杨安，国家工业信息安全发展研究中心工程师，博士，研究方向为工业信息安全应急管理；高羽茜，国家工业信息安全发展研究中心助理工程师，硕士，研究方向为工业信息安全应急管理；张洪，国家工业信息安全发展研究中心高级工程师，博士，研究方向为工业信息安全应急管理。

Abstract: In recent years, power system information security incidents have occurred in Ukraine, the USA, Venezuela, and other countries, causing various degrees of consequences such as sensitive data leakage and social unrest. For this reason, countries around the world have successively introduced a series of relevant regulations and policies to strengthen power system security construction. This article sorts out recent 26 typical events, and puts forward suggestions for strengthening industrial information security risk prevention and incident response capabilities based on the high similarity between power systems and industrial control systems.

Keywords: Information Security of Power System; Industrial Information Security; Risk Prevention

一、各国电力系统信息安全政策频出

（一）欧美各国接连出台电力系统信息安全保障措施

近年来，欧美各国对电力系统信息安全的重视程度不断提升，电力系统信息安全法案、政策接连出台，电力系统信息安全保障举措不断强化。美国众议院能源和商业小组 2019 年 1 月 9 日提出《通过公私合作改善电网安全法案》与《2019 年网络感知法案》，旨在提高电力系统网络感知能力，保障电网网络安全。美国参众两院 2019 年 1 月 17 日分别提出了《保护能源基础设施法案》，并于 8 月 16 日向美国国会能源和自然资源委员会汇报，该法案旨在建立为期两年的试点计划，以识别能源行业关键基础设施存在的网络安全漏洞。美国政府问责署 2019 年 8 月发布《关键基础设施保护：采取措施应对电网面临的重大网络安全风险报告》，从威胁、措施、建议等方面对电网面临的网络安全风险进行具体阐述，还提到美国在应对电网网络安全风险方面仍面临的一系列挑战。美国参议院 2019 年

9 月 26 日提出《利用网络安全技术保障电力资源法案 2019》，要求联邦能源监管委员会采取措施有效应对美国电网来自全球日益增加的网络攻击。

除美国外，欧洲各国也采取多种手段提升电网网络安全能力。2019 年 12 月，德国建立国家应用型网络安全研究中心 ATHENE，该中心由欧洲最大的应用科学研究机构——德国弗劳恩霍夫协会联手多家德国研究机构和高校建成，德政府官员表示支持该研究中心在电网、交通等关键基础设施领域开展技术研究，强化国家技术主权以应对网络安全新挑战。2020 年 1 月 1 日，爱尔兰政府发布《2019—2024 国家网络安全战略》，重点关注电力系统、能源系统、电信系统和公共服务设施等关键基础设施领域。2019—2020 年欧美关于电力系统信息安全相关政策文件如表 13-1 所示。

表 13-1 2019—2020 年欧美关于电力系统信息安全相关政策文件

文件名称	时　间	发布/提出的部门	主要内容
《通过公私合作改善电网安全法案》	2019-1-9	美众议院能源和商业小组	要求能源行业公共部门与监管部门、私营部门等相关方共同制定保障电网网络安全的方案，用于提升电网网络安全水平，加强网络漏洞与物理威胁的应对能力，主要包括电网安全评估、供应链风险管理培训、数据治理、网络安全培训、第三方供应商网络安全能力、技术援助 6 个方面。此外，法案还要求美国能源部考虑现有电力行业设备设施分布规模，优先解决问题严重地区的安全保障需求，并每年向国会报告电力系统面临的威胁和存在网络漏洞
《2019 年网络感知法案》	2019-1-9	美众议院能源和商业小组	敦促美国能源部长建立网络感知项目，帮助识别大容量电力系统中使用的网络安全产品，并提升其安全性。根据该法案规定，美国能源部长应采取 8 项措施，具体包括建立网络感知测试程序、建立和维持网络安全漏洞报告程序及数据库、为电力部门利益相关方提供技术支持、审查通过网络感知项目识别和测试的产品、为电力部门采购此类产品开发采购指南、在建立或更改网络感知测试程序之前向公众征求意见、监督网络感知项目下的产品和技术测试、实施激励计划

续表

文件名称	时 间	发布/提出的部门	主要内容
《保护能源基础设施法案》	2019-1-17	美国参众两院	该法案旨在建立为期两年的试点计划，以美国能源部为主导，在国家实验室建立试点，用于识别能源行业关键基础设施存在的网络安全漏洞。法案要求美国能源部应建立工作组对网络攻击技术和标准进行评估，并制定国家网络信息工程战略，工作组成员应涵盖美国能源部、能源行业、核管理委员会、国防部、国家实验室等的相关人员。法案还要求联邦政府或地方政府等共享的信息应视为自愿共享，但根据法律要求不能披露的信息可不予披露
《关键基础设施保护：采取措施应对电网面临的重大网络安全风险报告》	2019-8	美国政府问责署	该报告从威胁、措施、建议等方面对美国电网面临的网络安全风险进行具体阐述。从威胁方面，该报告提出美电网面临的部分网络安全风险和挑战来自工控系统和物联网设备的边界扩张；从措施方面，该报告提出美国能源部、国土安全局等联邦机构应通过对电网关键基础设施加强保护、识别网络威胁漏洞、监测潜在事件、加强事件应急响应和恢复、加强出台监管措施手段等方式应对电网网络安全风险；从建议方面，该报告建议美国能源部应制定联邦电网网络安全战略计划，建议联邦能源监管委员会对电网网络安全标准加以完善补充。该报告还提到美国在应对电网网络安全风险方面仍面临网络安全人才不足、缺乏信息共享机制、防护资源投入不足、依赖其他易受网络攻击的关键基础设施、网络安全标准和指南实施不确定性等挑战
《利用网络安全技术保障电力资源法案2019》	2019-9-26	美国参议院	该法案要求美国联邦能源监管委员通过对先进网络安全技术研发激励机制进行研究并制定规则，以激励公共部门、企业等相关方投资新技术以提高网络安全防御能力，从而更有效地应对美国电网面对来自全球日益增加的网络攻击
《2019—2024国家网络安全战略》	2020-1-1	爱尔兰政府	该战略中多次强调要提高关键基础设施的网络弹性，并重点关注电力系统、能源系统、电信系统和公共服务设施等关键基础设施领域，还提及要通过政策制定、能力建设、制定标准等手段加强关键基础设施改造建设，以应对网络威胁

（二）我国政府行业联合推动电力系统信息安全建设

电力行业作为我国重点关键信息基础设施领域，国家能源局近年来针对电力信息安全防护工作发布了《电力安全生产行动计划（2018—2020）》《国家能源局关于加强电力行业网络安全工作的指导意见》《关于2019年电力安全生产工作思路和重点任务安排的通知》等多个指导性、政策性文件。2020年1月3日，国家能源局召开2020年全国电力安全生产电视电话会议，在部署2020年任务中重点强调了要防范化解重大电力安全风险，加强应急能力建设，打造安全支撑体系，确保电力系统安全稳定运行和电力可靠供应。我国国家能源局近年来发布的电力信息安全相关文件如表13-2所示。

表 13-2　我国国家能源局近年来发布的电力信息安全相关文件

文件名称	时　间	主要内容
《电力安全生产行动计划（2018—2020）》	2018-6-29	该行动计划重点提出了防范网络安全事故的主要任务，并相应地提出了全方位网络安全管理，强化关键信息基础设施安全保护，加强行业网络安全基础设施建设，提高网络安全态势感知、预警及应急保障能力，支持网络安全创新等6项工作要求，以防范由网络安全引发的电力安全事故，保障电力系统的安全稳定运行
《国家能源局关于加强电力行业网络安全工作的指导意见》	2018-9	该意见对电力行业网络安全监督管理和责任体系构建提出指导意见，要求强化关键信息基础设施和数据安全保护，提升网络安全态势感知、预警及应急处置等技术能力，加强人才建设、安全文化等产业发展，以全方位保障电力系统的安全性
《关于2019年电力安全生产工作思路和重点任务安排的通知》	2019-2	该通知要求落实安全生产责任，健全安全生产机制，保障电网网络与信息安全，加强技术支撑，推进安全文化建设

在国家政策不断出台以加强电力网络安全防护建设的基础和背景下，企业作为行业主要参与者也不断推陈出新，积极从技术、产业等多层面推

动电网网络安全的发展进步。2019 年 10 月 14 日，国家电网发布《泛在电力物联网白皮书 2019》，通过创造性地提出枢纽型、平台型、共享型企业的发展方向，推动智能电网和泛在电力物联网的相辅相成、融合发展，形成互利共赢的能源生态，构建安全高效的现代能源体系。2019 年 6 月 14 日，中国电力企业联合会发布《中国电力行业年度发展报告 2019》，该报告提出 2019 年电力行业的发展特征之一是电力行业安全性逐步提高。

二、全球电力系统信息安全威胁严峻

（一）电力系统信息安全事件频发

电力系统作为关键信息基础设施的重要组成部分，受到全球各国的密切关注，多项保障政策和措施出台。然而在此情况下，电力系统信息安全事件仍层出不穷，遍布美国、乌克兰、俄罗斯、委内瑞拉等 14 个国家。针对此现状，本书梳理了近年来电力系统遭受的 26 起信息安全事件（见表 13-3），并从攻击对象、攻击目的和攻击手段等方面进行重点分析，挖掘电力系统信息安全事件的显著特点。

表 13-3　近年来电力系统信息安全事件

序号	时　间	受影响国家	疑似攻击者	攻击对象	攻击目的	攻击方式	攻击手段	后　果
1	2003-1	美国	—	俄亥俄州 Davis-Besse 核电站	—	—	SQL Slammer 蠕虫	安全参数显示系统和过程控制计算机长达 5 小时无法正常工作
2	2003-12	中国	—	龙泉、政平、鹅城换流站控制系统	—	员工失误	设备外联感染病毒	—

193

序号	时间	受影响国家	疑似攻击者	攻击对象	攻击目的	攻击方式	攻击手段	后　果
3	2006-8	美国	—	亚拉巴马州的 Browns Ferry 核电站局域网	—	—	信息洪流攻击	反应堆再循环泵和冷凝除矿控制器瘫痪，3 号机组被迫关闭
4	2008-3	美国	—	佐治亚州的 Hatch 核电站	—	员工失误	软件更新	引起状态数据重置，导致 2 号机组自动停机
5	2010	伊朗	美国、以色列	布什尔核电站	破坏控制系统稳定	国家级 APT 攻击	震网病毒	至少 1/5 的离心机故障，致使伊朗核计划流产
6	2012	美国	—	两座电厂	—	—	USB 病毒	攻击者可远程控制受感染的计算机并窃取相关数据
7	2013	俄罗斯	—	一座核电厂	—	—	震网病毒	—
8	2014	日本	—	Monju 核电站	—	—	恶意软件	窃取部分内部数据
9	2014	韩国	黑客	水利核电厂计算机系统	窃取数据	—	黑客入侵	古里和月城核电站的设计图、说明书等国家机密外泄
10	2015-12	乌克兰	俄罗斯黑客	电力系统	破坏控制系统稳定	国家级 APT 攻击	钓鱼邮件、恶意软件	伊万诺-弗兰科夫斯克地区近一半家庭停电 6 小时
11	2016-4	德国	—	Gundremmingen 核电站的计算机系统	—	—	Conficker 和 Ramnit 恶意软件	为防不测关闭了发电厂
12	2016-12	乌克兰	俄罗斯黑客	国家电力部门	破坏控制系统稳定	国家级 APT 攻击	恶意软件	首都基辅北部及其周边地区持续停电 30 分钟左右
13	2017-5	西班牙	—	Iberdrola 电力公司	勒索钱财	复杂攻击	WannaCry 勒索病毒	—
14	2017-6	乌克兰	—	切尔诺贝利核电站	勒索钱财	复杂攻击	ExPetr 勒索病毒	用于辐射监测的计算机遭受攻击，员工只能手动进行辐射监测

续表

序号	时　间	受影响国家	疑似攻击者	攻击对象	攻击目的	攻击方式	攻击手段	后　果
15	2018	美国	俄罗斯黑客	某发电厂	窃取数据	—	植入信息收集程序	捕获屏幕截图、记录有关计算机的详细信息
16	2018-3	印度	—	UHBVN 电力公司	勒索钱财	—	勒索攻击	窃取客户账单数据，勒索约 15 万美元
17	2019-1	美国	俄罗斯黑客	防护措施薄弱的电网承包商（包括为美军提供紧急电力系统的企业）	威慑敌对国家	国家级APT 攻击	钓鱼邮件、恶意软件	试图渗透美国至少 24 个州乃至加拿大和英国的电网系统
18	2019-3	美国	—	sPower 的思科防火墙	—	简单攻击	已知漏洞	控制中心和风力/太阳能发电装置之间的通信中断长达 10 小时
19	2019-3	委内瑞拉	美国	电力系统	破坏控制系统稳定	国家级攻击	网络攻击、电磁攻击等	长时间大规模停电事故，造成社会恐慌和政权动荡
20	2019-3	英国	—	核发电厂的一项重要业务	—	复杂攻击	—	向英国国家网络中心寻求技术支援，至 2019 年 12 月仍未恢复正常运营
21	2019-6	俄罗斯	美国	电网控制系统	威慑敌对国家	国家级APT 攻击	植入侦查探测器、恶意程序等	导致电网系统瘫痪
22	2019-6	阿根廷、乌拉圭等南美国家	—	阿根廷和乌拉圭两国交界处的电力供应交互系统	—	—	网络攻击	阿根廷、乌拉圭两国及智利、巴拉圭和巴西南部地区停电、停水、停天然气，城市交通和居民生活受到极大影响
23	2019-7	乌克兰	—	Yuzhoukrainsk 核电站	—	员工失误	联网开采加密货币	严重破坏核电站网络防护安全，物理保护系统的机密信息泄露

续表

序号	时　间	受影响国家	疑似攻击者	攻击对象	攻击目的	攻击方式	攻击手段	后　　果
24	2019-7	委内瑞拉	美国	水电系统	破坏控制系统稳定	—	电磁攻击	12 个州及首都大范围停电
25	2019-7	南非	—	约翰内斯堡的 City Power 电力公司	勒索钱财	—	勒索病毒	信息库、应用程序及通信网络被加密，对外服务基本瘫痪
26	2019-10	印度	朝鲜	印度库丹拉姆核电站	窃取数据	复杂 APT 攻击	恶意软件	主机 IP 地址及网络连接信息、磁盘所有文件等内部信息被窃

资料来源：国家工业信息安全发展研究中心整理。

1. 国家对抗特点明显，利用网络攻击实现政治目的

电力系统作为国家关键信息基础设施，已成为大国间网络对抗的重要攻击目标，用于威慑、打击对方有生力量。据统计，目前至少发生乌克兰停电事件等 6 起具有国家对抗特点的电力系统信息安全事件，占已知攻击方式信息安全事件的 42.9%，其中俄罗斯和美国为主要的疑似攻击者。

2. 攻击目的明确，影响系统安全和数据安全

一是破坏控制系统稳定运行，引发大面积停电。破坏控制系统稳定运行已成为攻击者的首要目的，在已知攻击目的的 14 起电力系统信息安全事件中，36% 的攻击行为造成了停电事故，对人民生活造成严重影响。二是加密应用数据，勒索钱财。此类信息安全事件在上述信息安全事件中占 29%，受影响对象无法读取数据并引发系统运行异常等危害。三是潜入系统内部，窃取敏感信息。此类信息安全事件仅识别出 3 起，造成系统自身信息或存储的敏感数据外泄。

3. 攻击手法多样，覆盖传统简单和复杂定制攻击

分析目前已知攻击方式的 14 起电力系统信息安全事件可知，电力系统

涉及企业的控制网络和管理网络，易受多种方式攻击。一是传统的攻击方式，易于实现。目前，仅有 4 起采用简单攻击方式的电力系统信息安全事件，且绝大多数是内部人员误操作导致的。二是复杂 APT 攻击方式，难以防范。APT 攻击已成为攻击电力系统的主流方式，因其导致的信息安全事件高达 71%。例如，2010 年震网病毒利用 4 个零日漏洞及 2 个盗用的安全签名进行全方位攻击，突破伊朗核电站专用局域网的严格物理限制，造成至少 1/5 的离心机故障，致使伊朗核计划流产，重新回到谈判桌上。据国外媒体披露的消息显示，该病毒由美国、以色列、荷兰、德国、法国的专业团队协作完成，其攻击力度、复杂性和隐蔽性远超当时任何黑客组织的能力。

（二）电力系统信息安全事件频发的内在原因

1. 安全意识不足，防护能力仍需加强

随着电力系统越来越多地采用网络与信息技术，网络安全保障已成为电力行业安全工作中不可或缺的重要组成部分。然而为满足业务通信和控制便利的需求，疑似攻击面逐步增加，致使网络安全防护体系面临众多挑战。一是忽略对控制网络数据的安全性和机密性保护。目前对管理网络中存储的控制设备类型、系统环境、配置参数等控制网络相关敏感配置信息，缺乏访问控制、加密存储等保护措施，易被攻击者窃取并用于识别脆弱点以制定后续攻击方案及开发定制攻击工具。二是忽视因网络隔离不当造成的控制网络异常。控制网络和管理网络之间存在的非法通道，使攻击者可通过管理网络渗透到控制网络，执行设备状态数据篡改、恶意控制命令下发等非法操作。2015 年，沙虫（Sandworm）APT 组织采用由鱼叉式钓鱼邮件及恶意软件感染乌克兰电网内部办公系统，并通过网络资产探测、横向移动等方式获取 SCADA 系统的控制权，造成长时间、大规模的停电，是网络攻击影响电力系统运行的里程碑事件。

2. 攻击范围再扩大，供应链相关企业及高新技术部门成为新的攻击点

作为重点攻击目标，关键信息基础设施中的电力等能源企业已采用多种技术、管理手段加强自身防护能力。在此情况下，黑客组织从供应链入手，寻找薄弱环节，挖掘相关承包商或提供商的脆弱点，并以此作为突破口逐步渗透到真实目标中。2018 年 12 月，施耐德 EVLink Paking 落地式充电桩曝出高危漏洞，攻击者利用该漏洞可中断充电站业务，甚至引发火灾。此外，APT 组织正逐步转移或扩展攻击目标。在印度宣称其是钍基核能技术领导者的情况下，为证明自身攻击实力，原先主要集中于金融数字货币领域的朝鲜拉撒路（Lazarus）APT 组织随即转而攻击该国核电站和航天研究组织，以获得钍基核能相关信息。

3. 应急储备明显不足，难以及时有效应对电力系统信息安全事件

充足的应急储备能够有效协助应急人员处置电力系统信息安全事件。以乌克兰为例，该国在 2015 年停电事件中，耗时 6 小时恢复供电。事件发生后该国重视并加强应急资源的建设，在 2016 年停电事件中，恢复时间明显缩短，在 75 分钟内完全恢复供电。因此应急人员、备份系统等相关应急资源的缺失，会在极大程度上影响电力系统信息安全事件应急处置的正常开展。

三、对工业信息安全的借鉴与启示

电力系统与工业领域控制系统具有较高的相似性，两者均采用大量控制/智能设备、嵌入式操作系统和各种专用协议，并具有集成度高、行业性强等特点。目前我国亟须借鉴国外相关信息安全事件的经验教训，在现有基础上，从安全能力建设、供应链风险管理、应急资源储备、人员安全意识等方面，提升工业信息安全防护、应急处置能力。

（一）构建攻方信息储备和防护措施，强化工业信息安全防护能力建设

一是收集跟踪信息，做到知己知彼。完善国家工业信息安全漏洞库，收集工业领域所有行业、国内外软硬件产品中存在的漏洞信息。推进对黑客组织的跟踪与信息收集，及时知悉其动态和变化。二是加强技术研究，提升安全防护能力。加快资产保护、态势感知、入侵检测、威胁诱捕等工业信息安全技术研究工作，提升工业企业及关键信息基础设施的安全防护能力。三是构建信息共享机制，合理采取事件处置措施。结合高效的信息共享机制，辅助应急处置人员快速、准确地识别恶意软件、攻击源和攻击手段等信息，以便采取正确、有效的应对措施。

（二）构建工控系统供应链风险管理和安全检测能力，提升工控系统供应商的安全性

监督、指导工业企业及关键信息基础设施识别自身工控系统所涉及的供应商及其服务内容，明确其对工控系统的重要程度。构建工业领域供应商风险识别和安全检测体系，及时或尽早发现工控系统的供应商风险，采用多方共赢的风险管理方案与供应商合作修复或减轻风险。

（三）加强工业信息安全应急资源储备并组织应急演练，提升现场应急处置能力

完善国家、省、市多个层次的应急预案，监督、指导相关单位部署工业信息安全应急资源，及时更新维护，确保现场处置时正常可用。组织开展工业信息安全应急实战演练，熟悉应急资源的使用方法，锻炼应对工业信息安全事件的组织协调和处置能力，积累应急处置经验。

（四）强化宣传"安全无小事"的理念，提升相关人员的安全意识

采用培训班、座谈会、宣贯等多种方式，宣传工业企业及关键信息基础设施的安全风险及相应防范/检测措施，进一步提高其对工业信息安全的认知度，提升相关人员的工业信息安全意识。加强工业企业对控制网络安全和管理网络安全的重视程度，利用 IT、OT 融合安全管理理念，提升自身的工业信息安全防护能力。

参考资料

1. 美国众议院. 通过公私合作改善电网安全法案. https://www.congress.gov/bill/116th-congress/house-bill/359/ text。

2. 美国众议院. 网络感知法案 2019. https://www.congress.gov/bill/116th-congress/house-bill/360/ text。

3. 美国参议院. 利用网络安全技术保障电力资源法案 2019. https://www.congress.gov/bill/116th-congress/ senate-bill/2556/ text。

4. 国家能源局. 国家能源局关于印发《电力安全生产行动计划（2018—2020年）》的通知. http://zfxxgk.nea.gov.cn/auto93/201807/t20180705_3206.htm。

5. 国家能源局. 国家能源局关于加强电力行业网络安全工作的指导意见. http://zfxxgk.nea. gov.cn/auto93/201809/t20180927_3251.htm。

6. 《关于加强电力行业网络安全工作的指导意见》解读. http://www.nea.gov.cn/2018-11/12/c_137600480.htm。

我国工业互联网安全进展成效及举措建议

闫寒[1]

摘　要： 2019 年，我国工业互联网安全顶层中层设计日益完善，关键领域的标准研制和应用推广步伐加快，工业互联网安全项目、试点示范持续推进，网络安全产业支撑能力不断提升，体系化技术支撑体系初步建成，工业互联网安全历经政策驱动、示范引领，正在进入体系构建和能力提升的新发展阶段。针对当前面临的突出风险和防护难点，需进一步强化政府、企业、科研机构、行业协会等多方配合、协同推进，加快建立分类分级管理体系，对不同等级的工业行业企业实行差异化防护。加大政策投入力度，加快网络安全核心技术创新应用。坚持培育龙头企业和扶持中小企业发展并举，打造多元化产业生态。拓展资源投入渠道，建立多元化的人才培育机制。坚持安全体系构建与发展同步规划、同步部署、同步实施，为制造业的高质量发展提供有力的安全保障。

关键词： 工业互联网安全；安全防护；分类分级

---

[1] 闫寒，国家工业信息安全发展研究中心工程师，硕士，主要研究方向为网络安全、工业互联安全、网络空间安全等。

Abstract： In 2019, the top-level and middle-level design of China's industrial Internet security is becoming increasingly complete, the development and application of standards in key areas have accelerated, industrial Internet security projects and experimental work have continued to advance, the support capabilities of the network security industry have constantly improved, and the three-level systematic technical support system has been initially completed. Industrial Internet security has entered a new development stage of system construction and capacity improvement after policies-driven and demonstration. In view of the current prominent risks and protection difficulties, it is necessary to strengthen the cooperation of governments, enterprises, scientific research institutions, industry associations and other parties, to establish the classification and management system, and provide different protection for industrial enterprises of different levels. China needs to increase policy support and accelerate the innovation and application of core network security technologies support leading enterprises and medium-sized and small enterprises to build a diversified industrial ecosystem, expand resource input channels and establish a diversified training mechanism. In addition, China should adhere to the simultaneous planning, deployment, and implementation of the security system construction and development, providing security protection for the high-quality development of the manufacturing industry.

Keywords： Industrial Internet Security; Protection; Classification

工业互联网作为第四次工业革命的重要基石和制造业数字化转型的

关键支撑力量，开辟了科技创新、产业竞争和经济转型升级的新赛道。世界上主要工业强国都在推进以工业互联网为重点的制造业数字化变革，抢占未来工业领域的发展先机和优势地位。作为工业信息安全的核心，我国工业互联网安全政策体系日益完善，关键领域的标准研制和应用加快推进，安全保障体制机制不断健全，逐步形成态势感知、检查评估、检测认证等多维度、多层级的工业互联网安全保障支撑体系。我国工业互联网安全历经政策驱动、示范引领正进入体系构建和能力提升的阶段。

一、加强工业互联网安全是制造业高质量发展的重要保障

从重要性看，加强工业互联网安全是保障产业安全的内在要求。与消费互联网相比，工业互联网实现了跨行业跨领域联接、海量数据采集汇聚，同时网络安全威胁也将渗透至生产一线，任何针对虚拟世界的攻击行为都可能引起物理性伤害，带来更高的安全风险。近年来，一系列工业领域网络安全事件表明，针对工业系统的网络攻击政治化趋势凸显，网络攻击的影响力和破坏力急速放大，轻则造成企业生产停滞，重则影响产业链上下游，进而对整个产业安全造成严重威胁。

从必要性看，加强工业互联网安全是提升工业信息安全水平的重要抓手。万物互联正在加速到来，企业很难独立解决所有的网络安全问题。工业互联网平台拥有更加成熟的安全技术体系、专业的安全技术人员及安全运营机制，在面对网络攻击时更有经验。应以提升工业互联网安全建设为契机和抓手，加强工控系统集成商、网络安全企业、政府部门的信息共享和相互协同，提升工业企业在技术、管理、流程、人员意识等各方面的整体安全能力，构建涵盖设备安全、网络安全、控制安全和数据安全等全方位多层次的工业信息安全防护能力。

从紧迫性看，加强工业互联网安全是强化网络安全防护的关键前沿。近年来，工业领域网络安全形势日益严峻，互联互通增大了攻击面，暴露

了工业企业安全防护的脆弱性。卡巴斯基通过扫描全球 170 个国家和地区的近 20 万套 ICS 工控系统发现，其中 92%都存在安全漏洞。针对工业企业的网络攻击呈现上升趋势，具有更高经济和战略价值的工业企业已经成为黑客组织关注的重点。"僵木蠕"病毒、黑客入侵、APT 攻击、拒绝服务、数据篡改等攻击手段推陈出新，安全威胁快速演进。有效应对工业领域安全风险已经成为国家网络安全防护的重要组成部分。

二、我国工业互联网安全防护体系建设提速

（一）顶层中层设计加快完善

2019 年 7 月，工业和信息化部、应急管理部、国务院国有资产监督管理委员会、国家能源局等十部门印发《加强工业互联网安全工作的指导意见》，该文件着眼于厘清工业互联网安全职责界面，明确工业互联网安全工作的总体目标、原则及路径，为有序开展工业互联网安全工作提出了借鉴参考和方向指引。细化政策规范随后陆续出台，《工业互联网网络建设及推广指南》《工业互联网专项工作组 2019 年工作计划》等文件陆续发布，细化了加快推动工业互联网安全的具体举措。工业互联网安全政策体系逐步完善，各项具体细化举措落地实施，推动工业互联网安全保障加快部署实践。

（二）标准体系基本形成

2019 年 1 月，工业和信息化部、国家标准化管理委员会制定发布《工业互联网综合标准化体系建设指南》，其中安全标准体系进一步明确要加强保障工业互联网的安全。此外，标准供给水平进一步增强：在国家标准方面，2019 年 12 月，被喻为"等保 2.0"的《信息安全技术 网络安全等级保护基本要求》正式实施；将工控系统安全纳入新型应用安全扩展要求。《信息安全技术 工业控制系统漏洞检测产品技术要求及测试评价方法》等

7 项标准发布，《信息安全技术 工业控制系统安全基本要求》等标准正式实施；在行业标准方面，《基于 LTE 的车联网通信安全技术要求》等行业标准发布，《工业互联网平台安全防护检测要求》等重点急需标准的制定有序推进；在联盟标准方面，工业互联网产业联盟发布《工业互联网体系架构 2.0》，《工业互联网标识解析 标识数据安全和隐私要求》等启动研制。

（三）政策支持力度持续加大

工业互联网创新发展工程支持范围不断扩展。近年来，工业和信息化部、财政部持续组织实施工业互联网创新发展工程，共支持实施超过 100 个安全方向的项目，加快促进工业互联网等重点关键领域核心安全技术的突破，带动社会资金投入超百亿元。2019 年 5 月，2019 年工业互联网创新发展工程启动项目招标，涵盖工业互联网网络、标识、平台、安全等方面项目。创新发展工程的深入实施持续带动工业互联网融合应用，培育工业互联网安全技术的研发和产业发展，为推动制造业高质量发展奠定了基础。工业互联网安全相关试点示范相继推出。2015 年起，在推出的 5 批网络安全技术应用试点示范项目中，支持工业互联网安全的相关项目近250 个，进一步发挥了企业的创新活力，引导工业互联网安全相关技术的研发，鼓励优秀经验的应用推广。继 2018 年在工业互联网试点示范项目中支持 8 项安全集成创新应用试点示范项目后，2019 年 11 月，工业和信息化部办公厅印发《关于开展 2019 年工业互联网试点示范项目推荐工作的通知》，在安全集成创新应用方向中，将围绕设备和控制安全集成创新应用、网络安全集成创新应用、平台安全集成创新应用、数据安全集成创新应用、态势感知集成创新应用、安全检测评估集成创新应用、新技术融合集成创新应用等方面，遴选一批试点示范项目，通过试点先行、示范引领，推动工业互联网安全防护解决方案的落地实施。

（四）产业基础进一步夯实

据工业信息安全产业发展联盟 2019 年 6 月发布的《中国工业信息安全产业发展白皮书（2018—2019）》，2018 年，我国工业信息安全产业规模达 70.32 亿元，市场增长率达 33.55%。在国家和行业政策的双重推动下，工业企业用户对安全合规的需求不断提升，2019 年工业信息安全市场仍保持高速增长，规模进一步扩大。工业互联网安全相关赛事、活动日益丰富，特色化人才培养机制亮点纷呈。2019 年 12 月举办的首届中国工业互联网大赛上，天河链控—天河工业互联网安全云平台、基于测量机器人的工程安全风险智能管控平台、泛在电力物联网智能安全卫士等工业互联网安全解决方案脱颖而出，优秀解决方案的应用推广步伐加快。此外，2019 年工业信息安全技能大赛、"护网杯" 2019 年网络安全防护赛暨第二届工业互联网安全大赛、"天府杯" 2019 国际网络安全大赛、电信和互联网行业网络安全技能竞赛等多种赛事，聚焦安全技术前沿领域，全面推动工业互联网安全领域最佳实践应用，选拔了一批面向实战的工业互联网安全队伍和选手，助力培养更多更具网络安全核心技术的复合型专业人才。

（五）技术支撑体系初步建立

覆盖国家、地方、企业三级的工业互联网安全技术防控体系加快建立。国家级工业互联网安全监测与态势感知平台基本建成，通过系统联动、数据共享和业务协同，建设形成了覆盖全国的综合性的工业互联网安全监测平台。山东、广东、江苏等 12 个省级平台已经实现了与国家级平台的对接联动，收录漏洞信息超过 3600 条，为各地区工业互联网安全监测和态势感知提供全方位、集中化、高效率的支撑服务。依托工业互联网创新发展工程，国家工业信息安全发展研究中心牵头建设的工业互联网安全综合态势感知平台等，实现了对超过 130 种工业通信协议和超过 500 种工业软硬件设备的识别，在钢铁、智能制造、电力等 6 个行业的 200 家工业企业部署了企业侧的态势感知节点。此外，海尔、树根互联、360、奇安信、恒安嘉新等公司依托自己的技术基础和工业企业的实际需求，探索建立了企业级工业互联网安全感知平台，为有关行业的工业互联网安全防护提供技术支撑。

三、举措建议

与此同时，我们也应认识到，针对联网工业设备的网络攻击日益增多，攻击主体多元化、攻击行为组织化、攻击手段多样化的趋势明显；工业互联网连接设备多、应用场景复杂、承载数据量大，客观上对安全防护的整体性、有效性提出了更高的要求；5G、物联网等一批新技术在工业领域的推广应用，在不同程度上带来了新的安全风险。我国工业互联网仍然面临严峻的安全形势，日益呈现出复杂性、艰巨性和长期性的趋势特点。需进一步增强忧患意识、风险意识，立足全局、统筹联动、形成合力，针对当前所面临的突出安全风险和防护难点，推出更多具体的可落地、可实施的行动举措，确保工业互联网安全有序发展。

（一）加快建立分类分级管理体系

工业互联网企业数量多、类型多、规模不同，应用工业互联网的程度范围各异，因此需要尽快建立分类分级管理体系，做好以下几点：加快制定出台工业互联网企业分类分级管理指南，突出重点、分类施策、协同推进，对不同等级的工业互联网行业企业实施差异化保护；进一步明确行业主管部门、各地区监管部门的责任，强化横向协同和纵向联动；研究制定工业互联网数据安全、工业 App 安全等急需标准，细化实化防护要求；建立工业互联网安全分类分级服务平台，支撑开展企业自评估、地区审核、主管部门备案制度，全面提升行业服务能力。

（二）加快网络安全核心技术研发应用

以重大科技专项、工业互联网创新发展工程为依托，加大资源投入和创新要素整合，加快推动工业互联网安全技术的创新。同时，针对工业互联网领域可能成为未来网络攻防对抗的主要领域等趋势，强化实战导向的对抗思维，持续开展工业互联网实战演练，加大对安全技术研发应用和成果转化的支持力度，加强防护经验的积累沉淀。探索新的安全体系设计和技术手段，持续推进行业的网络安全能力建设。

（三）促进大中小企业协同发展

针对信息技术产业快速迭代等内在特征，需加快完善网络安全产业发展的政策法规体系，坚持培育龙头企业和扶持中小型企业发展并举，打造多元化产业生态。从国际经验来看，信息技术领域中小企业往往技术能力强、创新活跃，应以强化知识产权保护为导向，鼓励和扶持网络安全中小企业的发展，避免单纯以企业规模作为重点项目和专项资金支持的衡量标准，支持真正有技术能力的企业获得更多的政策扶持，为工业互联网安全保障提供坚实的产业基础。

（四）拓展资源投入渠道

针对工业互联网安全技术研发周期长、前期投入大等特点，强化产业链、创新链、金融链的有效对接，促进资本与工业互联网产业发展紧密结合、产生互动。鼓励通过设立网络安全产业发展基金、工业互联网安全专项资金、风险补充基金等多种方式，带动更多的社会资金投入，激发企业的创造性和积极性，营造良好的创新发展氛围，推动工业互联网安全产业集聚发展。支持大型央企入股布局网络安全企业，积极支持推动符合条件和国家战略、遵守国家网络安全管理要求的工业互联网相关企业利用资本市场做大做强。

（五）打造多元化的人才培育机制

工业互联网安全人才需求呈现出"菱形"结构，促进产业专业人才结构和培养机制必须与"菱形"人才需求结构相匹配，加大培养既掌握工控知识又熟悉安全防护技术的复合型人才。建立工业企业、网络安全企业、高校等多方联合培养人才的机制，鼓励产业联盟举办以企业实际需要为基础的工业互联网安全赛事。依托工业信息安全重点研究机构，加强国际工业互联网安全领域的热点及动态跟踪，开展工业互联网政策、技术、产业前瞻性研究，加强专题研究和政策储备。

B.15

美国供应链安全管理政策举措研究

徐杰[1]

摘　要： 全球供应链和国际分工体系向纵深发展，各国形成了紧密相连的技术和产业体系。在大国博弈日益激烈，先进技术产业竞争态势加剧的背景下，加强对供应链的安全监管，建立系统的供应链安全管理体系，已经迫在眉睫。我国虽然已经意识到供应链安全的重要性，但仍缺乏整体性、系统性的制度设计，在建章立制方面仍有待进一步完善。美国较早关注供应链安全问题，其实践经验对我国开展相关工作具有一定的借鉴意义。从小布什政府和奥巴马政府时期，再到特朗普政府的政策措施，美国的供应链安全管理举措逐步完善。从演进脉络来看，历届政府都具有清晰的思路和导向，小布什政府重在打基础、建机制，奥巴马政府呈现重战略、强标准的特点。相对前两届政府，特朗普政府在供应链安全方面的做法更显高调、务实、凌厉，他在顶层设计、组织机制、政策法规、评估审查等方面进行了调整深化，且逐渐形成了一套内外不同的主张和行为模式，力图重掌全球供应链，确保国家安全。总体来看，美国的供应链安全管理呈现出认识持续深化、机制日趋完善、功能彼此协调、工具范围延伸等特点。借鉴美国的供应链安全管理经验做法，我们应深刻认识供应链安全的重大意义，建立健全管理和制度体系，更加全面、灵活、创新地解决我

---

[1] 徐杰，国家工业信息安全发展研究中心信息政策所工程师，硕士，主要研究方向为网络安全、供应链安全等。

国面临的供应链安全挑战，更加有力地支撑制造强国和网络强国建设。

关键词： 供应链安全；审查；评估；监管

Abstract: The global supply chain and the international division of labor system have developed in depth, and countries have formed closely linked technology and industrial systems in the world. Under the background of the increasing superpower games and the competition of advanced technology industries, it is urgent to strengthen the security supervision on supply chain, and establish a systematic supply chain security management system. Although China has realized the importance of supply chain security, it still lacks a comprehensive and systematic system design, and it still needs to be improved in terms of establishing rules. US paid attention to the issue of supply chain security earlier, and its practical experience has good reference for China to carry out relevant work. From the time of the Bush administration and early days of the Obama administrations to the Trump administration, the American supply chain security management measures have gradually improved. From the perspective of evolution, previous administrations had clear ideas and orientations. The Bush administration focused on foundation and mechanisms. The Obama administration showed the characteristics of strategic coordination and standard-led. Compared with two previous administrations, the Trump administration's approach to supply chain security is more high-profile, pragmatic, and stern. He has adjusted and deepened in top-level design, organizational mechanisms, policies and regulations, and evaluation review, and gradually formed a set of different propositions and behavioral models inside and outside to control the global supply chain to ensure national security. On the whole, supply chain security management America shows the characteristics of deeply understanding, increasingly perfect mechanisms, coordination of functions, and extension of tools. Learning from the experience of supply chain security management of America, China should deeply understand the significance of supply chain security, establish and improve management and institutional systems, and solve China's supply chain security challenges more comprehensively, flexibly, and innovatively, effectively support the construction of manufacturing power and network power.

Keywords：Supply Chain Security; Review; Evaluation; Supervision

　　美国较早重视供应链安全，并在长期实践中对供应链安全措施进行不断强化和逐步完善，在法律法规、组织机构、战略规划、标准规范、运作机制等方面都进行了较为成熟的统筹规划和制度设计，其发展历程、经验及特点对我国加快完善供应链安全相关工作具有借鉴意义。

一、美国供应链安全管理的历史沿革

　　长期以来，美国一直非常关注供应链安全，但在一段历史时期内，美国关注的重点是实体货物的供应链安全。随着时间的推移，经过历届政府的实践，美国逐渐加强对 ICT 供应链安全的重视程度，加大在该领域的机构设置、政策出台、标准完善、法律制定力度，形成了科学规范、运行有效的制度体系。

（一）小布什政府时期：打基础、建机制

在小布什执政早期，美国政府虽未直接提及"供应链"一词，但在政府采购等领域的做法已经能够体现出其维护供应链安全的目的了。2001年，国家安全电信和信息系统安全委员会（NSTISSC）宣布自 2002 年 7月起，国家安全系统中使用的 ICT 产品必须经美国国家信息保障联盟（NIAP）的信息技术安全通用评估准则（CC）认证。2002 年，国会通过《联邦信息安全管理法案》（FISMA），该法案要求美国国家标准与技术研究院[2]制定安全标准和指南以保护联邦信息系统，并授权白宫管理和预算办公室增强标准的强制性和约束性。

"9·11"事件催生了美国国家安全体制的调整与改革，小布什总统的国家安全助理赖斯称"9·11"事件是"永远改变美国如何看待其全球角色和怎样思考安全问题方式的变革性事件"。"9·11"事件之后，美国从克林顿时期的"主张发展优先"逐渐变化为"主张安全优先"，这直接影响了小布什政府的安全政策走势。2002 年，小布什政府向美国国民公布了国家战略中可能涉及的 53 个重点问题，并在公众中广泛征求意见，其中要求研究供应链与信息安全风险之间的关系，这时已经开始体现政府对供应链的关注。但是，该阶段美国政府看待供应链问题的角度主要是关注美国国内大型企业的运行安全，主要注重企业与供应链的良性互动。美国国家科技委员会于 2006 年 4 月发布《联邦网络安全和信息保障研发计划》，其中明确将 ICT 软硬件的供应链攻击列为一种攻击趋势，并认为单纯的检测手段无法完全解决此类安全问题，这表明美国已经意识到供应链与信息安全之间的密切关系。2007 年，国土安全部专门发布了《增强国际供应链安全的国家战略》，该文件站在国家角度将供应链安全作为一种多层次、统一的目标进行协调部署。

随着日益严峻的全球信息安全形势，供应链安全问题成为小布什政府

---

[2] NIST 的 FISMA 实施项目成立于 2003 年，以制定联邦信息系统所需的安全标准和准则；相关出版物包括联邦信息处理标准（FIPS）系列和 NIST 特别出版物（NIST SP）800 系列等。

网络安全计划的重要组成部分。2007 年，小布什政府制定了《国家网络安全综合计划》（CNCI），其目标之一是增强关键信息技术供应链的安全，并提出制定多管齐下的全球供应链风险管理方法。CNCI 随后被写入 2008 年 1 月发布的第 54 号国家安全总统指令[3]中，该指令要求美国国防部、国土安全部会同财政部、能源部、商务部等部门制定一项战略和实施计划，以更好地管理和减少供应链漏洞。这些文件的制定，标志着美国供应链安全管理进入了系统实施阶段。2008 年，为了响应上述文件要求，小布什政府成立了高级指导、威胁信息共享、采购政策和法律分析、生命周期过程和标准 4 个工作组（见表 15-1），在组织机制的完善方面迈出了重要一步。

表 15-1 小布什政府时期美国供应链安全管理四大工作组

工作组名称	任 务	主要负责部门
高级指导工作组	协调其他 3 个工作组提出的分析和建议，将其纳入全面的供应链风险管理计划，并整合进更大的国家综合网络安全计划	国土安全部、国防部
威胁信息共享工作组	将供应链的相关威胁信息在联邦政府范围内共享	国家情报总监办公室
采购政策和法律分析工作组	制定完善联邦政府采购政策以应对供应链安全风险	管理和预算办公室、总务管理局
生命周期过程和标准工作组	制定供应链安全风险管理相关标准规范和指导文件	NIST、国防部

资料来源：国家工业信息安全发展研究中心整理。

（二）奥巴马政府时期：重战略、强标准

奥巴马上任后力图在安全议题上有所作为，将供应链安全作为重要工作加以全面推进。奥巴马政府在供应链安全管理上的许多措施延续了小布什政府时期的做法，并在 ICT 领域进行了深化。

一是将供应链安全上升至国家战略。2009 年 5 月，奥巴马政府发布报告，评估美国网络空间安全政策，报告继承了 CNCI 对供应链问题的判断，重申了采取综合化、体系化对策的重要性。2012 年 2 月，奥巴马签发《全

---

[3] 该指令同时也是第 23 号国土安全总统指令。

球供应链安全国家战略》，该战略明确提出美国要建立稳定、安全、高效和有弹性的全球供应链系统，并作出一系列部署，包括强化全球供应链系统风险的识别与评估、推进信息共享与智慧供应链发展、强化国内标准与法律规范、推进全球供应链治理结构改造、加强全球资源整合等。该战略系美国首次将供应链安全问题上升至国家战略高度，其重要性凸显，这标志着美国供应链安全管理进入一个新阶段。此外，《国家创新战略》（2015年）、《国家出口战略》（2016年），也分别在供应链创新和供应链安全方面作出了强调。

二是在政府采购领域全面防范供应链风险。2010年3月，美国国防部发布《通过供应链风险管理以提高国防部系统中使用组件完整性》的指令式备忘录（DTM-09-016），指出供应链风险应在整个系统生命周期内通过广泛的防御方法来解决。2010年，《网络安全法案》高度关注ICT供应链中联邦政府采购的安全性，为ICT产品采购作出法律规定。2011财年《国防授权法案》（2011 NDAA）规定美国国防部有权对其采购的ICT技术产品进行审查评估，另将第2012-D050号临时政策作为国防联邦采购补充条例颁布，要求美国国防部将供应链风险作为审查评估的重要因素。2013年11月，美国国防部根据2011 NDAA第806节的授权，在《联邦采办条例国防部补充条例》（DFARS）中增加了《供应链风险通知》临时规则，用于规定对采购的信息产品和服务实施供应链安全风险评估。2015年10月，美国国防部公布了最终规则，规则强化了供应链风险管理的重要性。

三是推动供应链安全管理标准制定向专业化和精细化发展。在国际标准方面，2009年2月，在美国的推动下，ICT供应链风险管理专门委员会[4]成立。该委员会审查了ISO/IEC 27000系列标准在内的相关国际标准，认为有必要专门制定IT供应链安全风险管理标准。随后，美国于2009年11月向ISO/IEC JTC1/SC27[5]提出《IT供应链安全风险管理标准草案》。

---

[4] 该委员会隶属于国际信息技术标准委员会下设的网络安全委员会。

[5] ISO/IEC Joint Technical Committee 1(JTC1)Subcommittee 27(SC27)，即国际标准化组织/国际电工委员会第一联合技术委员会下的信息安全分技术委员会。

2010 年 10 月，SC27 决定重新调整《信息技术安全技术供应商关系的信息安全》（ISO/IEC 27036）的结构，其中第三部分《ICT 供应链安全指南》（ISO/IEC 27036-3）专门针对 ICT 供应链安全提出要求，成为第一项针对 IT 供应链安全提出的国际标准。在美国国内标准方面，2013 年 8 月，NIST 发布《联邦信息系统和组织的供应链风险管理实践》（SP 800-161），该标准参考《计算机信息系统安全风险管理》（SP 800-39）中提出的多层次风险管理方法，将供应链安全管理集成到联邦机构所有组织层级的风险管理活动中，为联邦部门和机构在识别、评估和减轻供应链风险方面提供指导。《联邦信息系统的供应链风险管理实践》（NIST IR 7622）则提供了一套适用于被联邦信息处理标准[6]《联邦信息和信息安全分类标准》（FIPS 199）归类为"高"影响级别的信息系统的实践，并提供系统开发生命周期各阶段的风险缓解策略（见表 15-2）。

表 15-2　奥巴马政府时期 NIST 制定的主要供应链安全标准

时　间	编　号	名　称	主要内容
2009 年	NIST SP 800-53	《联邦信息系统和组织的安全控制措施建议》	该标准描述了信息系统安全控制措施，为不同级别系统推荐不同强度的控制措施；NIST SP 800-53 第 4 修订版提供与 ICT 供应链风险管理相关的控制措施及补充指导
2011 年	NIST SP 800-39	《计算机信息系统安全风险管理》	该标准描述了识别 ICT 供应链风险的活动、层级及控制方法
2012 年	NIST IR 7622	《联邦信息系统的供应链风险管理实践》	该标准阐述了供应链风险管理在 ICT 领域中的应用，还给出了供应链风险管理的实施流程
2015 年	NIST SP 800-161	《联邦信息系统和组织的供应链风险管理实践》	该标准为联邦机构有效管理 ICT 供应链风险提供政策和程序等方面的指引

资料来源：国家工业信息安全发展研究中心整理。

四是开展供应链安全评估与审查。2011 年，美国商务部成立了由 40

---

[6] 美国联邦信息处理标准（FIPS）是 NIST 制定的一类安全出版物，多为强制性标准。FIPS 199 对信息和信息系统的安全类别定义了低、中、高 3 种影响级别。

人组成的供应链竞争力咨询委员会，有条不紊地开展调查评估工作。2011年，美国商务部和国防部进行逐行业逐层级（S2T2）调查，旨在调查美国国防工业的关键薄弱环节，对国防工业基础供应链（尤其是较低层级供应商）进行风险预警。2012 年，美国商务部进行国防工业基础评估，关注混入供应链中的伪冒电子产品。2012 年，美国国家航空航天局（NASA）与商务部进行载人航天工业基础调查，旨在掌握其供应链的构成，同时明确后航天飞机时代的关键风险。2015 年，美国在《综合持续拨款法案》中明确规定美国商务部、司法部、国家宇航局和国家科学基金会对属于NIST 标准规定的"高"影响级别和"中"影响级别联邦信息系统依据 NIST相关标准进行供应链风险审查。

二、特朗普政府供应链安全管理现状

整体而言，较之前几任美国总统，特朗普政府出台的供应链安全相关政策举措更显高调、务实、凌厉的风格，并在 ICT 和国防工业领域大力落实推进，这些均在一定程度上折射出特朗普及其团队对于供应链安全现状复杂性、任务艰巨性的认知。

（一）加强顶层设计，纳入国家安全整体框架

2017 年 12 月，特朗普发布上台后首份综合安全政策文件《国家安全战略》。该战略处于美国战略体系的最高层次，是综合运用和发展各方面力量、为实现国家安全目标而进行的全局性筹划和指导。战略明确提出，为充满活力的美国国内制造业、坚实的国防工业基础及有弹性的供应链提供支持，是美国的优先事项。这表明美国正式将供应链安全纳入国家安全的整体框架内，并予以重视。2018 年 9 月，特朗普政府发布的《国家网络战略》，是时隔 15 年美国再次发布国家层面的网络战略报告。《国家网络战略》提出了改进联邦供应链风险管理、创建供应链风险评估共享服

务、加强对承包商的风险管理实践审查等一系列措施，以建立适应性强、可持续和安全的供应链。

（二）设立专门机构，完善长效工作机制建设

特朗普政府加强了美国国土安全部在供应链安全管理中的职能作用。美国国土安全部在 2018 年动作频频，相继成立了具有供应链管理职能的机构和工作组。2018 年 7 月，美国国土安全部宣布成立新的国家风险管理中心（NRMC），重点是确定、评估和优先考虑美国国家关键职能的风险。该中心的前身是网络和基础设施分析办公室（OCIA），为了应对目前复杂环境的需求而更名。NRMC 的一个主要目的是将战略规划和私营部门的信息共享功能与现有的国家网络安全和通信集成中心（NCCIC）的核心"实时"功能（如事件响应和威胁警报等）分开。10 月，美国国土安全部宣布成立 ICT 供应链风险管理工作组[7]，以识别并管理全球 ICT 供应链风险，该工作组成员来源广泛，包括联邦政府部门、非政府组织、行业协会、联盟及企业等（见表 15-3）。该工作组将专注于跨利益相关者的整体解决方案，制定近期和长期战略，为联邦行政部门、私营关键基础设施公司和各级政府提供支持。

表 15-3　ICT 供应链风险管理工作组成员名单

领　域	名　单
政府部门	美国国土安全部、国防部、财政部、总务管理局、司法部、商务部、国家情报总监办公室、社会保障局等
非政府组织	美国信息技术行业委员会（ITI）、信息技术信息共享与分析中心（IT-ISAC）等
行业联盟	美国网络安全联盟（Cyber Security Coalition）、软件联盟（BSA）等

---

[7] 该工作组是美国国土安全部国家保护和计划局（NPPD）网络供应链风险管理（C-SCRM）计划的一部分。C-SCRM 计划通过为联邦政府机构、私营部门关键基础设施所有者和运营商及州开发和部署供应链风险管理能力，在国家层面领导解决 ICT 产品和服务供应链风险的工作。

续表

领　域	名　单
行业协会	美国无线通信和互联网协会（CTIA）、全国有线与电信协会（NCTA）、全国电信合作协会（NTCA）、全国广播协会（NAB）、通信工业协会（TIA）等
企业	埃森哲、AT&T、思科、戴尔、火眼、英特尔、微软、惠普、三星、新思科技、Centrylink、Charter、Comcast、CyberRx、Cyxtera、Cox、Iconectiv、Interos Solutions、IBM、Palo Alto Networks、Pioneer、Sprint、Threat Sketch、T-Mobile、Ustelecom、Verizon 等

资料来源：国家工业信息安全发展研究中心整理。

（三）健全法律法规，细化法律制度保障体系

2018 年 12 月，特朗普签署《2018 年联邦采购供应链安全法》。该法案为全球供应商带来的供应链风险的识别、评估和缓解提供了相关标准和规则，还为可能被排除在联邦采购之外的供应商提供通知、申诉和司法审查等程序保护。2019 年 12 月，特朗普签署 2020 财年《国防授权法案》（2020 NDAA），使其正式成为法律。该法案第 230 节、第 333 节、第 807 节、第 851 节、第 853 节、第 1648 节等均提及与供应链安全相关的内容表述（见表 15-4），各侧重于不同方面。第 230 节要求为微电子产业提供可靠的供应链和相关安全标准；第 333 节要求强化美国国会报告供应链中 F-35 战斗机零部件的可用性和可靠性；第 807 节要求消除美国对中国稀土材料的依赖；第 851 节要求对电信和视频监控设备和服务的供应链情况进行全面评估；第 853 节针对国防承包商，要求其遵守供应链安全标准，并重点防范网络安全风险；第 1648 节关注核指挥、控制和通信系统的供应链安全。

表 15-4　2020 财年《国防授权法案》中涉及供应链安全的内容

位　　置	要　　点	主　要　内　容
第 230 节	为微电子产业提供可靠供应链和安全标准	要求美国国防部长在充分咨询利益相关者的基础上为美国国防部微电子产品和服务的采购建立可靠的供应链和操作安全标准，授权美国国防部在供应链内为微电子产品及服务设立信任层和安全层
第 333 节	供应链中 F-35 战斗机零部件的可用性和可靠性	要求负责采购和维持的美国国防部副部长向美国参、众议院军事委员会提交报告说明改善供应链中 F-35 战斗机零部件的可用性和可靠性所采取的措施和详细计划
第 807 节	稀土供应链安全	要求强化来自美国国内外的稀土材料的供应链安全，并确保美国在 2035 财年之前消除对中国稀土材料的依赖
第 851 节	电信和视频监控设备和服务供应链安全	要求美国国防部长联合联邦采办安全理事会，以及管理和预算办公室对电信和视频监控设备及服务供应链情况进行全面评估
第 853 节	国防承包商的供应链安全举措	要求国防承包商优先考虑安全问题，缓解网络安全风险，遵守供应链安全标准，要求美国国防部长为国防承包商提供教育、指导和技术援助
第 1648 节	核指挥、控制和通信系统的供应链安全	要求美国国防部长与有关部门协调，向有关的美国国会委员会提交一份关于核指挥、控制和通信系统的规划，其中必须包含供应链安全相关内容

资料来源：国家工业信息安全发展研究中心整理。

（四）重视调查评估，预防化解关键风险事项

一方面，定期开展重点领域的供应链风险评估。美国国防部每年根据美国法典第 10 卷第 2504 条要求向美国国会提交《年度工业能力评估报告》，定期评估美国国防工业技术及工业能力状况，为美国制定国防工业政策、编制美国国防部下一财年预算及进行国防工业能力调整提供重要决策依据。至今已发布 22 份报告，供应链安全是每年度工业能力评估的重要内容。《2018 财年工业能力评估报告》于 2019 年 5 月发布，重点针对航空、地面系统、弹药导弹、制造业网络安全、电子元器件等 16 个领域的国防工业基础和供应链弹性进行评估，识别风险并提出相应的风险解决方案。

2017年2月，美国国防科学委员会（DSB）网络空间供应链工作组发布《国防科学委员会任务小组关于网络供应链的报告》，全面调查了美国国防部电子元器件供应链的相关安全措施，识别薄弱环节，重点关注假冒元器件和软硬件漏洞威胁。

另一方面，从联邦政府整体层面开展全面摸排。2017年7月，美国总统特朗普签署第13806号行政令《评估和加强美国制造能力、国防工业基地和供应链弹性》，要求对美国国家安全至关重要的军用、民用物资，原材料和其他产品的制造能力进行评估，识别行业制造能力和单一来源失效风险。2018年10月，美国国防部长根据第13806号行政命令，向总统提交了美国国防部关于《评估和加强美国制造业和国防工业基础及供应链弹性》的报告，重点评估包括传统领域和新型交叉领域在内的美国制造业和国防工业基础领域核心技术和实力、所面临的安全风险和挑战，并提出改进建议。美国国防部、商务部、劳工部、能源部、国土安全部及其他机构和办公室的300多名专家参与了对行政命令的回应。这项由贸易和制造政策办公室主持、由美国国防部领导的工作，对美国传统部门（如造船）和跨领域推动因素（如劳动力）下的国防工业基地进行了全面且史无前例的评估。

（五）强化审查监管，确保供应链整体安全性

特朗普政府延续并强化了ICT领域的供应链安全审查，对可能损害供应链安全和引发技术外泄的行为加强监管。联邦通讯委员会于2018年4月发布规定，禁止使用普遍服务基金采购威胁美国通信网络或供应链安全的商品或服务。另外，旨在加强对外资监管的新立法，《外国投资风险审查现代化法案》（FIRRMA）在经过美国众参两院通过后，最终于8月由总统特朗普签署生效。该法案对外国投资委员会（CFIUS）[8]的职权范围进行了扩充，并改革了CFIUS审查程序，强化了外资审查机制。

---

8 CFIUS是美国对外国投资进行国家安全审查的具体执行机构，由16个行政部门的代表组成，由美国财政部长担任委员会主席。

三、美国供应链安全管理措施的主要特点

经过历届政府的努力和实践，美国基本建立了比较完善的供应链安全管理体系。纵观供应链安全管理政策的变化及现阶段的发展情况，其突出的特点表现在以下几个方面。

（一）认识持续深化，适应程度不断提高

随着形势的发展变化，美国对供应链安全的重视程度逐渐深化，美国逐渐认识到供应链安全对国家安全的重大意义，将供应链安全风险的产生视作信息社会发展的必然结果。小布什政府、奥巴马政府、特朗普政府的供应链安全管理举措，无不带有鲜明的时代印记，与之相伴的是认识程度的不断加深。特别是特朗普上任后，在"美国优先"和"让美国再次伟大"理念的指导下，致力于寻求重塑美国工业，重掌全球供应链，提高美国经济增速，确保国家安全。特朗普政府对供应链安全问题的关注明显提升，在行动逻辑上更加看重具体落实情况，且逐渐形成了一套内外不同的主张和行为模式，即对内通过建立完善相关制度规则，保护自身供应链安全；对外实行保护主义和本土主义，出于维护美国供应链核心竞争力的目的，限制竞争对手投资美国敏感行业。二者实质上共同服务于其"美国优先"的执政理念。

（二）机制日趋完善，措施力度逐渐加强

美国的政府部门、专业社会机构、企业及攸关各方之间相互作用，在供应链安全管理方面共同建构了盘根错节的组织机制、政策法规体系和配套举措，并在各方面表现出持续加强的特点。从联邦政府运作层面来看，供应链安全管理组织在各司其职、彼此协调的过程中逐渐完整明晰，主要涉及美国国防部、国土安全部、国家标准与技术研究所、管理和预算办公室、总务管理局、情报总监办公室等。由于特朗普上任后着力提升国土安

全部和国防部在保障国家安全中的地位，当前供应链安全的治理架构以白宫、国防部与国土安全部为核心。在行政层面，伴随组织机构的建立完善，美国政府不断颁布供应链安全领域的政策、通告、总统行政命令、战略等，这些政策与命令各有侧重，保障了供应链安全管理的顺利实施。在司法层面，美国针对供应链上的采购、运营、管理各环节，形成了一套相对严密的法律法规体系和配套政策，并在实践中根据具体情况加以细化和补充。

（三）功能彼此协调，主要举措一以贯之

美国致力于在不同时期的众多政策、法律法规中进行平衡和协调，从而有效地解决和调解争议。例如，对于同时拥有美国国防部和国土安全部委托合同的机构而言，一个关键问题是保持美国国防部供应链安全要求，即《联邦采办条例国防部补充条例》（DFARS）-7012 条款和 NIST SP 800-171，与美国国土安全部关于信息共享和战略规划工作之间的一致性。因此，在缺乏美国国土安全部更具体指导的情况下，熟悉相关 NIST 标准和规则的组织可以通过将供应链风险管理和协作整合到现有安全运营和规划中来发挥协同效应。又如，2018 年 9 月，美国国防部根据 2019 财年《国防授权法案》发布了纠正类别偏差的 2018-O0020 并立即生效，以取消 DFARS 239.73 中的日落条款（该条款本该于 2018 年 9 月 30 日到期），即供应链风险相关信息要求。此次重新授权反映了美国国会和国防部不断努力加强对承包商供应链的监督，并将风险管理作为合同履行的衡量标准。

（四）工具范围延伸，泛政治化特点显现

在美国对供应链安全管理采取的诸多政策工具中，安全审查使用的力度和范围频频加大。美国对涉及 ICT 供应链上敏感技术、出口控制技术转让的审查比一般安全审查更为严格，有关这类并购交易几乎都要接受 CFIUS 的审查，且审查制度呈现出审查范围模糊、过程和标准不公开等特点。在 CFIUS 审查框架下，除审查产品安全性能指标之外，产品的研发

过程、步骤、方法、交付手段等都在审查范围之内，同时要求企业自证产品的安全性。CFIUS 可能正在从一个审查国家安全风险的中立机构演变为打压外国科技企业的战略工具。此外，FIRRMA 对"关键技术""国家安全"等核心概念的解释较为模糊，使 CFIUS 能够利用自由裁量权，以维护本国供应链安全为由，更轻易地对其他国家的投资施加特别限制。

四、相关启示

借鉴美国供应链安全管理的经验做法，结合我国制造强国和网络强国建设的需要，我们应深刻认识供应链安全的重大意义，做好规划，明确任务，夯实基础，加快推进供应链管理工作，保障我国供应链安全的健康发展。

（一）建章纳制，完善全方位的制度体系建设

纵观不同时期美国供应链管理的特点，美国历届政府不断完善供应链安全方方面面的体系构建和制度建设。相较之下，中国在供应链安全的建章立制方面仍不完善，需要通过构建一个稳定的制度化框架，加速推动供应链安全领域的相关战略、方针、法律、规章、标准等，将资源有效整合，更加全面、灵活、创新地解决我国面临的供应链安全挑战。一方面，建议加快出台供应链安全领域的战略规划，为供应链安全管理政策法规的制定进行顶层设计和规划；另一方面，建立全生命周期供应链风险管理机制，形成信息跟踪、风险识别、危机应对联动的管理体系，提升全球供应链风险防控能力。

（二）苦练内功，尽快突破关键核心技术瓶颈

美国拥有的巨大技术优势使其在解决供应链安全问题时从容不迫，手段多样。我国供应链安全问题的核心，是基础技术积累不足，关键产品和服务严重依赖国外，往往不得不面对"巧妇难为无米之炊"的局面，这使

我国在解决供应链安全问题时受到巨大的技术制约。需要最大限度地整合政、产、学、研、用各界资源，发挥集中力量办大事的制度优势，形成关键核心技术攻坚体制，实现高端芯片、微处理器、操作系统等在易用性、可靠性和安全性上的突破。以问题为导向，加快建立关键共性技术体系，在短板和下一代前沿技术领域抓紧布局，确保关键核心技术牢牢掌握在自己手里。

（三）防范风险，建立重点领域安全审查机制

借鉴美国供应链安全审查制度的成熟经验，我国应建立健全供应链安全审查机制。围绕信息通信技术产品的采购、使用、运维和管理，形成一套相对严密的审查体系。供应链安全审查与政府采购、认证认可和技术进出口等相关制度密切相关，可以考虑在相关立法中融入供应链安全审查的要求。对进入重点领域的产品供应链进行安全评估，对平台型企业的供应商进行安全审查，研究制定相应的审查和评估规范。对关键软硬件产品进行源代码扫描，评估其安全性和合规性，形成负责任的供应商清单，并对供应商进行分级管理。

（四）加强研究，持续动态追踪掌握最新态势

我们应持续跟进美国在安全战略、制造业行业能力评估、供应链管理等相关领域政策的发展推进情况，特别是美国关键政府部门、核心智库的观点导向；加强跟踪研究，及时掌握其发展动态，反馈分析这些情况对我国供应链发展的影响。我们应强化问题意识，注重深度调研，就当前我国供应链环节存在的突出问题和重大难题进行前瞻性思考，提高综合研判和战略谋划能力；加强关键行业的供应链布局和分析，对政府政策、法律法规、竞争对手等情报信息进行严密收集跟踪，提高风险评估与预警能力，提出可行的应对方案；强化舆论引导，充分发挥智库的沟通桥梁作用，帮助解决信息不对称、供应链对接不充分等问题。

参考资料

1. 倪光南，陈晓桦，尚燕敏，等. 国外 ICT 供应链安全管理研究及建议. 中国工程科学，2016-12。

2. 左晓栋. 美国政府 IT 供应链安全政策和措施分析. 信息网络安全，2010-5。

3. 范科峰，赵鸿雁，王惠莅. ICT 供应链风险管理标准研究. 信息技术与标准化，2014-6。

4. 张绍芳，张宁，胡冬冬. 美国防工业企业供应链管理初探. 飞航导弹，2014-10。

5. 李巍，赵莉. 美国外资审查制度的变迁及其对中国的影响. 国际展望，2019-1。

6. National Security Presidential Directive/NSPD-54 and Homeland Security Presidential Directive/HSPD-23. The White House, Washington, DC, 2008-1-8。

7. National Institute of Standards and Technology, NIST Special Publication 800-161, Gaithersburg, 2015-4。

8. National Institute of Standards and Technology, NIST IR7622, Gaithersburg, 2012。

9. National Cyber Strategy of the United States of America. The White House, Washington, DC, 2018-9。

10. National Security Strategy of the United States of America. The White House, Washington, DC, 2017-12。

11. Interos Solutions, Inc., Supply Chain Vulnerabilities from China in U.S. Federal Information and Communications Technology. Alexandria, 2018-4。

12. Assessing and Strengthening the Manufacturing and Defense Industrial Base and Supply Chain Resiliency. Department of Defense, Virginia, 2018-9。

13. National Strategy for Global Supply Chain Security. The White House, Washington, DC, 2012-1。

B.16
我国数据安全立法现状及建议

李端[1]

摘　要： 数字经济时代，人们的社会生活和社会行为越来越多地转化为网络空间中的信息数据流，信息的收集、处理、加工和大数据挖掘技术的飞速发展，使得数据被大规模自动化地收集、存储、加工和利用成为可能。然而，数据的开放与流动在为经济和贸易带来巨大发展机会的同时，也带来了潜在的数据安全风险。近年来，数据安全事件频发，引发社会各界对数据开发利用过程中的数据安全问题的广泛关注和反思。根据本文的分析发现，数据安全形势日趋严峻，网络互联互通推动数据空前汇聚。数据在发挥巨大商业价值的同时，也引发了一系列数据安全事件，加剧了数据安全风险，出现了非法获取数据（数据被盗取和泄露）、合法获取数据但过度开发数据（数据滥用），以及围绕数据资产的争夺和对抗（数据跨境流动与跨境执法）等问题。我国在本地化存储、分类分级保护等数据安全细分领域已制定了相应的规则和制度，对民事、刑事、经济纠纷等具体司法情况下的数据安全进行了不同程度的保护，但尚缺乏数据安全的统领性、框架性法律，并且在数据确权制度、数据跨境管控机制等方面有待完善。因此，建议制定数据安全的顶层法律，并在数据安全立法和配套文件中，明确数据安全范围、数据确权标准和监管机制，切实保护我国的数据安全。

---

[1] 李端，国家工业信息安全发展研究中心信息政策所工程师，硕士，主要研究方向为工业信息安全、工业互联网安全、数据安全等。

关键词： 数据安全；共享；立法

Abstract： In the era of the digital economy, people's social life and behavior are transformed into information and data flows in cyberspace. The rapid development of big data mining technology and related technologies have enabled mass data to be collected, stored, processed and utilized automatically on a large scale. However, while the openness and flow of data has brought huge development opportunities for the economy and trade, it has also brought potential data security risks. In recent years, frequent data security incidents have aroused widespread concern on the issue of data security in the process of data development and utilization. This article finds that the situation of data security is becoming increasingly serious, and network connectivity is driving an unprecedented data fusion. Although the data has unlocked great commercial value, it has also caused a series of data security risks and incidents, such as illegal access to data (data stolen and leaked), legal access to data but overexploitation of data (data abuse) and the issues surrounding competition and confrontation of data (cross-border data flow and law enforcement). In China, corresponding rules and systems have been formulated in the areas of data security such as local storage and classification protection, and data security has been protected to varying degrees in civil, criminal, and economic disputes, but there is still lacking the general and framework data laws, data confirmation systems, data cross-border management and control mechanisms.Therefore, China should specify top-level data security laws, and clarify the scope of data security, data authorization standards and supervision mechanisms in the data security legislation and supporting documents to effectively protect China's data security.

Keywords：Data Security; Sharing; Legislation

随着数字化、网络化程度的不断加深，大量涉及个人隐私、财产信息和行为轨迹的数据在互联网上存储和传输，保护数据安全的重要性不言而喻。我国高度重视数据安全保护工作，已在《网络安全法》《保守国家秘密法》《消费者权益保护法》《电子商务法》等现行法律中针对不同范围、不同司法需求设立相应的数据安全条款，但仍存在缺乏统一的顶层设计、数据确权等领域尚存在制度空白、应对国外"长臂管辖"的手段有待完善等问题。基于此，有必要制定多管齐下的措施来应对问题和挑战，保障我国的数据安全。

一、数据安全问题日益凸显

随着互联网、大数据、云计算、区块链等信息通信技术的不断发展，人与人、人与物、物与物之间的联系更加密切，数据量激增，数据的价值不断显现。据 IDC 预测，全球数据总量预计在 2020 年达到 44ZB，我国数据量将达到 8060EB，占全球数据总量的 18%。庞大的数据量、强烈的应用需求和隐含价值，使数据成为数字经济时代的基础性战略资产，被各国政府、企业、组织和个人广泛关注。但是，数据在引领发展、创造价值的同时，也带来严峻的安全风险，数据泄露、数据滥用、非法跨境等经济问题频发，对个人隐私、经济稳定发展乃至国家安全构成严重威胁。

（一）数据的平台化汇聚引发和加剧数据安全风险

随着我国互联网技术应用的不断加深，电子商务平台、网络社交平台、工业互联网平台等建设和应用走向深入，原本分散存储的个人信息数据、金融数据、生产数据等被汇聚集中存储在特定的区域内（如数据库、存储服务器等），形成数据的"蜜罐效应"，使该存储区域容易成为网络犯罪的攻击目标，网络攻击的技术成本大幅降低，数据安全风险加剧。近几年，发生的数据泄露事件的主体大部分是互联网服务公司、电信运营商和云服务商。例如，2019 年 2 月—3 月间出现在暗网上的 8.7 亿条网站用户账号信息据称全部来自 38 个热门网站，涉及社交网站、在线招聘网站、数字营销网站、约会网站、电商网站等。

（二）数据蕴含的巨大价值导致数据成为窃取的重要目标

数据在汇聚、处理、分析和优化的过程中创造出巨大的商业价值、经济价值和社会价值，支撑电商新零售、社交网络、泛在制造、社会化企业等新业态、新应用的发展。在用户对数据价值认可的同时，无数的攻击者也一直对企业数据跃跃欲试，甚至付诸行动通过非法获取的数据进行牟利，大规模数据泄露事件层出不穷。公民的身份信息可以被用作不法交易，因而成为黑客攻击的重点目标，有关个人信息的泄露、收集、转卖已经形成了完整的黑色产业链。近年，前程无忧招聘网站、AcFun 弹幕视频网、圆通快递、顺丰速运、华住集团、新加坡航空、国泰航空等平台先后被曝出大量用户数据遭到泄露并在暗网被公然售卖。用户账号数据也是重点的窃取目标，人们为使用各种互联网服务而注册的账号若被不法分子掌握，不仅可以获得用户访问权限和相应服务，而且还可以用于"撞库"，造成其他网站或应用程序的账号相继被盗。2019 年 3 月，脸谱被曝有 2 亿~6 亿名用户的密码未经任何加密措施以明文方式储存，并被数千名脸谱工程师访问了约 900 万次。企业或政府部门的机密数据泄露事件也时有发生，国家秘密、内部文档等机密数据的泄露将造成经济损失甚至影响国家安全。

例如，2019 年 1 月，包括德国总理默克尔在内的数百名德国政界人士的数据文件通过推特账户在网上传播，这些数据包括电子邮件、手机号码、地址、私人聊天对话、银行详细信息及政党内部文件等，这很可能引发地区政治问题。

（三）数据信息过度商业化利用引发数据被滥用风险

数据的非消耗特性、可复制性、共享性等特性，使同一数据可以被多个个体、多次使用，并产生不同的价值。但对数据资源蕴藏价值的过分挖掘和分析，也容易产生数据过度解读的数据滥用问题。尤其在个人数据方面，商家利用正规途径收集的个人信息，通过大数据挖掘等技术形成信息不对称，可对不同的消费者进行有针对性的广告宣传或市场营销以提高利润，造成"信息茧房""大数据杀熟"等现象，这些行为对消费者利益造成极大损害。2019 年 3 月，抖音违反开放平台用户协议，将来源于微信、QQ 开放平台的微信、QQ 头像、昵称等数据提供给多闪使用，被法院裁定立即停止不当行为。

（四）数据跨境流动催生数据资产跨国争夺

网络空间具有超越国界的特点，数据开放与跨境流动中的数据安全不仅关系数据主体的个人隐私，更关系一个国家的数据主权。美国《澄清境外数据合法使用法案》、欧盟《一般数据保护条例》等法律突破了传统的"属地管辖"和"属人管辖"原则，通过跨境调取数据或保护性管辖等"长臂管辖"措施将执法权延伸至其他国家，针对数据资产进行"跑马圈地"，对我国网络主权和数据主权形成了巨大的挑战，加大了我国数据资源流失的风险。此外，以美国、日本等为代表的国家在多种场合、通过多种途径质疑我国《网络安全法》中数据本地化等规定，试图扩展其数据管辖范围，方便美国获取和使用全球数据。美国贸易代表办公室在 2019 年 2 月初发布的《2018 中国 WTO 合规报告》中指责我国制定跨境数据限制和数据本地化条款，限制了外国公司在中国开展业务的方式。

二、我国数据安全立法现状

目前，我国数据安全尚未出台统一立法，数据安全的相关规定主要分布于《网络安全法》《民法总则》《刑法》《保守国家秘密法》《电子商务法》《消费者权益保护法》《政府信息公开条例》《征信业管理条例》等法律法规及部门规章中，立法要点主要集中在数据本地化存储、跨境传输和跨境执法、分类分级保护、个人信息保护等领域。我国现行法律中关于数据安全的部分规定如表 16-1 所示。此外，《数据安全法》《个人信息保护法》《电信法》《密码法》4 部涉及数据安全的立法已被列入十三届全国人大常委会立法规划第一类项目。我国对于数据安全的保护力度正在加强。

表 16-1 我国现行法律中关于数据安全的部分规定

文件名称	颁布/修订/修正时间	数据安全相关内容概述
《国际刑事司法协助法》	2018 年 10 月颁布	《国际刑事司法协助法》规定国际刑事司法协助不得损害中华人民共和国的主权、安全和社会公共利益，不得违反中华人民共和国法律的基本原则。非经中华人民共和国主管机关同意，外国机构、组织和个人不得在中华人民共和国境内进行本法规定的刑事诉讼活动，中华人民共和国境内的机构、组织和个人不得向外国提供证据材料和本法规定的协助（第四条）
《电子商务法》	2018 年 8 月颁布	《电子商务法》规定电子商务经营者依法向有关主管部门提供电子商务数据信息的义务及有关主管部门对数据信息安全的保护义务（第二十五条）；规定电子商务平台经营者需确保商品和服务信息、交易信息的完整性、保密性、可用性，并规定了以上信息的保存时间（第三十一条）；鼓励电子商务数据的开发利用，保护电子商务数据的自由流动，规定由国家推动建立公共数据共享机制（第六十九条）；规定了相关部门工作人员违反个人信息保护义务的法律责任（第八十七条）

文件 名称	颁布/修订/ 修正时间	数据安全相关内容概述
《反恐怖 主义法》	2018 年 4 月 修正	电信业务经营者、互联网服务提供者应当依照法律、行政法规规定，落实网络安全、信息内容监督制度和安全技术防范措施，防止含有恐怖主义、极端主义内容的信息传播；发现含有恐怖主义、极端主义内容的信息的，应当立即停止传输，保存相关记录，删除相关信息，并向公安机关或者有关部门报告。网信、电信、公安、国家安全等主管部门对含有恐怖主义、极端主义内容的信息，应当按照职责分工，及时责令有关单位停止传输、删除相关信息，或者关闭相关网站、关停相关服务。有关单位应当立即执行，并保存相关记录，协助进行调查。对互联网上跨境传输的含有恐怖主义、极端主义内容的信息，电信主管部门应当采取技术措施，阻断传播（第十九条）
《民法总则》	2017 年 3 月 颁布	自然人的个人信息受法律保护。任何组织和个人需要获取他人个人信息的，应当依法取得并确保信息安全，不得非法收集、使用、加工、传输他人个人信息，不得非法买卖、提供或者公开他人个人信息（第一百一十一条）
《刑法》	2017 年 11 月 修正	《刑法》确定了侵犯公民个人信息罪（第二百五十三条之一）；非法侵入计算机信息系统罪；非法获取计算机信息系统数据、非法控制计算机信息系统罪；提供侵入、非法控制计算机信息系统程序、工具罪（第二百八十五条）；破坏计算机信息系统罪；网络服务渎职罪（第二百八十六条）；拒不履行信息网络安全管理义务罪（第二百八十六条之一），并明确了各自的罚则
《网络安全法》	2016 年 11 月 颁布	《网络安全法》明确了网络安全工作的监管部门（第八条）；对网络安全和网络数据安全进行了总体规定（第十条、第十八条）；规定我国实行网络安全等级保护制度并明确网络运营者的安全保护义务，要求采取数据分类、重要数据备份和加密等措施（第二十一条）；规定任何个人和组织不得从事危害网络安全的活动（第二十七条）；提出关键信息基础设施的概念，规定要对重要行业和领域及关键信息基础设施进行重点保护（第三十一条）；明确了个人信息和重要数据境内存储原则及出境安全评估制度并规定了相关罚则（第三十七条、第六十六条）；对网络安全、个人信息和网络数据等概念进行了明确（第七十六条）
《国家安全法》	2015 年 7 月 颁布	《国家安全法》规定国家建设网络与信息安全保障体系，提升网络与信息安全保护能力，加强网络和信息技术的创新研究和开发应用，实现网络和信息核心技术、关键基础设施和重要领域信息系统及数据的安全；加强网络管理，防范、制止和依法惩治网络攻击、网络入侵、网络窃密、散布违法有害信息等网络违法犯罪行为，维护国家网络空间主权、安全和发展利益（第二十五条）

文件名称	颁布/修订/修正时间	数据安全相关内容概述
《国家安全法》	2015年7月颁布	国家建立国家安全审查和监管的制度和机制，对影响或者可能影响国家安全的外商投资、特定物项和关键技术、网络信息技术产品和服务、涉及国家安全事项的建设项目，以及其他重大事项和活动，进行国家安全审查，有效预防和化解国家安全风险（第五十九条）
《消费者权益保护法》	2013年10月修正	《消费者权益保护法》确认消费者享有个人信息依法得到保护的权利（第十四条）；明确经营者收集和使用消费者个人信息时需遵循的原则和要求及信息安全保护的义务（第二十九条）；明确经营者侵害消费者个人信息依法得到保护的权利所应承担的民事责任和行政处罚（第五十条、第五十六条）
《保守国家秘密法》	2010年修订	《保守国家秘密法》规定涉密信息系统按照涉密程度实行分级保护并按照国家保密标准配备保密设施、设备（第二十三条）；规定机关、单位应当加强对涉密信息系统的管理，列举出任何组织和个人不得有的行为（第二十四条）；明确了互联网及其他公共信息网络运营商、服务商配合公安机关、国家安全机关、检察机关对泄密案件进行调查的义务，向公安机关、国家安全机关或者保密行政管理部门报告有关情况的义务及删除涉及泄露国家秘密的信息的义务并规定违反规定的由公安机关或者国家安全机关、信息产业主管部门按照各自职责分工依法予以处罚（第二十八条、第五十条）；列举出给予处分或追究刑事责任的行为（第四十八条）

（一）数据本地化存储

数据本地化存储政策是目前我国普遍实行的数据安全保护策略，通过将数据的存储限制在境内，保护网络安全或维护公民的隐私。现行法律法规中涉及本地化存储的领域包含个人信息、重要数据、征信数据、地图信息等，其他领域无明文规定是否允许在境外存储网络数据。具体的法律条文多为框架性、方向性的描述，详细的操作流程、判定标准和实施办法还尚未涉及。

《网络安全法》规定境内收集和产生的个人信息和其他重要数据在境内存储，形成了我国保护个人信息和重要数据的基本法律框架。《征信业管理条例》规定征信机构要在境内整理、保存和加工境内采集的信用信息，对我国的企业、公民的征信信息进行保护。《地图管理条例》规定互联网地图数据服务器需要设在我国境内，地图数据需要本地储存，以维护国家主权、保障地图信息安全。《中国人民银行关于银行业金融机构做好个人金融信息保护工作的通知》也规定了个人金融信息的本地化存储。

（二）数据跨境传输与跨境执法

在数据出境和跨境传输方面，现行法律法规基本建立了较为完备的数据出境制度。《网络安全法》规定了个人信息和重要数据境内存储的原则，因业务需要确需向境外提供个人信息和重要数据的，则需要进行安全评估。规范个人信息和重要数据出境的安全评估办法和相关国家标准处于征求意见稿阶段，尚未正式出台。《征信业管理条例》规定在遵守法律法规和主管部门有关要求的条件下，征信机构可向境外组织或者个人提供信息。《中国人民银行关于银行业金融机构做好个人金融信息保护工作的通知》对于金融数据的出境采取原则上禁止的态度，除法律法规及中国人民银行另有规定外，银行业金融机构不得向境外提供境内个人金融信息。

在跨境执法的实施和抵制方面，我国尚无支持有关部门因国家安全、经济活动或行政原因跨境调取数据的法律法规条文，但在刑事诉讼领域，2018年10月颁布的《国际刑事司法协助法》为我国境内机构、企业和个人抵制外国的跨境执法和调取数据提供了法律依据。《国际刑事司法协助法》提出国际刑事司法协助不得损害我国的主权、安全、社会公共利益和我国法律基本原则，非经我国主管机关同意，外国机构、组织和个人不得在我国境内进行本法规定的刑事诉讼活动，我国境内的机构、组织和个人不得向外国提供证据材料和相关协助。这体现了我国坚决抵制美欧跨境执法"长臂管辖"措施的基本立场。

（三）数据分类分级保护

目前，我国《网络安全法》《保守国家秘密法》《政府信息公开条例》

《证券期货业数据分类分级指引》等法律法规和标准针对不同领域的数据进行了不同分类，但我国尚未制定适用于数据出境和数据共享公开的数据分类分级统一标准。

《网络安全法》要求网络运营者采取数据分类、重要数据备份和加密等措施，防止网络数据被窃取或者篡改。《保守国家秘密法》将国家秘密的密级分为绝密、机密、秘密三级，并且分别进行了基础界定。《保守国家秘密法实施条例》对国家秘密的范围和密级进行了进一步的规定，对于涉及国家秘密的信息或数据，也应当适用我国关于保守国家秘密的相关规定。《政府信息公开条例》将政府信息依法公开作为原则，将政府信息划分为了依法确定为国家秘密的政府信息、涉及商业秘密和个人隐私等公开会对第三方合法权益造成损害的政府信息、行政机关内部事务信息及一般政府信息，并对不同的政府信息进行了公开方面的不同规定。《证券期货业数据分类分级指引》给出了证券期货业数据分类分级方法，作为证券期货行业的行业标准对证券期货行业的数据分类分级提供了可操作指南。

（四）个人信息保护

目前，我国有 40 余部法律、30 余部法规、近 200 个部门规章中涉及个人信息的使用和保护，内容主要涉及姓名、肖像、名誉、隐私等。但由于起草部门、颁布事件、适用范围等不同，尚未形成统一的个人信息或个人隐私数据定义，以及相对应的保护机制。

《网络安全法》规定了网络运营者、网络产品或服务的提供者对个人信息的保护义务，防止公民个人信息数据被非法获取、泄露或者非法使用。《民法总则》规定了组织和个人获取他人个人信息须确保信息安全，不能非法收集、使用、加工、传输、买卖、提供或公开他人个人信息。《刑法修正案（九）》明确了侵犯公民个人信息罪的定罪量刑标准及从重处罚的情形，明确了单位犯罪的处罚标准，体现了我国对侵犯个人信息行为较强的打击力度。《电子商务法》在规范电子商务行为的同时注重对电子商务用户个人信息的保护。《消费者权益保护法》明确规定消费者在购买、使用商品和接受服务时享有个人信息依法得到保护的权利。《电信和互联网用户个人信息保护规定》规范了电信业务经营者、互联网信息服务提供者在提供电信服务和互联网信息服务过程中收集、使用用户个人信息的活动。《互联网个人信息安全保护指南》制定了个人信息安全保护的管理机制、安全技术措施和业务流程，有助于防范互联网上侵犯公民个人信息的违法行为。《征信业管理条例》规定采集个人信息需经信息主体本人同意，未经本人同意不得采集，并规定了宗教信仰、基因等需明确告知不利后果并获得书面同意才能采集的个人信息。《信息安全技术 公共及商用服务信息系统个人信息保护指南》对个人信息流动过程中的各主体进行了界定，规定处理个人信息应有特定、明确和合理的目的，并在个人信息主体知情的情况下获得个人信息主体的同意，在达成个人信息使用目的之后删除个人信息。

三、我国数据安全立法存在的主要问题

从积累多年的立法实践来看，我国越来越重视数据安全保护工作，但数据资源本身具有的易复制、易扩散、去地域化等特征，使数据确权、管理、溯源和取证的难度极大，我国数据安全法治建设尚处于探索初期，法律法规、监管机制、数据治理规则有待完善。

（一）缺乏法律层级的数据安全统一指引

总体来看，现行法律各有侧重地对数据安全进行了规定，初步构建了民事、行政和刑事保护相结合的数据安全法律框架，但是分散于各项法律法规的数据安全保护条款内容不集中，标准不统一，部分规定存在交叉，产生管辖力度、处罚力度不一致的问题。就立法现状来看，数据、重要数据和数据安全等数据安全相关基础定义在各项法律法规中并未统一，这种分散立法和定义不同不利于数据安全相关法律问题的处理和解决。

不同于英美法系国家可以根据实际判例随时对现有法律体系进行补充和完善，我国作为大陆法系国家，成文法是最主要的法律渊源，社会生活的各方面主要依赖成文法的制定加以规范，因此对于国家安全和社会稳定的重要事项，应该出台高位阶的法律加以规范。目前，数据保护统一立法已成为国际趋势，长期实行分散立法模式的美国也在讨论在联邦层面出台统一的数据保护法。我国急需对分散在现行法律中的数据安全相关规定进行整合，出台统一的数据安全法律。

（二）数据权属认定急需法律依据

随着数字经济的发展，数据的财产属性不断加强，数据被采集汇聚、加工处理和分析后，往往形成了超越原始采集数据堆积而具备的价值。数据确权是数据开放、流通和交易的前提，但目前法律层面缺乏数据确权相关规定。《民法总则》《网络安全法》等现行法律均未确定数据的财产属性，也未明确数据产权归属及数据确权标准。若数据权属无法确定，那么发生数据安全事件后将难以归责，数据产权主体将难以获得相应的救济，不利于数据产业的发展。

实践中我国大多数数据默认为互联网平台所有，并且有法院支持的先例。随着大数据产业的发展，实践中大数据确权主体呈现出多元化特点，主要包括大数据交易所、行业机构、数据服务商、大型互联网企业等非政府机构。此外，在技术支持上，区块链等技术正积极应用于大数据确权。但是法律规定的缺位使得大数据确权实践缺乏公信力和权威性，部分互联网平台利用电子格式合同对个人数据进行强制确权，不仅导致个人用户的隐私权难以得到保障，也使得互联网企业的用户信任度降低，不利于产业和企业的发展。

（三）跨境数据管控范围和审查制度有待完善

我国对于网络数据安全仍然实行传统的属地管辖原则，《网络安全法》

将效力范围明确限定在中国境内（第 2 条规定），这使我国无法有效应对欧美"长臂管辖"跨境调取数据的行为，不利于我国在网络空间维护数据主权。虽然《国际刑事司法协助法》明确规定中国境内的主体未经主管机关的同意不得向外国提供证据材料和其他协助，表明了我国从法律层面抵制欧美"长臂管辖"的立场，但其适用范围仅为刑事司法情形，而大量的跨境调取数据场景是在民事领域和经济纠纷领域，无法对欧美在我国调取证据时产生的数据安全问题进行有效的法律规范。

在数据跨境流动方面，我国体现出较强的数据本地化倾向。《网络安全法》第 37 条规定关键信息基础设施的运营者在中国境内运营中收集和产生的个人信息和重要数据应当在境内存储，确需向境外提供的应当按照规定进行安全评估。这项规定从措辞来看主要是对关键信息基础设施运营者提出要求而非对所有网络运营者，需要进行安全评估的数据也仅限于个人信息和涉及国家安全和公共利益的重要数据，似乎并未对商事活动中的数据传输进行限制。然而，一方面关键信息基础设施的界定具有开放性，许多企业的业务范围很可能牵涉其中；另一方面商事活动中收集的数据也很可能涉及国家安全和公共利益，这就导致大量的商业数据也被纳入重要数据范围而被限制流动，这不利于我国企业"走出去"及充分享受数字经济的红利。

四、我国数据安全立法建议

《数据安全法》已列入第十三届全国人民代表大会立法规划，制定数据安全相关法律或相应条例细则时，建议考虑数据安全立法的定位和与其他相关法律法规的协调配合，明确数据安全的范围界定，强化数据确权的法律依据，加强数据安全国际合作，制定外国跨境执法的应对措施等问题，切实保障我国数据安全和数字经济健康发展。

（一）明确数据安全立法的定位

现行法律法规的数据安全相关条款较为分散，急需统一的数据安全顶层立法，明确数据安全相关立法在法律体系中的定位。数据安全关乎我国网络安全及国家安全，需要从国家安全的层面进行数据安全立法，统领和协调其他涉及数据安全规定的法律法规，并通过下位法、条例、实施细则、政策规章等提升可操作性。

在立法过程中需要调整好与其他法律之间的关系，避免立法重叠和立法资源浪费。

一方面，要做好与《网络安全法》的衔接。数据安全统一立法出台后将和《网络安全法》一同作为《国家安全法》的配套法律。《国家安全法》第 25 条分别强调了网络和信息核心技术、关键基础设施和重要领域信息系统及数据的安全性，该定位要求数据安全相关立法和《网络安全法》在总体国家安全观的指导下发挥各自在保护国家安全层面的规范作用。《网络安全法》第 1 条已明确，其立法目的侧重于保障网络安全及维护网络空间主权和国家安全。因此，数据安全立法时应当侧重于关注数据的安全保护，并且所保护的数据应当是包括网络数据和非网络数据在内的全类型数据。

另一方面，要注重与个人信息保护立法的衔接。个人信息由于关乎信息主体的人格利益而需要受到专门立法的保护，结合其他国家对个人信息立法的实践，个人信息保护立法主要是对个人信息在收集、存储、处理、加工和使用全流程的保护。在数据安全立法时，建议将立法重点放在数据在流动过程中的安全保护上，对数据泄露、数据滥用等行为进行规范，同时注重对重要数据等非个人数据的保护，避免对个人信息保护进行重复性规定。

（二）明确数据安全相关基础定义

目前，分散于不同法律法规中的数据安全相关规定对于数据、数据安全和重要数据的定义并未统一，在数据安全立法时，需要明确数据安全的相关基础定义。

一是明确数据的概念。对数据概念进行界定是明确数据安全立法调整范围的基础和前提。《网络安全法》第 76 条将个人信息定义为"以电子或者其他方式记录的能够单独或者与其他信息结合识别自然人个人身份的各种信息，包括但不限于自然人的姓名、出生日期、身份证件号码、个人生物识别信息、住址、电话号码等"；将网络数据定义为"通过网络收集、存储、传输、处理和产生的各种电子数据"。《网络安全法》调整的重点是网络空间中的个人信息和网络数据的安全，在数据安全立法中，关注的不仅是网络数据，还包括储存于其他系统中的非网络数据；调整的不仅是个人信息数据，还包括无法识别出特定个人的非个人数据。因此，在数据安全立法时，应当对数据的内涵和外延进行统一规定。

二是明确重要数据的概念。重要数据的认定关系数据跨境流动中的国家安全，而重要数据定义的明确是其认定的基础。《网络安全法》第 37 条规定了重要数据应在境内存储，跨境流动需经过安全评估。但第 76 条对相关概念进行定义时并未对重要数据进行统一界定。《个人信息和重要数据出境安全评估办法（征求意见稿）》将重要数据界定为"与国家安全、经济发展，以及社会公共利益密切相关的数据"，并规定重要数据具体范围"参照国家有关标准和重要数据识别指南"。全国信息安全标准化委员会起草的《信息安全技术 数据出境安全评估指南（草案）》对数据出境安全评估进行了规定，并通过《重要数据识别指南》明确了重要数据的具体范围，但其作为推荐性国家标准并不具有强制执行力，其对重要数据的界定难以对配套法规、实施细则等较高层级的规定提供指引。因此，有必要在法律层面对重要数据进行明确界定，为重要数据出境相关配套规定提供高层级的法律依据。

三是明确数据安全的内涵。《网络安全法》第 76 条对网络安全的定义明确为"通过采取必要措施，防范对网络的攻击、侵入、干扰、破坏和非法使用及意外事故，使网络处于稳定可靠运行的状态，以及保障网络数据的完整性、保密性、可用性的能力"，在后续数据安全立法时建议借鉴《网络安全法》立法技术，对数据安全的内涵进行明确界定。

（三）从法律层面明确数据产权归属

数据已成为国家基础性战略资源，数据确权是数据开放、流通和交易的前提，是数据应用的核心，也是落实数据安全责任的基础。建议根据不同的数据来源，从法律层面明确数据的产权归属，明确各方主体对于数据的权利、义务和责任。根据数据来源不同，数据可分为公共数据、个人数据和企业数据，建议对不同的数据采取不同的确权方法。

公共数据是政府部门在行政执法的过程中产生的信息，如行政许可信息、行政处罚信息、法院诉讼信息等。公共数据由政府和法律的强制力产生，在归属上应当属于公共数据的收集和持有方，即产生公共数据的政府部门，同时公共数据对个人的社会生活、企业的生产经营具有一定的影响，也关乎公共利益，因此对于公共数据在确权的同时应该以促进信息公开为导向，这样有利于减少社会信息收集的成本。

企业数据是企业在生产经营活动中掌握的数据或者作为信息中介采集、聚合的数据。个人数据是行为数据、消费数据、社交数据、地理位置数据等与个人生活密切相关的数据。与个人数据无关的企业数据归属于企业，个人在网络空间留下的未被互联网企业采集和汇集成大数据的个人数据归属于个人。而企业数据和个人数据确权的难点在于，随着互联网信息技术的发展，数据流动日益频繁，个人数据被互联网企业收集后往往汇聚形成大数据，个人数据与企业数据的界限日益模糊。若将互联网企业所掌握的与个人相关的数据都认定为归属于个人，将会增加数字经济运行成本，不利于数据的合理公开和流动，也不利于大数据技术的发展和创新；若将互联网企业控制的大数据权利归属于企业，当发生数据安全事件时，数据主体可能难以主张对个人数据的所有权从而获得合理救济。

数据安全保护和数据确权并不是对立的，而是一个问题的两个方面，体现的是社会发展和个人利益的博弈。对于大数据的确权，建议将个人数据分为个人敏感数据和个人一般数据分别认定数据的所有权归属。目前，《信息安全技术　公共及商用服务信息系统个人信息保护指南》中规定个人信息由个人敏感信息和个人一般信息构成，并对个人敏感信息进行了定义和列举，但是该指南作为指导性技术文件只是从软法层面对个人信息进行区分，个人敏感数据缺乏更高法律层级的确认。因此，建议从法律法规层面对个人数据进行个人敏感数据和个人一般数据的分类并对敏感数据的范围进行明确限定。基于在保护个人隐私和数据安全的基础上最大限度地推动数据流动与开放的考虑，建议认定敏感数据的所有权归属于个人，除敏感数据以外的一般数据汇集和加工形成的大数据所有权归属于互联网企业，但需同时明确互联网企业数据安全保护的义务，规定个人数据遭到泄露或滥用时，互联网企业需承担相应的法律责任。

（四）在保护数据安全的同时促进数据开发利用

目前，传统的属地管辖原则导致我国难以对抗欧美"长臂管辖"措施对我国数据主权的侵犯；大范围数据的本地化存储导致我国企业难以在国际竞争中夺得数字经济高地。在经济全球化和数字经济蓬勃发展背景下，我国数据安全立法应当把握好数据安全保护和数据利用的关系，在保护数据安全的同时促进数据跨境流动。

建议从立法层面确立有效抵制欧美"长臂管辖"的应对措施。《国际刑事司法协助法》虽明确了我国抵制"长臂管辖"的坚定立场，但是缺乏实际可操作性，在数据安全立法时有必要出台细化、全面的规定，维护我国数据主权。对于欧美的"长臂管辖"，我国立法不能仅重"防守"，还应适时采取"攻势"。在数据跨境流动、跨境执法等存在分歧的问题上，应适度借鉴美欧现有法案中符合我国利益诉求的相关条款，达到保护我国数据安全目的的同时，减少外国质疑我国法律条例的可能性。可效仿欧盟—日本数据共享协议等双边或多边数据协定，参与现有国际数据安全合作体系或建立自主的数据跨境传输监管规范，为我国企业"走出去"跨境使用数据提前布局。

建议对数据进行分类分级管理，适当缩小本地化储存的数据范围。数据分类分级是数据管理必不可少的基础性工作，对数据不加以区分地进行本地化储存不仅不利于发挥数据的流动价值，还使真正需要特殊管理的数据难以得到应有的保护。建议在数据安全立法中明确数据分类分级管理原则，并通过配套规定和标准进行落实。在数据分类分级的基础上掌握数据的主体类型和使用场景类型，确定重要数据的判定原则和识别方式。对于不同主体和场景类型的重要数据也应采取不同的出境管理措施，结合必要利益保护原则和市场损害最小化原则确定数据本地化存储的范围和安全评估方式。

参考资料

1. 盘点 2018 国内外数据泄露事件，数据安全防护任重而道远，2019-3-24. https://xw.qq.com/amphtml/20181228B114UL00。

2. Kate Fazzini. Facebook employees had access to millions of user passwords, https://www.cnbc.com/2019/03/21/facebook-employees-had-access-to-millions-of-user-passwords.html。

3. 黑客利用 Twitter 泄露德国政客的私人数据，2019-1-7. http://www.sohu.com/a/287168526_100232455。

4. 乙智．"尖叫效应"与"信息茧房"，2018-5-2. http://it.people.com.cn/n1/2018/0502/c1009-29959530.html。

5. 何鼎鼎. 数据权力如何尊重用户权利，2018-3-23. http://www.xinhuanet.com/2018-03/23/c_1122578980.htm。

6. 上诉人北京百度网讯科技有限公司与被上诉人朱烨隐私权纠纷一案民事判决书，2015-5. https://www.tianyancha.com/lawsuit/5c066e0b92de11e788a5008cfaf8725a。

7. 成卓. 明确数据产权，促进数字经济健康发展. 社会科学报，2018-7。

8. 曹博. 跨境数据传输的立法模式与完善路径——从《网络安全法》第 37 条切入. 西南民族大学学报（人文社会科学版），2018（9）。

9. 吴晓灵. 你的数据一定属于你吗？——在乌镇世界互联网大会的"互联网＋"论坛上的发言，2015-12-17. http://www.doit.com.cn/article/1217291233.html。

10. 顾伟. 警惕数据跨境流动监管的本地化依赖与管辖冲突. 信息安全与通信保密，2018-12。

11. 方婷.《网络安全法（草案）》与现行相关法律的关系分析. 中国信息安全，2015-8。

12. 胡婉. 大数据视角下个人信息的民法保护. 哈尔滨：黑龙江大学，2019-4。

13. 网络安全法相关解读，2017-3-23. https://www.docin.com/p-1875381359.html。

14. 网络法治发展报告（2018）. 学术论文联合对比库，2018-10-10。

15. 吴跃文. 跨境快捷电子取证的探索与展望——以打击整治电信网络诈骗犯罪为例. 山东警察学院学报，2019-11。

16. 陈兴蜀，杨露，罗永刚. 大数据安全保护技术. 工程科学与技术，2017-9-14。

17. 张飘飘. 互联网定向广告中个人信息合理利用的法律规制. 学术论文联合比对库，2017-4-18。

以色列网络安全产业发展概况及对我国的启示

贾若伦[1]

摘　要： 网络周（Cyber Week）是以色列一年一度的大型国际网络安全活动，由特拉维夫大学布拉瓦尼克（Blavatnik）跨学科网络研究中心、以色列总理办公室下属的以色列国家网络指挥中心和以色列外交部联合主办。2019 年 6 月 26 日，以色列总理内塔尼亚胡在 2019 年网络周期间举行的国际网络安全会议上表示，2018 年，以色列网络安全产业出口总值超过 50 亿美元，是仅次于美国的世界第二大网络产品和服务出口国。以色列网络安全产业的成功经验，尤其是工业信息安全产业的快速发展对我国工业信息安全产业发展具有重要的借鉴意义。

关键词： 以色列；网络安全产业；工业信息安全；网络周

Abstract： Cyber Week is Israel's annual international cyber security event, co-hosted by the Blavatnik Interdisciplinary Cyber Research Center of Tel Aviv University, the Israeli National Cyber Directorate under the Prime Minister's Office and the Ministry of Foreign Affairs. On June 26, 2019, Israeli Prime Minister Benjamin Netanyahu delivered keynote speaking at the International

---

[1] 贾若伦，国家工业信息安全发展研究中心工程师，硕士，主要研究方向为网络安全产业、工业信息安全产业、工控安全、网络安全审查、网络安全意识教育等。

Cybersecurity Conference during Cyber Week 2019. He stated that the total value of Israeli cyber security industry exports had exceeded 5 billion dollars in 2018, and Israel had been the world's second largest exporter of cyber security products and services after the United States. The successful expansion of the Israel cyber security industry, especially the rapid development of the industrial cyber security industry, is of great significance to the development of China's industrial cyber security industry.

Keywords： Israel; Cybersecurity Industry; Industrial Cyber Security; Cyber Week

一、以色列网络周总体情况

网络周自创办以来，致力于为网络安全专家、行业领导者、初创企业代表、投资者、学者、外交官和政府官员提供一个交流的平台。自 2011 年开始，以色列每年举办网络周，至 2019 年已举办 9 届，网络周已成为全球顶级的网络安全活动之一，享誉全球。往届网络周国际网络安全会议，以色列总理内塔尼亚胡均有出席，并多次在会上公开以色列的关键网络空间政策及相关行动计划，显示出网络周在以色列国家网络空间总体战略中的关键作用。

2019 年网络周于 6 月 23 日拉开帷幕，包括 50 多个圆桌会议、小组讨论会、研讨会、论坛、比赛等，持续一整周的时间，吸引了来自 80 多个国家的 8000 多名与会者。6 月 26 日，以色列总理内塔尼亚胡在网络周期间举行的国际网络安全会议上表示，以色列已成为网络安全领域的全球五大领先国家之一。2018 年，以色列网络安全产业出口总值超过 50 亿美元，是仅次于美国的世界第二大网络产品和服务出口国。目前，以色列拥有国际研发中心近 50 家，网络安全学术研究能力位列全球前 10%，网络安全公司超 520 家，其中，近五分之一的安全公司专注于工业信息安全和物联网安全领域，是以色列网络安全产业最大的细分市场。

2018 年以色列网络安全领域投融资总额占全球行业总额达 20%，约 11.9 亿美元，连续第 4 年创下纪录。其中，工业信息安全和物联网安全仍是以色列网络安全领域的投融资热点。2018 年，有 25 家该领域的安全初创企业获得融资，Claroty 公司凭借工业信息安全入侵检测产品和解决方案，于 2018 年 6 月完成了由淡马锡、罗克韦尔、西门子和施耐德牵头的 6000 万美元的 B 轮融资。专注工业信息安全的初创企业 Indegy、CyberX 和 Radiflow 也分别于 2018 年完成了 1800 万美元的融资。

二、以色列网络安全产业发展特点

一是国家层面高度重视顶层战略设计。以色列高度重视网络安全产业布局，2011 年在世界范围内率先制定并颁布国家网络安全计划。自 2013 年起，以色列先后推出网络安全研发促进计划、网络安全产业计划，将发展网络安全产业提升为国家战略，并将网络安全产业视为国家经济增长的新引擎。在 2019 年网络周上，以色列提出了以"技术、运营和国际合作"为目标的三级国家网络安全策略，强调企业承担网络安全主体责任，在关键基础设施领域，政府负责出台安全指南，提供培训教育，制定激励政策。

二是产业链条基本完备。以色列网络安全企业提供的产品和服务覆盖预测、适应、防御、漏洞识别、云服务等领域，形成了较为完备的网络安全解决方案库。以色列既拥有 Check Point、CyberArk、Imperva 等一大批国际知名、技术领先的网络安全企业，也培育了大量专注于威胁情报、高级威胁分析、数据安全、风险管理等特定技术领域的优秀网络安全初创企业，可以满足不同组织和机构，不同规模和从业领域的安全需求。

三是产业生态环境建设日趋完善。以色列着力建设了一批高新科技中心区，如贝尔谢巴和特拉维夫，并聚焦于打通政、产、学、研、用的重点环节。围绕本古里安大学，以色列政府在贝尔谢巴成立了国家级网络安全创新平台"网络星火产业园"，将以色列军事信号情报组织 8200 部队、网络安全情报收集部门（CERT-IL）搬迁至产业园区内，加强配套设施建设，对园区内企业辅以税收政策支持，构建集高校、医院、商业、交通为一体的高新技术产业生态，形成功能完善的网络安全生态系统。

四是军民合作加速产业发展。以色列长期以来实行全民皆兵的国防战略，以色列军工企业与网络安全企业有密切合作，军事需求、军事理念与网络安全产业深度融合，以色列军队也已成为其国家网络安全人才的孵化器和加速器。Cyberbit、SCADAfence 等多家工业信息安全厂商均由以色列 8200 部队的退伍人员创立。开放的军民合作政策不仅加快了以色列网络安全在军事领域应用的成果转化，也推动了以色列国防机构网络安全领域的技术专家大量进入市场，为产业发展提供了丰富的人才资源。

五是创新机制提高产业人才储备。以色列在网络安全领域人才培养的创新主要体现在两个方面：一是重视网络安全的基础教育。以色列的网络安全人才培养从中学开始起步，是全世界唯一将网络安全列为高中选修课的国家；二是强调网络安全学术研究。2018 年，以色列在网络安全学术研究方面的投入达 1500 万美元，学术研究能力已位列全球前 10%。目前，以色列全国有七大网络安全学术研究中心，超过 280 名网络安全研究员，有 6 所大学设立专门的网络安全研发中心，是全球首个设立网络安全博士学位授权点的国家。

三、启示与建议

以色列作为人口、疆域和资源都有限的国家，其网络安全产业发展路径值得我国借鉴和学习。为更好地推动我国工业信息安全产业发展，我们提出以下建议：

（一）持续增强体系化技术创新能力

构建国家工业信息安全保障体系，瞄准产业发展制高点，指导发布重点领域技术创新指南，在资产识别、风险管理、应急处置等技术领域梳理瓶颈短板清单，引导市场主体创新突破。

（二）加快工业信息安全人才培养

工业信息安全人才队伍匮乏是制约我国工业信息安全产业发展的根本问题。为培养工业信息安全人才队伍，国家工业信息安全发展研究中心应充分利用社会资源，大力推进面向实战的职业培训和技能培训。

（三）加强技术引进与国际合作

通过国际会议、网络安全宣传周、驻外使馆等多种渠道展示和宣传国内工业信息安全企业的技术能力，鼓励国内工业信息安全企业与国外知名安全企业进行交流与合作，积极探索工业信息安全技术引进形式，深化科技交流与技术合作，进一步丰富交流合作的内容和形式。

（四）深化中以两国网络安全合作

持续推进中以双方网络安全合作交流机制，探索中以网络安全企业、产业联盟间的对话机制，推动在以色列网络周期间举办中以网络安全圆桌论坛，继续邀请以色列产业界专家、学者参与中国工业信息安全大会、国家网络安全宣传周等活动，深化中以网络安全合作。

Ⅵ 附 录

Appendices

2019 年工业信息安全大事记

叶晓亮[1]

1 月

3 日 都柏林轻轨系统 Luas 网站遭黑客攻击后瘫痪，黑客要求 5 天内支付赎金。

15 日 360 企业安全集团与清华大学网络科学与网络空间研究院签约成立"清华大学网络研究——360 企业安全集团网络安全联合研究中心"。

24 日 法国亚创集团遭勒索软件 LockerGoga 攻击，导致亚创集团暂停全球多项业务。

2 月

10 日 印度国有天然气公司 Indane 暴露数以百万计的 Aadhaar 生物识

---

[1] 叶晓亮，国家工业信息安全发展研究中心助理工程师，硕士，主要研究方向为工业信息安全。

别数据库信息，其原因在于 Indane 面向经销商和渠道商的网站上存在可绕过登录页面，并自由访问经销商数据库的权限。

11 日 Phoenix 工业交换机被曝存在 6 个 CVE 安全漏洞，涉及 Phoenix Contact FL Switch 3×××、4××× 和 48×× 系列工控交换机。固件版本 1.35 及以上的设备漏洞已修复。

19 日 丰田澳大利亚分部遭到黑客攻击，使其网站页面与电话邮件系统在一段时间内无法连接。

20 日 日本最大的光学产品制造商 Hoya 在泰国的工厂遭到严重网络攻击，100 多台计算机感染病毒，用户 ID 和密码被窃，黑客还在攻击期间试图挖掘加密货币，工厂生产线因此停产 3 天。

21 日 2019 年工业互联网峰会在北京召开。本次峰会的主题是"智联赋能　融通创新"。会议邀请近 200 名企业代表、专家分享工业互联网应用实践、全方位展示工业互联网最新发展成效。

3 月

7 日 委内瑞拉发生大规模停电，包括首都加拉斯加在内的 22 个州受影响。委内瑞拉政府事后表示，停电原因是古里水电站遭反对派蓄意破坏。

11 日 研究者发布 Moxa 工控产品的 12 个安全漏洞。其中，IKS-G6824 系列交换机存在 7 个独有的漏洞，包括数个跨站点脚本漏洞、缓冲错误及 CRF 错误。

12 日 Hexion 和 Momentive 公司遭勒索软件攻击，大量关键数据丢失，公司的 Windows 计算机出现了蓝屏错误并且文件被加密。

18 日 工控安全公司 Dragos 收购了五大顶级物联网安全公司之一的 NexDefense，并发布了两款免费的工控系统资产发现工具，即 Cyberlens 和 Integrity。

19 日 挪威铝业巨头海德鲁遭勒索软件 LockerGoga 攻击，致使该公司的计算机网络系统宕机，自动化生产线被迫关闭，一些设备也转为手动操作。

25 日　丰田便携式汽车安全测试平台 PASTA 上线 GitHub，旨在帮助专家测试现代汽车的网络安全功能。

25 日　工业网络安全公司 CyberX 宣布获得战略性融资 1800 万美元，总融资额达 4800 万美元。

25 日　委内瑞拉 23 个州中至少有 16 个州发生大规模完全或局部断电。停电持续数小时，并于当天傍晚陆续恢复。

4 月

1 日　丰田公司 IT 系统遭黑客入侵，其旗下多家销售子公司的约 310 万条客户个人信息及车辆信息受到影响，包括丰田东京销售控股公司、东京汽车、东京丰田、丰田东京卡罗拉、丰田东京销售网络、雷克萨斯 Koishikawa Sales 公司、Jamil Shoji（雷克萨斯 Nerima）和丰田西东京卡罗拉的销售信息。

3 日　美国国防工业基地部门协调委员会（DIB SCC）官员宣布成立一个供应链网络安全行业工作组，目的是保护整个供应链受控非机密信息。工作组的创始成员包括 BAE 系统公司、波音公司、洛克希德·马丁公司、诺斯罗普·格鲁曼公司和雷神公司。

6 日　世界第二大液化石油气营销商，印度液化石油气公司 Indane 近 700 万名用户和分销商的敏感数据遭到泄露。造成该事件的原因在于其 iOS 应用程序提供的主要服务存在严重的访问控制漏洞，会导致未经授权的信息泄露。

8 日　美国安全研究中心 Ponemon Institute 发布关于关键基础设施网络安全的最新报告，共收集 701 家关键基础设施（CNI）提供商的数据，涉及公用事业、健康医药、工业制造和运输行业。

10 日　FireEye 公司在其网站上发布了专用于破坏工业设备的恶意软件框架 TRITON 的最新战术、技术和流程（TTP），并将其杀伤链发布到了 MITRE ATT&CK 框架上。

15 日 美国自来水公司 Odintsovsky Vodokanal 被勒索软件攻击。该恶意软件对受感染设备和网络共享上的数据都进行了加密，涉及公司的技术文档，客户数据及账单系统。

16 日 网络安全公司 Tenable 联合波耐蒙研究所发布调查报告，调查涉及能源与公共设施、工业与制造业、医药行业和交通运输业。报告显示 90% 的受访者承认在过去两年至少遭遇过一次破坏性网络攻击，接近 2/3 的受访者遭遇过至少两次。

25 日 欧洲重型汽车制造企业 Aebi Sschmidt 遭勒索软件攻击，导致其部分业务中断。

5 月

9 日 2019 工业安全大会在北京举行，大会探讨了数字经济时代下工业安全的前沿技术和产业生态建设。

13 日 网络安全等级保护制度 2.0 标准正式发布，网络基础设施、重要信息系统、大型互联网站、大数据中心、云计算平台、物联网系统、工控系统、公众服务平台等全部被纳入等级保护对象。

22 日 研究人员发现，日本电气设备制造商三菱电机（Mitsubishi Electric）的 MELSEC-Q 系列 PLC 存在严重的拒绝服务（DoS）漏洞。

6 月

6 日 思科宣布收购法国工控安全公司 Sentryo，Sentryo 致力于为工控系统网络和操作技术资产提供设备可视化及安全解决方案。

6 日 轨道交通网络安全公司 Cylus 宣布获得 A 轮融资 1200 万美元，总融资额达 1700 万美元。该公司致力于帮助地铁、火车等公司避免在发生网络攻击时造成的安全事件及服务中断问题。

7日 美国飞机零部件供应商 ASCO 位于比利时的 Zaventem 工厂遭勒索软件攻击，导致 IT 系统瘫痪、工厂无法运营。随后，ASCO 关闭了其在德国、加拿大和美国的工厂，以防止勒索软件病毒扩散。

15日 《纽约时报》报道，多名美国前政府和现任政府官员表示，美国对俄罗斯电网系统发动了网络攻击。

16日 阿根廷发生大规模停电，邻国乌拉圭、巴西、智利和巴拉圭部分地区的电力也发生中断，事故原因有待查明。

7 月

1日 俄罗斯第一搜索引擎 Yandex 表示，2018 年年末时遭到五眼联盟的网络攻击，他们试图利用 Regin 恶意软件获取用户账号信息。

1日 美国迈阿密警方的 1TB 警察随身摄像头视频数据库在网上泄露。

2日 丰田公司正式发布新便携式汽车安全测试机床（PASTA）的开源测试平台，可以测试汽车的引擎控制单元(ECUs)和控制域局域网(CAN)是否存在漏洞。

3日 物流巨头顺丰发布数据安全整体解决方案——粹御，成为安全解决方案提供商。

3日 俄罗斯"沉默"黑客团队对银行的自动提款机进行网络突袭，从银行偷走 300 万美元。

9日 Zoom 视频会议应用被曝出严重零日漏洞，可以让网站劫持 Mac 计算机摄像头，并打开视频通话。

10日 通用电气（GE）Aestiva 和 GE Aespire 设备中使用的协议可以在连接到医院网络终端服务器时发送命令，极易使医院的麻醉机、呼吸机等遭到远程篡改。

12日 美国最大的医疗保险公司之一 Premera Blue Cross 因信息泄露事件赔偿 30 个州共 1000 万美元。

17日 保加利亚税务机关遭网络攻击，几乎所有成年人的个人信息被盗。

18 日 联想和技嘉服务器所使用的 BMC 固件发现漏洞，可被用于向固件植入恶意程序，使其难以探测或在硬盘格式化后仍然存在。

22 日 委内瑞拉再次遭遇大停电，首都加拉加斯及 10 余个州发生大范围停电，地区供水和通信网络也因此受到极大影响，政府称遭到"电磁攻击"。

24 日 程序员因在西门子软件里植入逻辑炸弹而被判刑 10 年，罚款 25 万美元。

25 日 俄罗斯联邦安全局（FSB）被曝发生数据泄露事件，黑客通过承包商 SyTech 展开网络渗透行动，盗取 7.5TB 高敏感度数据。

8 月

1 日 思科因向美国政府销售带有漏洞的家用视频监控系统被罚款 860 万美元。

1 日 Dragos 确定了一个针对工控系统的新攻击组织 HEXANE，HEXANE 主要针对中东的石油和天然气公司，其中科威特是其主要目标之一。

2 日 海南工业和信息化厅举办工业互联网和工控系统安全专题培训。

5 日 美国陆军的网络学校正在制定关于信息战的新教学计划，并计划将已入伍的电子战专家带到戈登堡进行培训。

6 日 万豪酒店因喜达屋酒店预订系统数据泄露而向 GDPR 收取 1.26 亿美元费用。

6 日 美国空军"漏洞赏金计划"以 54.3 万美元的价格收到 54 个漏洞。

8 日 泄露代码暴露波音 787 系统中存在多个漏洞，攻击者可通过这些漏洞，将恶意命令发送到引擎、传感器等飞机关键控制组件。

9 日 博通宣布涉资 107 亿美元的巨额交易，收购赛门铁克的企业业务。

11 日 西门子 Simatic S7 控制器中发现漏洞，可被黑客修改运行代码

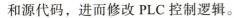

和源代码，进而修改 PLC 控制逻辑。

11 日 欧洲酒店使用的物联网连接智能锁系统存在漏洞，黑客可通过该漏洞执行恶意命令。

14 日 西门子发布高严重性产品漏洞预警，该漏洞允许未经身份验证的攻击者通过反复向 Telnet 服务发送大量消息包，导致设备进入 DoS 状态。

19 日 Cofense 研究人员发现针对美国国家电网基础设施传播 Adwind 恶意软件的网络钓鱼活动。

21 日 乌克兰南部 Yuzh-noukrainsk 市附近的核电站发生严重网络安全事故，其雇员会利用职务之便挖掘加密货币。

22 日 美国国土安全部下属的网络安全与基础设施安全局公布成立以来的首份战略意图文件。

24 日 思科发布了一款名为 4CAN 的开源测试工具，旨在帮助安全人员检测车载计算机系统中的漏洞。

27 日 广东工业互联网安全监测与态势感知平台正式发布，与国家、企业构成三级协同的工业互联网安全保障体系。

28 日 美国通过使用网络武器，攻击了伊朗用于记录目标油轮的关键数据库。

28 日 安全研究人员发现多个针对全球政府和金融实体的恶意攻击活动，攻击者使用 Revenge 和 Orcus 远程访问特洛伊木马（RAT）攻击。

30 日 《信息安全技术 网络安全等级保护实施要求》等 28 项信息安全国家标准获批发布。

9 月

3 日 南非当局承认对所有通信进行大规模监视，这一大规模监视可上溯到 2008 年。

3 日 硬件厂商 Supermicro 多个产品的基板控制器（BMC）上发现漏洞，可使攻击者对服务器及其内容进行虚拟全能控制。

4 日 江苏省电信和互联网行业数据安全联盟成立。

4 日 福建第三届网络安全职业技能竞赛成功举行。

4 日 美国工业自动化解决方案提供商 EZAutomation 的 PLC 和 HMI 软件中存在远程代码执行的严重漏洞。

9 日 工业自动化和网络解决方案公司 Red Lion 制造的人机界面（HMI）编程软件中存在高危漏洞。

9 日 德国电子制造商 Telestar Digital GmbH 旗下产品发现两个新漏洞（CVE-2019-13473 和 CVE-2019-13474）。

11 日 美国汽车市场公司 Dealer Leads 一个未受保护的数据库被发现暴露在公网之上，造成 413GB 的资料，共 1.98 亿条记录被泄露。

14 日 美国财政部宣布对 Lazarus Group，以及其附属组织 Bluenoroff 与 Andariel 等 3 家朝鲜黑客组织实施制裁。

14 日 丰田纺织公司的欧洲子公司遭 BEC 攻击，损失约 3700 万美元。

22 日 伊朗德黑兰再度遭遇一次大规模攻击，整个伊朗的网络系统遭遇不明来源的大规模攻击，其中重点攻击目标是伊朗的石油和金融设施。

24 日 德国汽车零部件制造商 Rheinmetall Automotive 在巴西、墨西哥和美国的工厂遭到恶意软件攻击，导致生产严重中断。

10 月

1 日 研究人员发现针对美国石油行业的恶意软件 Adwind RAT 的一个新变种。

8 日 TwinCAT 的工业系统 PLC 环境存在两个 DoS 漏洞，会发送特制 DCP 数据包到 TwinCAT 设备，可能导致 DoS 攻击。

14 日 工业和信息化部组织召开《加强工业互联网安全工作的指导意见》宣贯及工作部署全国电视电话会议。

14 日 施耐德电气 Modicon 控制器存在漏洞，影响 Modbus、FTP 和 TFTP 协议及 REST API 的实现。

16 日 思科（Cisco）发布警告称 Aironet 工业和商业 WiFi 接入点的 URL 访问控制存在漏洞。

20 日 VirusTotal 病毒扫描程序泄露工厂蓝图等数据，包括制药、工业、汽车和食品行业数千个不受保护的文件。

21 日 俄罗斯资助的网络间谍组织 Turla 假扮伊朗黑客，主要针对中东地区，目标是金融、政府、能源、化工、电信和其他行业，在超过 35 个国家发动了数起网络攻击。

24 日 德国制造和服务公司 Friedhelm Loh Group 子公司 Rittal 的冷却系统存在高危漏洞，受影响的系统已在全球范围内广泛用于 IT、能源、关键制造、通信和商业设施部门。

29 日 印度泰米尔纳德邦（Tamil Nadu）库丹库拉姆镇（Kudankulam）核电厂被曝遭网络攻击。

31 日 由国家工业信息安全发展研究中心主办的首届工业信息安全应急国际研讨会在北京成功举行。

11 月

14 日 研究者公布了 CPU 中 TPM 的两个漏洞，可能影响数十亿台设备。利用漏洞通过边信道攻击，利用时序信息能够恢复加密密钥。

14 日 墨西哥国家石油公司 PEMEX 的系统遭到 DoppelPaymer 勒索软件的感染和破坏，被索要 490 万美元的赎金。

15 日 研究人员发现了 11 个全新的 5G 漏洞。这些漏洞允许黑客创建一个恶意的无线基站，对用户进行实时位置追踪，可能触发紧急警报或对手机发动攻击。

20 日 由公安部网络安全保卫局指导，国家网络与信息系统安全产品质量监督检验中心主办的 2019 网络安全标准论坛在北京成功举办。

20 日 《网络安全威胁信息发布管理办法（征求意见稿）》向社会公开征求意见。

30 日 Tenable 宣布以 7800 万美元的价格收购 OT 安全厂商 Indegy。

12 月

6 日 安全研究人员发现了一种新型恶意破坏软件 ZeroCleare，该恶意软件试图擦除中东能源公司计算机系统上的硬盘。

7 日 美国数据中心提供商 CyrusOne 遭受 Sodinokibi 勒索软件攻击，导致服务出现重大中断。

10 日 英美烟草（BAT）的罗马尼亚 Web 平台遭到破坏，导致其数据泄露。

12 日 澳大利亚全国机场 IT 中断，导致登机手续办理系统中断，捷星航空的乘客在澳大利亚、新西兰和亚洲的许多机场都面临长时间的延误。

12 日 Positive Technology 的研究人员在化石燃料和可再生能源发电厂中常见的西门子工业设备中检测出 17 个安全漏洞，其中最严重的漏洞是远程执行代码漏洞。

13 日 有攻击者正在使用精心设计的新型勒索软件 Zeppelin 来针对欧洲、美国和加拿大的医疗保健和技术公司发动供应链攻击。

19 日 工业物联网（IIoT）边缘智能平台和应用程序的领导者 Machfu 宣布已完成 375 万美元的 A 轮融资。

20 日 汽车制造商本田公司由于 Elasticsearch 云计算服务器的配置错误，泄露了大约 26000 条用户记录，主要是本田车主及其车辆的信息。

22 日 黑客发起了一次针对 Ravn Air 航空公司的网络攻击，最终导致飞机维修等关键系统关闭，迫使 Ravn Air 航空公司取消了至少 6 个阿拉斯加的航班，影响了约 260 名乘客。

23 日 全国工业和信息化工作会议在京召开，指出 2019 年我国面对国内外风险挑战明显上升的复杂局面，较好地完成了全年目标任务。网络强国建设取得扎实进展。

31 日 美国物联网设备供应商 Wyze 公开承认其服务器泄露，影响了近 240 万名客户。泄露的内容主要包括电子邮件地址、分配给 Wyze 网络摄像头的昵称、WiFi 网络 SSID 标识符等用户信息。

31 日 美国海岸警卫队（USCG）宣布 Ryuk Ransomware 勒索软件破坏了美国的《海上运输安全法》（MTSA）监管机构的企业 IT 网络。

2019 年工业信息安全十大事件

陈羽凡[1]

一、工业和信息化部就《工业互联网企业网络安全分类分级指南（试行）》（征求意见稿）公开征求意见

入选理由：该文件将有助于规范工业互联网企业健康发展，加强对工业互联网企业的网络安全管理，有助于压实工业互联网企业的安全管理责任。

2019 年 2 月 17 日，为贯彻落实《加强工业互联网安全工作的指导意见》，推动工业互联网安全责任落实，对工业互联网企业网络安全实施分类分级管理，提升工业互联网安全保障能力和水平，工业和信息化部研究起草了《工业互联网企业网络安全分类分级指南（试行）》（征求意见稿），文件提出的基本原则包括企业分级与行业网络安全影响程度相关联、行业指导与地方监管相结合及企业自评与属地核查相结合。

二、委内瑞拉发生大规模停电

入选理由：此次委内瑞拉停电事件与震网事件、乌克兰电网遭遇攻击停电事件等存在相似性，这类事件表明信息基础设施安全关乎正常生产经营活动、国家主权与安全，我们必须予以重视。

---

[1] 陈羽凡，国家工业信息安全发展研究中心助理工程师，硕士，主要研究方向为数据安全、网络安全产业。

2019年3月7日，包括首都加拉加斯在内的委内瑞拉全国发生大规模停电。多数地区的供水和通信网络受到影响。据统计，委内瑞拉超过全国一半的地区完全停电，且持续时间超过 6 小时。此次停电是委内瑞拉自 2012 年以来时间最长、影响地区最广的停电。委内瑞拉政府称，造成本次停电的原因是该国最重要、为委内瑞拉提供 80% 的电力的古里水电站遭到反对派和美国的蓄意攻击。3 月 25 日，委内瑞拉 23 个州中包括首都地区在内的至少 16 个州发生大规模完全或局部断电。

三、工业和信息化部和国家标准化管理委员会联合印发《工业互联网综合标准化体系建设指南》

入选理由：标准在工业互联网产业生态体系构建中具有顶层设计和引领规范作用，推动工业互联网标准体系建设，有助于推动相关产业转型升级，加快制造强国和网络强国的建设步伐。

2019 年 3 月 8 日，工业和信息化部、国家标准化管理委员会联合印发《工业互联网综合标准化体系建设指南》。文件提出，到 2020 年，初步建立工业互联网标准体系，研制"工业互联网体系架构"等基础共性标准 10 项以上，"工业互联网时间敏感网络技术要求"等总体标准 30 项以上，"工业互联网个性化定制分类指南"等应用标准 20 项以上；到 2025 年，制定 100 项以上标准，基本建成统一、综合、开放的工业互联网标准体系，涵盖工业互联网关键技术、产品、管理及应用需求。

四、挪威铝业巨头海德鲁遭勒索软件攻击

入选理由：此次勒索软件攻击致使海德鲁的整个网络都陷于瘫痪，影响该公司所有生产活动和日常运作，造成该公司约 5200 万美元的巨大损失。

2019 年 3 月 19 日，挪威铝业巨头海德鲁表示其公司遭受文件加密型勒索软件攻击，造成其全球计算机网络系统宕机，其公司自动化生产线被

迫关闭，一些设备转为手动操作。海德鲁称，初始感染发生在美国业务区，但很快就散布到了公司全球业务系统中。经挪威国家安全局证实：本次感染的源头是名称为 LockerGoga 的勒索软件，可加密扩展名为 doc、dot、wbk、docx、dotx、docb、xlm、xlsx、xltx、xlsb、ppt、pot、pps、pptx、potx、ppsx、sldx、xlw 及 pdf 的文件。

五、美国国防工业成立工作组以确保供应链网络安全

入选理由：近年来攻击供应链各层级供应商的事件频频发生，此次美国成立供应链网络安全行业工作组的相关做法值得我国借鉴，可以有助于进一步优化我国供应链管控。

2019 年 4 月 3 日，美国国防工业基地部门协调委员会（DIBSCC）成立了一个供应链网络安全行业工作组。工作组的创始成员包括 BAE 系统公司、波音公司、洛克希德·马丁公司、诺斯罗普·格鲁曼公司和雷神公司。工作组的目标是帮助实施以客户为中心的解决方案，增强整个多层供应链企业的网络态势。其成立代表着国防工业内部信息共享和协作的不断发展，同时专注于供应链网络安全活动，并建立跨行业和国防部的持久伙伴关系。

六、网络安全等级保护制度 2.0 标准发布

入选理由：等保 1.0 不仅缺乏对一些新技术和新应用的等级保护规范，而且相关体系和工作不完善。等保 2.0 适应了新技术的发展，扩大了保护对象的范围、丰富了保护方法、增加了技术标准。

2019 年 5 月 13 日，等保 2.0 相关的《信息安全技术网络安全等级保护基本要求》《信息安全技术网络安全等级保护测评要求》《信息安全技术网络安全等级保护安全设计技术要求》等国家标准正式发布，将于 2019 年 12 月 1 日开始实施。等保 2.0 将网络基础设施、重要信息系统、大型

互联网站、大数据中心、云计算平台、物联网系统、工控系统、公众服务平台等全部纳入等级保护对象，并将风险评估、安全监测、通报预警、案事件调查、数据防护、灾难备份、应急处置、供应链安全、效果评价、综治考核、安全员培训等工作措施全部纳入等级保护制度。

七、美国疑对俄罗斯电网发动攻击

入选理由：美俄之间竞争由来已久，两者作为网络强国，此次直接涉及基础设施的网络攻击，将对两国关系、地缘政治关系及全球网络安全生态产生重要影响。

2019 年 6 月 15 日，据美国《纽约时报》披露，美国正在加大对俄罗斯电网的网络攻击力度，并已在俄罗斯电网系统内植入可能致使其瘫痪的恶意程序。该报道援引美国安全事务官员的话称，至少从 2012 年开始，美国已将侦查探测器植入俄罗斯电网的控制系统。该报道称，美国此次攻击是对俄罗斯的警告，如果美俄之间产生严重冲突，美方可以采取网络攻击。

八、世界最大飞机零部件供应商遭勒索攻击致使多条生产线停产

入选理由：ASCO 此次遭受勒索攻击致使该公司 1400 名员工中，大约 1000 名员工在家中等候消息，严重影响企业正常生产经营活动。此次事件提醒我国加强基础设施和工控系统网络安全防护迫在眉睫。

2019 年 6 月，全球最大的飞机零部件供应商之一 ASCO 关闭了在德国、加拿大和美国的工厂，以防止勒索软件在其位于比利时扎芬图姆的工厂的 IT 系统感染勒索软件病毒后扩散。ASCO 没有向公众公布攻击的具体细节，人们也不清楚它是通过支付赎金来恢复被攻击的信息系统，还是购买了一个新系统来开始重建其计算机网络。

九、工业和信息化部召开电视电话会议学习《工业互联网安全工作指导意见》

入选理由：工业互联网连接复杂庞大的人员、数据和机器网络，安全问题牵一发而动全身。如何筑牢工业互联网的安全基座，变得十分迫切，该文件的出台将更好守护工业互联网的健康平稳发展。

2019 年 10 月 14 日，工业和信息化部组织召开电视电话会议，学习宣贯工业和信息化部等十部门联合印发的《加强工业互联网安全工作的指导意见》（简称《安全指导意见》），扎实推进工业互联网安全工作。此外，工业和信息化部相关同志在会上解读了《安全指导意见》的主要内容及下一步工作安排。应急管理部、国务院国有资产监督管理委员会、国防科技工业局相关部门负责同志结合各自工作实际，介绍了工业互联网安全工作进展情况，并就贯彻落实《安全指导意见》提出了下一步工作考虑。

十、《"5G+工业互联网" 512 工程推进方案》印发

入选理由：工业互联网是第四次工业革命的关键支撑，5G 是新一代信息通信技术演进升级的重要方向，5G 与工业互联网的融合创新发展，将推动制造业向数字化、网络化和智能化转变，也为 5G 开辟更为广阔的市场空间。

2019 年 11 月 22 日，工业和信息化部印发《"5G+工业互联网" 512 工程推进方案》（以下简称《方案》），进一步明确 5G+工业互联网发展目标。到 2022 年，我国将突破一批面向工业互联网特定需求的 5G 关键技术，打造一批 "5G+工业互联网" 内网建设改造标杆、样板工程，形成至少 20 大典型工业应用场景，培育形成 5G 与工业互联网融合叠加、互促共进、倍增发展的创新态势。